知识产权争议处理典型案例指引丛书

国际展会知识产权纠纷问题研究

中国知识产权培训中心　组织编写　　刘华俊　著

GUOJI ZHANHUI ZHISHICHANQUAN JIUFEN WENTI YANJIU

知识产权出版社
全国百佳图书出版单位

图书在版编目（CIP）数据

国际展会知识产权纠纷问题研究 / 刘华俊著. —北京：知识产权出版社，2018.5
（知识产权争议处理典型案例指引丛书）
ISBN 978-7-5130-5473-7

Ⅰ.①国… Ⅱ.①刘… Ⅲ.①展览会—知识产权—民事纠纷—研究 Ⅳ.① D913.04

中国版本图书馆 CIP 数据核字（2018）第 052096 号

责任编辑：孙　昕　　　　　　　　　责任校对：谷　洋
文字编辑：吴亚平　　　　　　　　　责任出版：刘译文

知识产权争议处理典型案例指引丛书
国际展会知识产权纠纷问题研究
中国知识产权培训中心　组织编写
刘华俊　著

出版发行：知识产权出版社有限责任公司	网　　址：http://www.ipph.cn
社　　址：北京市海淀区气象路 50 号院	邮　　编：100081
责编电话：010-82000860 转 8111	责编邮箱：sunxinmlxq@126.com
发行电话：010-82000860 转 8101/8102	发行传真：010-82000893/82005070/82000270
印　　刷：三河市国英印务有限公司	经　　销：各大网上书店、新华书店及相关专业书店
开　　本：787mm×1092mm　1/16	印　　张：14.25
版　　次：2018 年 5 月第 1 版	印　　次：2018 年 5 月第 1 次印刷
字　　数：246 千字	定　　价：49.00 元
ISBN 978-7-5130-5473-7	

出版权专有　侵权必究
如有印装质量问题，本社负责调换。

《知识产权争议处理典型案例指引丛书》编委会

主　　编：马　放
副 主 编：孙　玮
执行主编：李　娜　高　强
编　　委：赵　辉　杨　璐　许彬彬

序 言

  随着知识经济时代的到来，经济增长愈来愈依赖知识的生产。与自然经济、工业经济相比，知识经济更为注重脑力劳动，智力创新在促进经济发展过程中起着核心作用。国际性的展会伴随着经济全球化的脚步应运而生，其不仅是企业向外界展示自身形象的平台，使企业挖掘潜在客户增加盈利，亦是企业之间相互借鉴学习的平台。但这种展示和借鉴学习在经济利益的驱使下，有时会演变成恶性竞争，导致侵犯专利权、商标权、著作权以及商业秘密等行为。因此，有必要将国际展会与知识产权结合起来研究，从而为国际展会的知识产权保护提供理论基础与实践指导。来自复旦大学、中国科学院上海科技查新咨询中心和上海社科院的诸多专家学者以及知名律师事务所的资深律师参与了本书的设计与讨论。

  在广度上，本书着眼于国际展会知识产权纠纷，分别从专利权、商标权和著作权三大方面论述国际展会知识产权保护的救济措施，对于知识产权不能保护的其他权利，又从反不正当竞争法的角度对国际展会知识产权保护问题进行了分析。通过全面剖析，使国际展会在信息知识背景下得到长足的发展。

  在深度上，本书深入制度构建的层次，对我国有关国际展会知识产权的立法现状进行了分析，并针对现有问题提出了建设性的建议，对我国法律体系的完善具有重大意义。

在体例上，本书在对国际展会知识产权纠纷进行论述时并没有局限于国际展会知识产权纠纷现状，而是从现象入手，对国际展会知识产权纠纷的侵权类型进行提炼概括，并对侵权认定的要件进行归纳总结，进而从理论回归实践，在分析典型案例的基础上提出建议。这种从现象出发，深入理论又联系实际的论述方式，由浅入深，不仅符合读者的认知和逻辑，也为国际展会知识产权纠纷的解决提供了思路。

本书的作者有着深厚的知识产权理论功底，同时在处理国际展会知识产权纠纷领域中积累了丰富的实践经验。在上海现代国际展览有限公司与上海广告设备器材供应商协会主办的历届上海国际广告展览会上，由本书作者所带领团队处理的诸多知识产权纠纷，获得如潮好评，为后续的国际展会营造了一个展品优良、品牌丰富、竞争有序的环境。本书的特色在于其着眼热点问题，是我国国际展会知识产权纠纷理论分析以及纠纷解决实践操作的集大成者，融理论与实践为一体，对处理我国国际展会中出现的知识产权纠纷和培养更多具有体系性、全面性、实务性和专业性的知识产权人才具有重要价值和参考意义。

张定国

（作者系全国会展业标准化技术委员会委员、

中国会展经济研究会展览设计与搭建委员会主任）

2017 年 2 月

目 录

第一章 国际展会知识产权纠纷概述

第一节 国际展会与知识产权 …………………………………… 003
第二节 国际展会知识产权纠纷之特征 …………………………… 018
第三节 国际展会知识产权纠纷之解决方式 ……………………… 033
第四节 国际展会知识产权纠纷解决之目的 ……………………… 039

第二章 国际展会中的专利权纠纷

第一节 国际展会专利权纠纷现状 ………………………………… 047
第二节 国际展会专利权纠纷处理存在之问题 …………………… 051
第三节 国际展会专利权纠纷实例之分析 ………………………… 054
第四节 国际展会专利权纠纷处理建议 …………………………… 062

第三章 国际展会中的商标权纠纷

第一节 国际展会商标权纠纷现状 ………………………………… 074
第二节 国际展会商标侵权种类及特点 …………………………… 082
第三节 国际展会商标权纠纷案例之分析 ………………………… 099
第四节 国际展会商标权纠纷处理建议 …………………………… 112

第四章 国际展会中的著作权纠纷

第一节 国际展会著作权纠纷现状 …………………………………………… 121
第二节 国际展会著作权侵权之形式 ………………………………………… 129
第三节 国际展会著作权侵权之认定 ………………………………………… 134
第四节 国际展会著作权纠纷案例之分析 …………………………………… 137
第五节 国际展会著作权之责任主体 ………………………………………… 147

第五章 国际展会中的不正当竞争纠纷

第一节 反不正当竞争法与国际展会 ………………………………………… 155
第二节 国际展会反不正当竞争纠纷之种类 ………………………………… 160
第三节 国际展会不正当竞争纠纷救济之分析 ……………………………… 179
第四节 国际展会不正当竞争纠纷问题探讨 ………………………………… 182

第六章 我国国际展会知识产权保护制度之建议

第一节 我国国际展会知识产权的立法建议 ………………………………… 187
第二节 关于我国国际展会诉前禁令制度的建议 …………………………… 198
第三节 关于我国国际展会知识产权侵权赔偿额度的建议 ………………… 206

第一章

国际展会知识产权纠纷概述

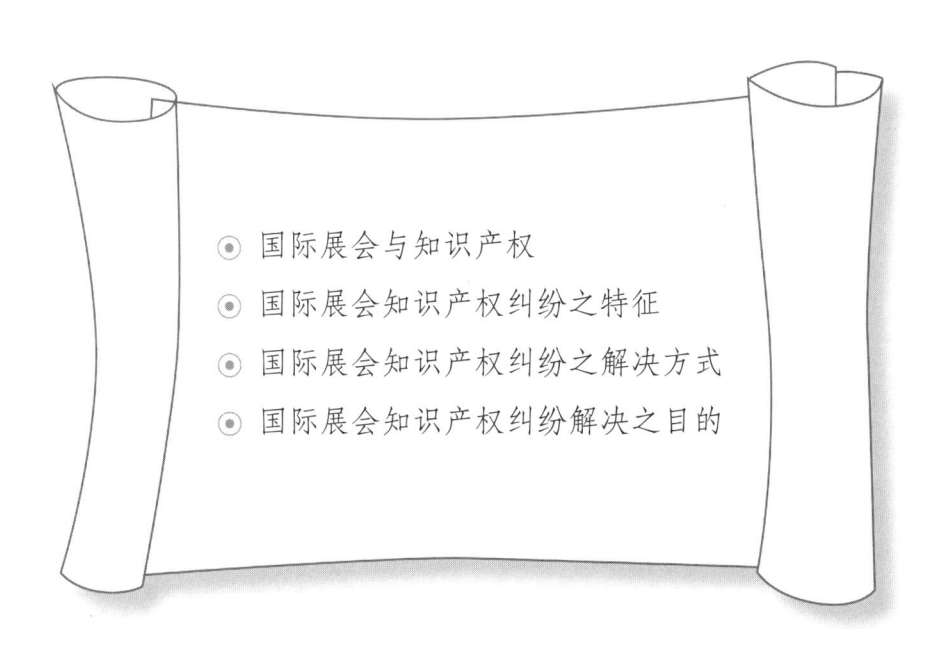

- 国际展会与知识产权
- 国际展会知识产权纠纷之特征
- 国际展会知识产权纠纷之解决方式
- 国际展会知识产权纠纷解决之目的

第一节 国际展会与知识产权

一、国际展会的概念

(一) 展会的含义

1. "展"与"会"

《福州市展会管理办法》规定,"展"是指主办单位通过招展方式引入参展商,在固定场所以及一定期限内,通过物品、技术或者服务的展示,进行产品、服务贸易和信息、技术交流的商业性活动;"会"是指在固定场所及一定的时间内,召开与展览有关的大型会议,由各类部门、行业组织、企业主办的展中论坛、研讨会、订货会等活动。[①]《福州市展会管理办法》于2011年8月31日福州市人民政府第29次常务会议通过,在法律效力级别上属于地方政府规章,虽然效力上没有法律、行政法规层级高,但在法律法规层面上单独针对"展"与"会"两个单字进行定义,明确其内涵及外延尚属个案,这恰恰说明该办法对"展""会"给予了高度重视,也从侧面反映了展会的重要性和特殊性。

从字面意思解释,笔者赞同前述"展"的解释,但认为"会"还含有另外一层意思,即会合,众人为实现某一目标而汇聚在一起,进行交流。因为从展会这个词组来看,参展商和观众在主办单位的主持下会合到某一固定的展馆开展特定的活动,这里活动既包括展品展示、服务展示,也包括各种宣讲会、交流会、新品发布会、代理加盟招商会等。因此笔者认为对"会"作两方面的解读,即会合、会议,更能体现"展会"一词的含义。

2. "展会"

按照字面解释,"展会"系展览与会议、会合的统称。根据《新华词典》的定义,

[①]《福州市展会管理办法》第2条规定:"本办法所称的展会:(一)'展'是指主办单位通过招展方式引入参展商,在固定场所以及一定期限内,通过物品、技术或者服务的展示,进行产品、服务贸易和信息、技术交流的商业性活动。(二)'会'是指在固定场所及一定的时间内,召开与展览有关的大型会议,由各类部门、行业组织、企业主办的展中论坛、研讨会、订货会等活动。"

展览系指"把东西摆出来供人观看",而展销则为"用展览的方式销售"。[①]《辞海》则认为,"展览会"是用固定或巡回的方式,公开展出工农业产品、手工业制品、艺术作品、图书、图片,以及各种重要实物、标本、模型等供参观、欣赏的一种临时性组织。展览并举行销售活动的,习惯上称为"展销会",组织许多国家、地区参加的产品展览会,则常称"博览会"。[②]结合商务部、国家工商行政管理总局、国家版权局、国家知识产权局四部委2006年公布的《展会知识产权保护办法》可知,展会的常见表现形式包括各类经济技术贸易展览会、展销会、博览会、交易会、展示会等。[③]

《南宁市展会管理条例》(2016年修正)将"展会"定义为:举办单位以招展的方式在固定场所和预定期间举办的物品、技术和服务的展览、展销等商务活动,包括商品展销会和其他商务展览。[④]

《广东省展会专利保护办法》则将"展会"定义为:展会主办方以招展的方式在固定场所和预定时期内举办的以展示、交易为目的的展览会、展销会、博览会、交易会、展示会等活动。[⑤]但下列展会除外:(1)经营者为推介自己生产或经营的

[①] 参见商务印书馆辞书研究中心修订:《新华词典》,商务印书馆2002年修订第3版,第1235页。

[②] 夏征农:《辞海》,上海辞书出版社1999年版缩印本,第1299页。

[③]《展会知识产权保护办法》第2条规定:"本办法适用于在中华人民共和国境内举办的各类经济技术贸易展览会、展销会、博览会、交易会、展示会等活动中有关专利、商标、版权的保护。"

[④]《南宁市展会管理条例》(2016年修正)第3条规定:"本条例所称展会,是指举办单位以招展的方式在固定场所和预定期间举办的物品、技术和服务的展览、展销等商务活动,包括商品展销会和其他商务展览。

"本条例所称举办单位,包括主办单位和承办单位。主办单位是指负责制定展会实施方案和计划,对展会活动进行统筹、组织和安排,并对展会活动承担主要责任的单位;承办单位是指接受主办单位委托,负责具体展会事项的单位。"

[⑤]《广东省展会专利保护办法》第2条规定:"本省行政区域内举办的展会活动中有关专利的保护,适用本办法。

"本办法所称的展会,是指展会主办方以招展的方式在固定场所和预定时期内举办的以展示、交易为目的的展览会、展销会、博览会、交易会、展示会等活动。

"本办法所称的展会主办方(主办单位或者承办单位),是指与参展商签订参展合同或者其他形式的协议(以下简称参展合同),负责制定展会实施方案、计划和展会专利保护规则,对展会活动进行统筹、组织和安排,并对展会活动承担责任的单位。

"本办法所称的展会专利投诉处理机构,是指由展会主办方设立的,负责调解处理展会期间专利侵权纠纷的工作机构。"

产品而举办的展销活动；（2）政治性、公益性展会等非商业性展会。[1]

（二）国际展会的含义

虽然《国际展览会公约》认为，当有一个以上的国家参展时，该展览会即为国际性展览会。而国际展览会的参加者既包括代表国家官方组织的参展者，也包括国际组织或不代表官方的国外参展者，还包括依据展览会规章被授权从事其他活动的参展者，特别是获得特许权的参展者。[2]但该公约明确表示不适用于展期不超过3个星期的展会、美术展览会以及实质上具有商业性质的展览会。[3]笔者认为该定义更适用于类似世博会等此类长期、官方的展览会，而不适用于更具市场活力和普遍性的短期展览会。基于本书讨论范围，笔者归纳了以下5点国际展会的基本要素。

1. 展会主办方

展会主办方主要负责租赁整个展馆，然后对展馆进行划分，划分的标准一般都是将行业相同或相近的参展商分配到同一个或几个展馆。主办方一般在展会开始前半年甚至一年就开始向潜在参展商发出邀请，或进行招商、签约，将特定区域的展位出租给参展商。另外，主办方一般在展会开始前一个月左右开始向展会参观者发出邀请，邀请展会参观者参加展会。在展会知识产权纠纷中，主办方的主要作用体现在：（1）制定知识产权纠纷投诉办法或参展手册，告知参展商及展

---

[1]《福州市展会管理办法》第3条规定："本办法适用于本市五城区内举办的展会活动，但下列展会除外：（一）经营者为推介自己生产或经营的产品而举办的展销活动；（二）政治性、公益性展会等非商业性展会。"

[2] 毛海波：《国际展会知识产权保护研究》，上海人民出版社2013年版，第8页。

[3]《国际展览会公约》第1条规定：（1）不论其称谓如何，展览会是一种旨在教育大众的展览；其可以展示人类所掌握的满足文明需要的手段，或展示在人类努力奋斗中一个或多个领域所获得的进步，或展示未来的前景。（2）当超过一个国家参加时，该展览会为国际展览会。（3）国际展览会的参加者一方面包括以国家区分的代表官方的国家参加者，另一方面包括国际组织或非代表官方的参加者，以及那些依据相关展览会规定授权实施一些其他活动，尤其是那些获得特许权的参加者。第2条规定：本公约适用于下述展会以外的一切国际展会：（1）持续时间少于3个星期的展览会；（2）美术展览会；（3）实质上具有商业属性的展览会。不管组织者将展会冠以何名，本公约认定注册的展览会与认可的展览会之间存在差异。

会参观者在发现其他参展商涉嫌侵犯其知识产权时,可以通过何种渠道进行投诉,也告知参展商在被投诉时应该如何应对;(2)与参展商签订参展协议,要求参展商承诺不侵犯他人知识产权,甚至有的协议会要求参展商无条件地配合主办方维护知识产权的各项措施,最核心的措施就是立即撤展;(3)主办方在展会期间或展会结束后,为配合权利人维权,可以根据权利人的要求提供涉嫌侵权方在展会存在的各种行为等相关证据,包括权利人维权行为的整个过程,涉案专利、商标、版权作品曾在展会上展出的行为等。随着展会行业的发展,主办方逐渐形成了自己的行业协会,甚至建立了行业内部认证体系。主办方可以通过加入某协会或获得某协会的认可,来证明其在展会知识产权保护上所具备的行业水平。主办方有时可能是一个公司,也可能是两个或两个以上的公司进行的联合,有时还可能会有承办、代理、合作单位来协助主办方顺利召开展会,在国际展会上,主办、承办、代理、合作单位可能来自不同的国家。

主办方对展会标识享有知识产权,展会标识包括展会名称、展会主题词、会徽、会歌、会旗、吉祥物、网站域名等。因此,主办方自身也可能会基于展会标识而产生知识产权纠纷。

2. 展会参展商

参展商在受邀后一般会主动参加主办方举办的展会,通过展会前搭建展台、展会期间展示展品、散发宣传册、现场交换名片、演示产品特性等行为,来实现其参加展会宣传自己或自身产品的目的。结合笔者诸多展会参加经验来说,一般行业龙头或实力强的企业通常占据面积较大、地理位置较为优越的展位,虽然支出的展位费比较高,却换来了良好的企业形象,同时吸引了更多的展会参观者来进行参观。由于其产品或服务具有核心竞争力,导致其会被其他参展商、展会参观者竞相模仿。参展商来自不同的国家是国际展会的一大特点,参展商也是国际展会知识产权纠纷的主要主体之一,虽同时参展,但在知识产权纠纷中可能"扮演"不同角色,有的是侵权方,有的是被侵权方。随着参展商参展次数的增多,参展商自身处理展会知识产权纠纷的能力也会逐渐提升,如有的参展商在展台搭建开始时就在展馆内主动搜寻潜在的侵权方,在展会未正式开始之前就主动与主办方、律师、公证处、行政主管部门、法院等部门或专业人员取得联系,并采取各种措施来维权,包括根据展会手册向主办方投诉,与律师联系进行是否侵权判断、制定维权策略、委托律师发律师函或收集证据,委托公证处对展会可能存在的侵权行为进行公证,向行政主管部门投诉,向法院起诉等。

参展商主动维权、提前维权是近几年来国际展会知识产权纠纷的一大特点。参展商一般在参展前就会将各种权利证书的原件、复印件都准备充足,因为常规大型国际展会的举办时限为3~7天,如果不主动提前维权,难以在短暂的时间内使侵权方撤展。在展会正式开始前,参展商会收到主办方提供的参展商名册以及具体的展位号,这就为参展商维权提供了极大的便利,可能在展会开始前或之前在其他同行类似的展会上,参展商已经清楚哪些主体有侵权故意,因此从开始搭建展台时就对此类涉嫌侵权方特别关注,一旦发现侵权行为立即维权。来自世界各地的参展商在带来新的展品及设计理念的同时,也可能成为潜在知识产权侵权者争相模仿的对象。

3. 展会参观者

国际展会举办的主要目的就是吸引来自全球各地的展会参观者。主办方搭建展会平台,参展商在平台上表演,吸引展会参观者即展会观众,也是展会人数最多、类型最不特定的主体。展会参观者没有任何资质或能力方面的要求,大部分展会是面向所有展会参观者开放的。但展会参观者在进入展会之前,都要进行登记,一则便于管理,二则便于主办方后续在举办类似展会时继续向之前登记的展会参观者发出邀请。主办方对其收集展会参观者信息而形成的信息数据库应该享有相应的知识产权。参展商是否可以要求主办方对其进行公布,取决于展会参观者在填写个人信息时是否对该行为进行授权以及主办方与参展商的合同是否进行了相关约定。

展会参观者在国际展会上具有天然的复杂多样性,展会参观者可以分为普通参观者和专业参观者。普通参观者可能是展会种类主体中人数最多的主体,但不是展会知识产权纠纷的核心主体。专业参观者由于展会的主题与其密切相关,故国际展会知识产权纠纷多发生在专业参观者身上。普通参观者可能发生知识产权纠纷的领域一般局限于著作权,以及与其相关的隐私权和肖像权保护。除了作为参展商以外,当参展商在参观其他参展商的展品时,其身份定位就会发生变化,此时的参展商身份准确地说就是一名专业参观者。专业参观者的多少及其采购意愿是决定展会效果的一个重大因素,参展商参加展会的核心目的就是吸引专业参观者签订订单。但专业参观者的定义有时会与普通参观者发生转变,尤其是在日常生活消费领域的展会上,专业参观者与普通参观者的区分就不那么明显,因为此时所有可能购买展品的普遍参观者就"变成"了专业参观者。专业参观者也是发现参展商侵犯知识产权的主力军,尤其在加盟、代理招商中,专业参观者会对参展商的展品或服务是否侵犯他人或自己的知识产权特别关注。

4. 展会展馆

展馆是展会的展出所在地,既要满足参展商搭建展台的不同需求,也要确保参观者的参观安全。在展会知识产权纠纷中,展馆所在地往往是侵权行为发生地、侵权结果发生地。与展会主题密切相关的参展商、参观者来自全球各地,在展会期间汇集在展馆内共同实现展会的目的。在展会知识产权纠纷中,展馆所在地成为无法回避的侵权行为地和侵权结果发生地,这种情况直接导致展馆所在地法院成为展会知识产权纠纷的管辖法院。结合我国实际情况,在北上广举办的各类展会上发生的知识产权纠纷的管辖比较清晰,但在其他地方,当发生知识产权纠纷时,因权利类型不同导致同一地方发生的纠纷,其管辖法院也可能会有所不同,其根本原因在于知识产权的特殊性和专业性。当展会举办地发生在国外时,根据国际公约及举办地所在国的法律,一般展馆所在地法院对知识产权纠纷也有管辖权,此时权利人可以根据自己情况对管辖法院作出选择。

5. 其他展会知识产权纠纷参与方

之所以将其他展会知识产权纠纷参与方列为国际展会的基本要素之一,是考虑到其他参与方对展会知识产权纠纷的发生以及处理有着不可替代的作用。

(1)行业协会。

行业协会可以分为两大类,一类是主办方的行业协会,一类是参展商的行业协会。行业协会在展会知识产权纠纷处理中的作用日益突出,主办方行业协会可以制定展会知识产权纠纷处理的指导规范,引导展会的主办方更好地处理展会知识产权纠纷。有的主办方行业协会对其会员资格的认定和考核中有展会知识产权纠纷处理能力的要求,这就在一定程度上督促展会主办方要加强展会知识产权保护,积极解决知识产权纠纷。参展商行业协会的存在为主办方招展提供了极大的便利,主办方一般都与各类参展商行业协会保持密切联系,参展商行业协会的会员极有可能成为主办方展会的参展商,参展商行业协会通过协会内部的交流沟通,可以提高参展商展会知识产权维权水平,通过对侵犯知识产权案例的宣传也可以有效避免二次侵权行为的发生。二次侵权行为是指参展商并非侵权产品的生产厂商,通过在展会展出、销售侵权产品而发生的侵权行为。某产品被认定为侵权产品，通过行业协会会员之间的交流，可以大量减少侵权产品在会员之间的流动、销售。结合笔者多年展会知识产权纠纷处理经验，展会知识产权纠纷有接近 50% 的纠纷是发生在权利人与销售商、代理商之间，如果行业协会能加强展会知识产权侵权产品方面的交流沟通，可以有效减少展会知识产权纠纷的发生。

（2）展台设计方和展台搭建方。

展台设计方和展台搭建方一般是辅助参展商完成展台的设计和搭建。由于展会的时间紧迫、参观人流量大，参展商的主营业务又多与展台的设计搭建无关，而展会的频繁召开就催生了一个新的行业，即展台设计与搭建。因为主办方通常给参展商展台搭建和撤展的时间只有一天或半天，搭建时间有时可能会延长到两三天，但撤展时间一般是半天时间，这就对展台搭建的快捷、安全提出了很高的要求；为了能吸引更多参观者的眼球，合理利用空间，并综合美观、效果等多种因素，委托专业设计师进行展台设计、专业施工队进行展台搭建尤为必要。此时，就可能出现展台设计知识产权纠纷，常见的此类纠纷集中在拖欠设计费和剽窃他人作品两类。实践中出现很多参展商选中某设计师的设计方案，由于各种原因未支付费用而导致的纠纷。

（3）展具的提供方和展项的制作方。

展具的提供方和展项的制作方也随着展会的精细化发展而逐渐进入展会知识产权纠纷的视野。参展商一般是展品的生产商或经销商，对如何宣传自己的展品都有成熟的方案，但展会改变了参展商日常宣传的场景，展会的短期、人多、同行多的特点决定了参展商需要调整自己的日常宣传方案来适应展会的特殊要求。参展商布展和撤展时间非常紧迫，同时为了拓展业务又不得不重复性地参加同行业务类展会，展具、展项、展品的便捷、易拆装、重复利用等需求促进展览行业的快速发展，展具的模仿、假冒侵权现象也就随之增多。

（4）其他参与人员。

展会知识产权纠纷其他参与人员还包括政府主管部门、律师、公证员、法官等。因为此类主体是常见的纠纷处理主体，所以笔者便不对其展开论述。

二、国际展会与知识产权

（一）国际展会的发展

在古代农耕社会，人们往往在庆贺丰收、宗教仪式、欢度喜庆的节日里展开交易活动，后来逐渐发展成为定期的、有固定场所的、以物品交换为目的的大型贸易及展示的集会。这就是世博会的最早形式。5世纪，波斯举办了第一个超越集市功能的展览会。18世纪，随着新技术和新产品的不断出现，人们逐渐想到举办与集市相似，但只展不卖，以宣传、展出新产品和成果为目的的展览会。1791年捷克在首都布拉格首次举办了这样的展览会。随着科学技术的进步，社会生产力的发展，展览会的规模也逐步扩大，参展的地域范围从一地扩大到全国，由国内延伸到国外，直至发展成为由许多国家参与的世界性博览会[1]。

1851年，当时世界的工业中心——英国伦敦，举办了第一届具有现代意义的国际性博览会。英国邀请了众多国家参展，集中展示在工业革命浪潮中世界上不同民族所创造的工业产品。博览会举办正值维多利亚王朝鼎盛时期，借此良机，英国不仅从中获取了丰厚的利润，更是通过世界博览会的举办推动了社会的进步。此后，法国、美国等国家也相继举办世界博览会，欧美的一些中心城市更是以不同名义和目的掀起举办各色各样博览会的浪潮。其中，在维也纳、阿姆斯特丹、布鲁塞尔、巴塞罗那、圣路易斯安娜、杜林和费城举办的世博会都获得了显著的成功。到19世纪末，此起彼伏地举办世界博览会已经成为一种时尚。但是，众多世界博览会的举办，也带来了不少问题：有参展国、参展商因参展利益受到损害而导致的摩擦，有举办国的组织工作不尽如人意造成的经济亏损，更有类似的世界博览会同时举行，给参展国的选择带来的困惑。混乱的局面不仅给参展国家带来了问题，也给主办国造成了利益伤害。因此，许多国家认为有必要建立一套组织规章制度，以改变世界博览会的无序状况，同时提示举办世界博览会的国家必须为参展者提供必要的保障措施。于是，共同制定一个国际性公约迫在眉睫。法国政府于1907年首先号召，1912年，

---

[1] 张铮："世界博览会的由来"，载http://www.ccpit.org/Contents/Channel_3572/2014/0827/413727/content_413727.htm，最后访问时间：2016年9月27日。

德国政府响应号召并召集有关国家政府，开始为公约的制定做准备。不少国家政府积极回应，纷纷表达了确立举办世界博览会规范的愿望。1912年柏林外交会议使得建立一个协调和管理世界博览会的国际性公约成为可能。但是，1914年第一次世界大战使这个外交协议夭折。1920年，有关国家政府再次将制定公约之事提到议事日程。经过多年的努力，1928年11月22日，来自31个国家的代表在由法国政府召集的巴黎会议上，正式签订了《国际展览会公约》。《国际展览会公约》是人类历史上第一个关于协调和管理世界博览会的建设性公约。[①] 中华人民共和国于1993年加入国际展览会公约，成为国际展览局（总部设在巴黎，其宗旨是通过协调和举办世界博览会，促进世界各国经济、文化和科学技术的交流和发展）的第46个成员。

随着展览行业的发展，涌现出一些具有特色的行业协会，如1928年由法国发起成立的国际展览局，还有一些非政府组织：国际展览业协会（UFI）、国际展览与项目协会（IAEE）、独立组展商协会（SISO）等。中国国际贸易促进委员会（简称贸促会，CCPIT）在推动国际展会在我国的发展方面也作出诸多贡献。

据商务部会展业典型企业调查统计，2013年，全国共举办各类展览7319场，同比增长1.8%；展览面积9391万平方米，同比增长4.5%，展览面积增长快于展览项目增长，单位项目规模扩大，展览效益提高。据测算，2013年会展经济直接产值达3870亿元人民币，较2012年增长10.6%，约占全国国内生产总值56.8845万亿元人民币的0.68%，与2012年基本持平；占全国第三产业增加值26.2204万亿元人民币的1.5%。[②] 据贸促会统计，2013年，全国102家组展单位共赴75个国家实施经贸展览会计划1492项，比2012年减少2.4%，其中参加国际博览会1422项，占实施总量的95.3%，单独举办展览会70项，占实施总量的4.7%。2013年，我国会展行业的国际化进程进一步加快。在出国展览稳步发展的同时，国内会展市场进一步开放。英国励展博览集团进军郑州，德国斯图加特展览公司在南京设立合资公司，英国ITE公司以数亿元人民币的资金收购上海展会。此外，我国办展机构在国际会

[①] 张铮："《国际展览会公约》的由来"，载http://www.ccpit.org/Contents/Channel_3573/2014/0901/415106/content_415106.htm，最后访问时间：2016年9月27日。

[②] "第十二届中国会展经济国际合作论坛"，载http://134221.kuaizhan.com/10/31/p290550861084e3，最后访问时间：2016年9月25日。

展业的影响力也进一步增强。截至2013年年底,国际展览业协会的中国会员达到84个,主要分布在北京、广东、上海三地,其中北京26个,广东23个,上海22个,三省市的会员数约占总会员数的84.5%。UFI认证展会共69个,其中境内认证展会66个,境外认证展会3个。①

根据《中国展览经济发展报告2015》统计,2015年中国展览市场得到较快发展,在宏观层面上呈现出以下5个特征。

一是国内展览市场总量上升。2015年国内展览市场,全国30个省区市、115个城市共举办经贸类展览会2612个,比2014年增加约7.8%,总面积约为7874万平方米,比2014年增加约10.8%。

二是出国展览行业稳中有升。2015年,全国98家组展单位共赴64个国家实施出展计划1507项,比2014年增长2.3%;展出总面积73.1万平方米,增长0.7%;参展企业5.2万家,增长6.4%。除总面积,项目数和参展企业数的增长率都高于2014年。

三是政府对展览业转型升级加强引导。2015年4月,国务院发布《关于进一步促进展览业改革发展的若干意见》,首次全面系统地提出展览业发展的战略目标和主要任务,并对进一步促进展览业改革发展作出全面部署,为我国展览业改革发展澄清了认识,厘清了思路,指明了方向。

四是信息技术成为推动展会发展的重要手段。2015年,中国展览业信息化水平显著提升,展览业与互联网新技术的相互促进、协同发展正成为中国展会市场发展的新特点。展览会官方网站、官方微博、官方微信数量均显著增长,公众号、App等新技术手段得到普遍应用,显示出新常态下展览业在移动互联网平台快速发展的趋势。

五是展览馆市场持续升温。2015年,中国展览馆市场包含136个专业展览馆,比2014年增加8个展览馆;室内可租用总面积约647万平方米,增长10.6%,增长率比上年高出8.3%;2015年共举办2552个展览会,展览会总面积约7466万

---

① "2013年中国会展行业发展报告",载http://wenku.baidu.com/link?url=MV8BM9vfOVc7B1C8G-84CUZizfwXZNLKSpN8SWgOENXhkf02zhiRu9K-voDk9UF7h5o1IaQuJI2nhI5EVWVpQxmKp4qXkV5kUDJGn78-cIa,最后访问时间:2016年9月27日。

平方米。①

（二）国际展会的发展与知识产权保护的关系

一个成功的展会不仅能给企业提供展示自我、与潜在客户面对面沟通的机会，同时向他们提供了互相学习和借鉴的机会。②这种学习、借鉴的机会在国际展会大背景下，有时就可能滋生专利模仿、商标假冒、剽窃著作权、侵犯商业秘密、开展不正当竞争等行为。

知识产权是劳动者的智力成果。劳动的表现形式有智力劳动和体力劳动，这两种形式均创造了劳动成果，给社会带来了经济利益，作为劳动成果的付出主体，也应该得到相应的报酬。柏拉图在论述统治者治理国家时，认为应该给予统治者报酬，因为他拿出自己全部能力努力工作，都不是为了自己，而是为了所治理的对象，如果有人愿意担任这种工作，就该给报酬，或者给名，或者给利；如果他不愿意做，就给予惩罚。③这实际上强调了劳动应当得到回报。知识产权作为一种私权，劳动者得到回报的形式特殊，无法实现传统意义上的"个体拥有"，传统个体拥有的方式，是指有形的占有，但是知识产权是无形的，④无法进行有形的占有，即"感性的占有"；知识产权可以被任意复制，权利由谁享有必须得到法律的承认，这样的享有人是法权上的权利人，权利的占有方式是"理智的占有"，可以理解为"纯然法权的占有"。⑤康德认为，法权是一个人的任性能够在其下按照一个普遍的自由法则与另一方保持一致的那些条件的总和。⑥权利的稳定需要由

---

① 中国贸促会："第十二届中国会展经济国际合作论坛开幕，《中国展览经济发展报告2015》发布"，载http://www.hnccpit.org/mch2_qtlm/qtlm_mcxtxx/201602/t20160217_12046.html，最后访问时间：2016年9月27日。

② 梁泠曦："保护展会知识产权，积极应对侵权纠纷"，载《中国安防》2010年第11期，第103页。

③ 〔古希腊〕柏拉图：《理想国》，郭斌和、张竹明译，商务印书馆1986年版，第30页。

④ Tanya Aplin and Jennifer Davis, INTELLECTUAL PROPERTY LAW: Text, Cases, and Materials, FIRST EDTION, OXFORD UNIVERSITY PRESS, 2009, p.2.

⑤ 〔德〕康德：《康德著作全集（第6集）》，李秋零主编，中国人民大学出版社2007年版，第252页。

⑥ 同上书，第239页。

立法加以确认，正如康德所言"把某种外在的东西当作自己的来拥有，这唯有在一种法权状态中、在一种公共立法的强制权之下，亦即在公民状态中，才是可能的"[1]。这是因为法律具有强制性的保障，保障权利人享有法定的权利，知识产权法一般归集为民法，民法提供了行为人之间民事权利义务的准则，由行为人自由选择行使。行为人需要遵守规则，遵守规则有好的结果。[2] 但当一方的正当权利不能得到满足时，此时民法的实现依赖于国家的强力保证，"因为唯有国家的强力才能使得它的成员自由"[3]。

将一切来自知识活动领域的权利概括为"知识产权"，最早见于17世纪中叶的法国学者卡普佐夫的著作。[4]19世纪，英国、法国、美国、德国以及俄国在知识产权方面取得了较大的发展。[5] 自1967年巴黎会议之后，建立了世界知识产权组织并在斯德哥尔摩签订了《建立世界知识产权组织公约》，[6] 知识产权这一概念自此在世界范围内成为一种最为常用的概念。[7] 事实上迄今为止，多数国家的法学专著、法律，乃至国际条约，均从划分范围出发来明确知识产权这个概念，或给知识产权下定义。[8]

广义上的知识产权，可以包括一切人类智力创作的成果，也就是《建立世界知识产权组织公约》中所划分的范围。[9]《建立世界知识产权组织公约》第2条第（8）项、《保护工业产权巴黎公约》第1条、《与贸易有关的知识产权协定》第1条第

---

[1] 〔德〕康德：《康德著作全集（第6集）》，李秋零主编，中国人民大学出版社2007年版，第263页。

[2] N. E. SIMMONDS, CENTRAL ISSUES IN JURISPRUDENCE: JUSTICE, LAW AND RIGHTS, Second Edition, Sweet & Maxwell Limited, 2002, p.258.

[3] 〔法〕卢梭：《社会契约论》，何兆武译，商务印书馆2003年版，第70页。

[4] 吴汉东：《知识产权基本问题研究（总论）》，中国人民大学出版社2009年版，第3页。

[5] See J.A.L STERLING, WORLD COPYRIGHT LAW 9-13 (2003).

[6] Talwar Sabanna, Intellectual Property Rights in WTO and Developing Countries, Serials Publications, 2010, p.114.

[7] 我国台湾地区将知识产权称为"智慧财产权"。

[8] 郑成思：《知识产权法》，法律出版社2003年版，第3页。

[9] 同上书，第5页。

2款规定了知识产权范围。①

广义上知识产权的范围,还有其他一些划分方法。例如,国际保护工业产权协会1992年东京大会认为,知识产权分为"创作性成果权利"与"识别性标记权利"两大类。其中前一类包括7项,即发明专利权、集成电路权、植物新品种权、Know-How权(也称技术秘密权)、工业品外观设计权、版权(著作权)、软件权。后一类包括三项,即商标权、商号权(也称厂商名称权)、其他与制止不正当竞争有关的识别性标记权。②刘春田教授也持这一观点,认为知识产权是智力成果的创造人或工商业标记的所有人依法享有的权利的统称。③

狭义的或传统的知识产权,则包括工业产权与版权(即著作权)两部分。其中,工业产权中又包括专利权、商标权、禁止不正当竞争等;版权中则包括作者权与传播者权(即邻接权),等等。④

传统的知识产权主要包括专利权、商标权与著作权,无论是在理论上还是在实践中,各国(包括中国)都是比较一致的。⑤中国已经制定了《中华人民共和国专利法》

---

① 《建立世界知识产权组织公约》第2条第(8)项"知识产权"包括:(1)关于文学、艺术和科学作品的权利;(2)关于表演艺术家的演出、录音和广播的权利;(3)关于人们努力在一切领域的发明的权利;(4)关于科学发现的权利;(5)关于工业品式样的权利;(6)关于商标、服务商标、厂商名称和标记的权利;(7)关于制止不正当竞争的权利;(8)以及在工业、科学、文学或艺术领域里一切其他来自知识活动的权利。

《保护工业产权巴黎公约》第1条(本联盟的建立;工业产权的范围)规定:(1)适用本公约的国家组成联盟,以保护工业产权。(2)工业产权的保护对象有专利、实用新型、外观设计、商标、服务标志、厂商名称、货源标记或原产地名称和制止不正当竞争。(3)对工业产权应作最广义的理解,不仅应适用于工业和商业本身,而且也应同样适用于农业和采掘业,适用于一切制成品或天然产品,例如:酒类、谷物、烟叶、水果、牲畜、矿产品、矿泉水、啤酒、花卉和谷类的粉。(4)专利应包括本联盟国家的法律所承认的各种工业专利,如输入专利、改进专利、增补专利和增补证书等。

《与贸易有关的知识产权协定》第1条第2款规定:就本协定而言,"知识产权"一词指列入第二部分第1~7节涉及的所有知识产权类型,这些类型是:(1)版权及邻接权;(2)商标权;(3)地理标志权;(4)工业品外观设计权;(5)专利权;(6)集成电路布图设计权;(7)信息秘密专有权。

② 郑成思:《知识产权法》,法律出版社2003年版,第5~6页。
③ 刘春田:《知识产权法》,中国政法大学出版社2009年版,第5页。
④ 郑成思:《知识产权法》,法律出版社2003年版,第8页。
⑤ 同上。

(以下简称《专利法》)、《中华人民共和国商标法》(以下简称《商标法》)、《中华人民共和国著作权法》(以下简称《著作权法》)、《中华人民共和国反不正当竞争法》(以下简称《反不正当竞争法》)等知识产权法律。可以认为,我国学术界和司法实践多数是依据知识产权的范围来界定知识产权的概念。本书也以这样的实体法体系为参考展开展会知识产权纠纷问题方面的研究。

展会知识产权并非一个确切的法律概念。通常而言,所谓展会知识产权是指与展会有关的知识产权,其主要包括展会标志(如展会名称、会标、展会域名、展会标语、会徽、会旗、会歌、吉祥物等)的知识产权、展品上的知识产权(如专利权、商标权、著作权、商号、知名商品包装装潢等)、展示设计(如展台设计、展板设计等)的知识产权。[①]

国际公约和协定的出现大大提升了各国在国际展会知识产权保护的水平,为有效、快速解决展会知识产权纠纷提供了制度保障。目前,我国加入的有关国际展会知识产权保护的国际公约主要有《建立世界知识产权组织公约》《巴黎公约》《服务贸易总协定》《与贸易有关的知识产权协定》等。

关于国际展会的知识产权保护主要通过以下法律法规来实现:《中华人民共和国民法总则》(以下简称《民法总则》)、《中华人民共和国合同法》(以下简称《合同法》)、《专利法》及《中华人民共和国专利法实施细则》(以下简称《专利法实施细则》)、《商标法》及《中华人民共和国商标法实施条例》(以下简称《商标法实施条例》)、《著作权法》及《中华人民共和国著作权法实施条例》(以下简称《著作权法实施条例》)、《反不正当竞争法》《集成电路布图设计保护条例》及与此相关的司法解释。关于展会知识产权保护的国务院部门规章和地方政府规章分列如下:《国务院关于进一步促进展览业改革发展的若干意见》,2006年国家商务部等四部委联合颁布的《展会知识产权保护办法》,2009年2月国家知识产权局、外交部、工业和信息化部等九部门联合印发的《关于加强企业境外参展知识产权工作的通知》。另外,各地方知识产权局也在重视和加大展会知识产权保护力度,如2002年3月12日,江苏省工商局、知识产权局、版权局联合颁布的《关于对我省举办的大型会展实施知识产权监督管理的意见》;2002年4月15日,广东省知

[①] 刘毕贝、赵莉:"珠海市展会知识产权保护策略研究",载《法制与经济》2015年6月(总第411期)。

识产权局、工商局、版权局、外经贸厅联合颁布的《关于加强展会中知识产权保护工作的意见》；2005年7月11日，上海市知识产权局颁布的《加强展览会专利保护实施细则》；2005年10月1日，广东省知识产权局颁布的《广东省展会知识产权保护工作指引》；2006年9月28日广州市知识产权局、工商局、版权局联合颁布的《广州市展会知识产权保护工作实施意见》等。

上述法律规范文件为展会知识产权纠纷的解决建立了相应的流程和体系，但仍有许多需要完善的地方。

（三）国际展会知识产权纠纷处理的时代要求

意大利著名法学家卡佩莱蒂将贯穿于现代民事诉讼的最基本理念概括为程序保障与接近正义[1]。而亲民以及更加便捷的解纷服务其实就是给当事人提供一种接近正义的快车道[2]。随着国际层面的展会越来越多，需要为展会量身定制一套符合展会特点的纠纷处理制度以符合展会的时代要求，亦使展会的各方主体能够在展会的举办过程中切实感受到便利性以及公正性。

例如《展会知识产权保护办法》规定，超过3天的展会，主管部门认为有必要的，展会主办方应设立知识产权投诉机构，举办地知识产权主管部门应当进驻并对纠纷予以处理[3]。《广东省展会专利保护办法》规定，展会主办方设立的展会专利投诉机构组成人员不得少于3人，可以从专利行政部门的专家库中选聘，也可以请求专利行政部门指派或者聘请相关领域专家[4]。又如德国法兰克福展览自2006年开始启用新设计的参展报名表，其中，展商必须声明自己的产品没有侵犯知识产权，如果有侵权行为被证实，展览组织者有权考虑永久取消其在该展会的报名资格[5]。笔者认为，展会的发展离不开知识产权纠纷解决机制的完善，而在不久的将来，诸如能够强制仲裁展会中知识产权纠纷的展会临时仲裁组等亦有可能出现在国际展会

---

[1] 〔意〕M.卡佩莱蒂等：《当事人基本程序保障权与未来的民事诉讼》，徐昕译，法律出版社2000年版，第5页。
[2] 龙飞："中国在线纠纷解决机制的发展现状及未来前景"，载《法律适用》2016年第10期。
[3] 参见《展会知识产权保护办法》第6条。
[4] 参见《广东省展会专利保护办法》第18条。
[5] 毛金生、谢小勇、王淇等：《德国展会知识产权纠纷应对100问》，知识产权出版社2012年版，第101~102页。

之中。

第二节 国际展会知识产权纠纷之特征

一、国际展会知识产权纠纷之类型特征

学界对于知识产权的属性和特征已有研究,冯晓青教授认为知识产权有4种属性,分别是无形性、私权性、法定性和人身权与财产权的融合性;知识产权的特征主要包括专有性、地域性、时间性。[①] 吴汉东教授认为知识产权是私权,[②] 具有3个基本特征,即专有性、地域性、时间性。[③] 郑成思教授认为知识产权有5种特点,分别是无形性、专有性、地域性、时间性、可复制性。[④] 对于知识产权的属性,笔者赞同知识产权是一种私有财产权利。

知识产权发展至今,不同类型的权利,除了具有一定的共性外,还具有一些自身的特性,如商业秘密已经被认为是一种知识产权,如果保密制度比较完善,没有被不正当公开,就没有规定的期限。因此,笔者认为,时间性不是知识产权的共性,知识产权是一种私权,具有的共性为无形性、专有性、地域性、可复制性[⑤]。共性特征使得展会知识产权纠纷成为一种独特的纠纷类型。按照权利类别可以将展会知识产权纠纷划分为以下4个大类。

(一)专利纠纷

展会专利纠纷是展会发生最多的纠纷,而专利纠纷集中在实用新型和外观设计

[①] 冯晓青:《知识产权法》,中国政法大学出版社2010年版,第10~18页。
[②] 该观点参见李明德:《知识产权法》,社会科学文献出版社2005年版,第29页。
[③] 吴汉东:《知识产权基本问题研究(总论)》,中国人民大学出版社2009年版,第9页;第21~30页。
[④] 郑成思:《知识产权法》,法律出版社2003年第2版,第9~19页。
[⑤] 刘华俊:《知识产权诉讼制度研究》,法律出版社2012年版,第5~6页。

专利纠纷，发明专利纠纷相对较少。首先，从总体数量上来说，发明专利就比实用新型和外观设计专利少；其次，发明专利的获得时间长、实质审查要求高、通过率低；再次，发明专利模仿难度高，因此在展会专利纠纷处理中，发明专利纠纷相对较少。另外，不同类型的展会，专利纠纷集中的类型也会有所不同。方法发明专利产品为主的展会，发明专利纠纷就多，而外观设计专利纠纷就会相对较少。

专利纠纷行为主要表现在参展商未经专利人许可开展许诺销售、销售、生产、使用、进口专利产品的行为，而其他常见专利纠纷（如是否可以取得专利权的专利确权，因被专利行政管理部门处罚的专利行政诉讼或对专利行政部门决定不服而发生的专利行政诉讼，因专利开发、转让、许可产生的纠纷，假冒专利而产生的专利行政、刑事诉讼等）则在展会知识产权纠纷中并不常见。

展会实用新型和外观设计专利纠纷中权利人维权首先需要解决的是权利稳定性问题，因为实用新型和外观设计专利均未经过实质审查，目前权利人向法院起诉时可以向法院提供实用新型专利或外观设计专利的专利权评价报告，如权利人未提供的，法院根据案件需要可以要求权利人提供，如权利人无正当理由拒绝提供的，人民法院可以裁定中止诉讼或判令权利人承担可能的不利后果[①]。

对实用新型专利而言，展会要求专利权人提供专利评价报告以确定其权利的稳定性，但外观设计专利目前还没有提供专利评价报告的要求。

自认侵权的展会被控侵权方一般会主动撤展，如果被控侵权方以被控侵权技术不在专利权的保护范围内或权利人的专利权存在新颖性或创造性方面的瑕疵提出抗辩，则所需的相关证据的提供和专业人员对于被控侵权技术是否在专利权的保护范围内的判断都需要在短时间内完成，而针对权利瑕疵的证明更是需要启动无效宣告申请程序，其周期更是不可谓不长。因此，被控侵权方大多因为无法在短期内提供有效抗辩证据而在展会上被投诉后被主办方要求撤展。这也造成某些有相关经验的展商会前针对展会展品申请大量的外观设计专利，取得专利证书后在后续其他展会上进行"维权"以达到使其他同行撤展的目的。这一行为明显是利用现有展会时限性导致的知识产权纠纷处理的某些漏洞，过度维权，打击同行。此类行为已经引起了展会行业主办方及相关部门的注意，相信未来专利维权时，可能会增加权利人的维权成本，如缴纳一定保证金，如事后证明维权使用的专利有瑕疵，则需赔偿撤展

---

① 参见《最高人民法院关于审理专利纠纷案件适用法律问题的若干规定》第8条。

方的损失等。

（二）商标纠纷

展会商标纠纷在数量上仅次于展会专利纠纷。专业性越高的展会，专利纠纷越多，商标纠纷越少，这是因为产品科技含量越高，对应的专利越多，通过仿冒商标达到增加销量的可能性越低；在大众日常消费品的展会上，商标纠纷明显比专利纠纷多，这与商品消费者的辨识能力高低有关，大众日常消费品因为受众广泛，商标知名度的高低对能否促成交易影响较大，侵权方正是利用这一点通过仿冒知名商标来提高侵权产品的销量。

展会专利纠纷解决过程中，首先要解决的是被控侵权产品是否落入专利的保护范围，需要较高的专业判断能力，因此才会出现有个别通过申请大量外观设计专利"过度维权"现象，但商标几乎没有过度维权的问题，一方面因为判决商标是否侵权主要看是否是在相同或类似的产品上使用相同或近似的商标，而这个判断标准恰恰是从产品消费者的角度来判断，不需要过多的专业知识；另一方面也因为注册商标的稳定性比专利高，注册商标取得商标证书后，通过撤销或无效程序否定该商标的有效性要比申请专利无效难度大，因此在打击商标侵权过程中，通过启动商标无效程序来抗辩的比专利无效抗辩要少很多。

（三）著作权纠纷

展会著作权纠纷的表现形式要比专利纠纷和商标纠纷多，除了参展商之间或者同行之间产生纠纷外，展会著作权纠纷还有展台、展项设计纠纷。

展会著作权纠纷与专利、商标纠纷明显不同的特点在于，专利、商标都有相应的专利证书、商标证书，但著作权是自作品完成之日自动取得，无须向权力部门申请或备案。著作权这一特点就导致展会著作权纠纷的产生。尤其是参展商之间的著作权纠纷，首先需要解决权利归属问题。我国著作权登记实行的是自愿登记原则，但登记后的证书具有一定的表面证据效力，在著作权纠纷中，一旦权利人能拿出著作权登记证明，则此时其无须再对是否为著作权权利人进行举证，相反要抗辩人拿出证据证明著作权登记的权利人错误，因此展会著作权纠纷中权利人已经有意识地先进行著作权登记再进行维权。

展位设计，许多参展商耗费心机，甚至聘请专家对展位进行精心设计，通过声、光、电以及各种特殊展饰材料的组合和设计，来表达企业及产品的个性，同时起到良好的广告宣传效应。这种包含了力学、美学、建筑学等知识和艺术的创意，是设计人辛勤劳动的结晶，取得了良好的展示效果，同时也极易成为新的侵权对象。由于其凝结了设计人的智力劳动,理应受到知识产权法律的保护。[1] 展台、展项设计纠纷，主要集中在展台、展项设计方与参展商之间，通常在布展之前，参展商可能会向多家设计师免费征求设计方案，然后从中选择自己满意的设计作品进行搭建。但现实中出于各种原因，经常会出现展台、展项设计师投诉某参展商未支付费用而使用了其设计作品。展会的短暂性要求展台搭建、拆除要便捷，展会的大人流量要求展台、展品的安全性能好，展会的宣传功能又要求展台美观、富有美感并且能吸引眼球，这一系列的要求使得参展商在展台搭建方面需聘用专业人士，但出于费用或其他原因，选中某人的设计却又未能委托其进行设计工作，纠纷就不可避免地产生。

在各类展会上，软件侵权现象也很普遍。比如，在展会现场以演示为目的的计算机使用盗版软件，或者展品本身使用盗版软件及销售盗版软件都是展品克隆的主要表现。[2] 参展商在展会上使用的音乐、计算机软件、图片，可能会有部分情况没有取得授权，但因为展会短暂性、紧迫性的特点，权利人很难在展会上进行维权，甚至说权利人几乎不可能知道自己的作品在某一展会上被侵权了。

（四）不正当竞争纠纷

不正当竞争行为是指经营者在市场竞争中，采取非法的或者有悖于公认的不正当手段或方式，与其他经营者相竞争的行为。[3] 与知识产权有关的不正当竞争主要表现为：擅自使用与他人有一定影响的商品名称、包装、装潢等相同或近似的标识；擅自使用他人有一定影响的企业名称（包括简称、字号等）、社会组织名称（包括简称等）、姓名（包括笔名、艺名、译名等）；擅自使用他人有一定影响的域名主体部分、网站名称、网页等；其他足以引人误认为是他人商品或者与他人存在特定

---

[1] 厉宁、刘凯、周笑足："展会知识产权行政保护初探"，载《知识产权》2009 年 7 月第 19 卷（总第 112 期）。

[2] 梁泠曦："保护展会知识产权，积极应对侵权纠纷"，载《中国安防》2010 年第 11 期。

[3] 李显冬：《知识产权纠纷法律解决指南》，机械工业出版社 2004 年版，第 184 页。

联系的混淆行为。不正当竞争的行政主管部门主要是工商行政管理部门，且县级以上的工商行政管理部门可以依据职权，主动查处相关的不正当竞争行为。

展会不正当竞争主要集中在擅自使用与他人有一定影响的商品名称、包装、装潢等相似或近似的标识，如果权利人有注册商标，则对仿冒行为通常会通过商标进行维权，但也有的侵权方并没有仿冒他人商标，而是使用了其他不正当竞争手段。在侵犯他人有一定影响的商品名称纠纷中，如果产品是家喻户晓的产品，相对简单一些；如果产品是特定行业的知名商品，则权利人需要提供证据证明其商品的"名称、包装、装潢"有一定影响。

二、国际展会知识产权纠纷的时间特征

（一）短暂性、紧迫性

除世界博览会之类的大型展会外，常规国际展会的时间一般为 3~10 天，主办方通常会在展会开始前与参展商约定知识产权保护内容，告知知识产权纠纷处理流程，知识产权权利人要在短暂的展会持续时间内去发现侵权人并提供权利证明，对技术复杂的专利还需提供专利对比意见等证据来向展会投诉侵权人；在投诉或协商不能解决时，权利人可能还需要委托律师、公证员收集证据。对被控侵权方而言，其需要在更短的时间内进行答辩或抗辩，如果抗辩未被采纳，则将承担撤展、支付违约金等责任。3~10 天的时间与普通民事诉讼 15 天举证期相比是十分短暂的，不论行政部门还是司法部门在处理纠纷时，都会给予双方足够的时间提供证据、进行抗辩，但展会的短暂性决定了常规处理纠纷的方式无法适用，决定了展会知识产权纠纷处理的特殊性。

（二）临时性

临时性主要体现在两个方面，一方面是侵权行为持续时间短。在展会结束后侵权展品可能在其他地方仍会继续侵权，但展台侵权以及一次性展具、展项侵权的，其存在期与展会期限相同，展会结束后随着撤展而消失。但展会侵权的后果因参观者数量大，其侵权影响反而比一般的侵权影响更大，因此短暂的、临时的展会知识产权侵权更受权利人重视。

另一方面是，知识产权纠纷处理结果，尤其是在主办方主导下的撤展结果，往往不具有行政或司法裁决的终局性，不能在其他展会再同样适用。因为展会的时间短暂，权利人维权意识强烈，发生知识产权纠纷时，权利人的首要要求就是撤展。在主办方成立的知识产权办公室的协调下，如果侵权成立，往往也是能达到撤展效果的，但主办方很难从根本上解决知识产权纠纷，如要求侵权方承诺不再侵权、要求侵权方赔偿权利人损失等彻底解决问题的措施在展会知识产权纠纷处理过程中，除非通过诉讼途径，一般很难实现。而撤展的结果因展会结束其不具有再次重复执行的效力，其他展会权利人再次发现侵权时仍需按其他展会的要求和流程进行重复维权。

（三）反复性

同一主题的展会，同一主办方通常会在每年举办一次，个别展会一年举办多次，极个别的展会每隔几年举办一次，而同行业归属不同的主办方的举办时间则相互交错，因此导致展会知识产权纠纷具有很大的反复性。前述展会举办的短暂性、处理结果的临时性，导致某一展会出现的知识产权纠纷，在一定期限后同一展会或不同展会重复出现，这无形中加大了权利人的维权成本，也会消耗主办方解决纠纷的精力。

导致展会知识产权纠纷反复发生的另一个重要原因是，权利人维权重点是展会期间侵权方撤展，而展会结束后没有彻底维权，没有取得具有法律效力的判决或侵权方不再侵权的承诺。展会知识产权纠纷中如果侵权方同意撤展，则权利人一般会认为达到了维权目的从而失去继续追究侵权方责任的动力，而侵权方只承担了撤展的后果，并没有实际赔偿权利人或受到应有的惩罚，从而存有侥幸心理，认为在后续展会可以继续侵权，即使被发现，同意撤展即可结束纠纷。而权利人不能彻底维权的原因是诉讼周期长和诉讼管辖上的不便利。诉讼判决具有强制执行力，但为了胜诉，权利人需要花费比展会撤展维权更多的精力。对权利人来说，最不便利的地方在于展会知识产权纠纷的有权管辖法院不在权利人所在地，有管辖权的法院主要集中在展馆所在地、侵权方所在地，权利人在面临异地诉讼时更多会无奈地选择息事宁人。

三、国际展会知识产权纠纷的程序特征

与行政处罚、行政调解、民事诉讼的程序特征相比，展会知识产权纠纷处理的程序特征就是高效。无论行政处罚、行政调解，还是民事诉讼，基本都是有受理、送达、答辩、双方陈述事实与理由等程序，而这些程序完成就需要花费1个月，这样的程序显然不能适应展会短暂性的特性。

（一）事先报备

《北京市展会知识产权保护办法》第11条规定，举办第10条第1款规定的展会，由本市展会管理部门审批或者登记的，展会管理部门应当自批准或者登记之日起10日内，将展会的名称、时间、地点、展出面积、主办方的基本情况告知市知识产权局；由非本市展会管理部门审批或者登记的，展会的承办方应当按照前述规定将举办展会的有关情况告知市知识产权局。

《广东省展会专利保护办法》第9条规定，展会主办方应当制定展会专利保护规则，并通过电子邮件、传真等方式及时向展会所在地人民政府专利行政部门进行告知性备案。

《广州市展会知识产权保护办法》第7条规定，展会主办单位应当建立知识产权备案和公示制度，将本届展会参展商备案的知识产权按类别编印成知识产权保护目录，在展会开始15日前向参展商公布。

《长沙市展会知识产权保护办法》第6条规定，举办第5条规定的展会，市会展管理部门应当根据主办方提交的备案材料在开展30日前将展会的名称、时间、地点、展出面积、主办方的基本情况告知市知识产权局。

《厦门市展会知识产权保护办法》第11条规定，举办本办法第10条规定的展会，会展行业协会应当在展会举办前20日，将展会的名称、时间、地点、展出面积、主办方基本情况等书面告知市知识产权局。

从上述各省市规定的展会知识产权保护办法可以看出，符合一定条件的展会需在举办前10～30日向当地知识产权局进行报备。

（二）高效快捷

各省市的展会知识产权保护办法均不同程度规定了超短时限，以便在展会期间高效快捷解决纠纷。

《北京市展会知识产权保护办法》第 15 条规定，被投诉人在被告知其参展项目涉嫌侵权后，应当及时出示权利证书或者其他证据，证明其拥有对被投诉内容的合法权属，作出不侵权的举证，并协助主办方或者主办方设立的投诉机构的工作人员对涉嫌侵权物品进行查验。被投诉人不能作出有效举证的，应当按照与主办方的合同约定将涉嫌侵权的物品自行撤展，被投诉人不自行撤展的，主办方或者主办方设立的投诉机构可以作出撤展的决定。

《广东省展会专利保护办法》第 21 条规定，……调解达成协议的，应当当场制作调解协议书，并由双方当事人签收后发生效力；不接受调解或者调解不能达成协议的，展会主办方应当按照参展合同的约定进行处理。

《广东省展会专利保护办法》第 22 条规定，展会主办方对涉嫌侵权的展品，应当要求被投诉人按照合同约定立即采取撤展措施。……参展合同解除后，被投诉人应当立即撤展。

《广东省展会专利保护办法》第 23 条规定，被投诉人依调解协议执行后有异议的，应当在 24 小时内通过展会专利投诉处理机构向展会主办方提出书面意见，并提交相应的证据。

被投诉人的异议成立的，视为原双方达成的调解协议无效，展会专利投诉处理机构应当在 24 小时内通知被投诉人恢复展示，并书面告知投诉人。

《广州市展会知识产权保护办法》第 11 条规定，……被投诉人不能作出有效举证的，展会主办单位应当要求被投诉人按照合同约定立即采取遮盖、撤展等处理措施。

被投诉的参展项目已由人民法院作出侵权判决或者由负责知识产权行政管理的部门作出侵权处理决定，并已发生法律效力的，展会主办单位应当要求被投诉人立即采取遮盖、撤展等处理措施。

《广州市展会知识产权保护办法》第 20 条规定，按照简易程序处理的案件，专利行政管理部门应当在收到处理请求材料的 24 小时内立案并送达被投诉人。被投诉人应当在收到材料后的 24 小时内进行答辩，逾期未提交答辩材料的，不影响专利行政管理部门处理工作的进行。

《长沙市展会知识产权保护办法》第 18 条规定，管理知识产权工作的部门在调查处理展会中发生的知识产权案件时，可以到涉嫌侵权的展位进行现场检查，查阅、复制与案件有关的文件，询问当事人，采取拍照、摄像、抽样等方式调查取证。

《长沙市展会知识产权保护办法》第 19 条规定，对请求处理的知识产权侵权纠纷，管理知识产权工作的部门认定侵权行为成立的，应责令被请求人立即停止侵权行为，从展会上撤出侵权展品，销毁介绍侵权展品的宣传材料，更换介绍侵权项目的展板以及其涉及侵权内容的资料。

《厦门市展会知识产权保护办法》第 19 条规定，展会知识产权纠纷当事人向展会主办方提出投诉后，展会主办方应当立即受理，并在受理后 24 小时内将相关投诉材料送达被投诉人。

《厦门市展会知识产权保护办法》第 20 条规定，……被投诉人不答辩或者不能作出有效举证的，展会主办方应当要求被投诉人按照知识产权保护协议约定立即采取遮盖等处理措施。被投诉人拒不采取措施的，展会主办方可以按照约定予以撤展。

《厦门市展会知识产权保护办法》第 23 条规定，知识产权权利人或者利害关系人提出侵权处理请求，对材料完整的，知识产权行政管理部门应当立即受理。

知识产权权利人或者利害关系人仅要求被请求人停止在本届展会中侵权行为的，知识产权行政管理部门应当在受理后 24 小时内将相关材料送达被请求人；被请求人在收到材料后，应当在 24 小时内作出书面答辩，并提交相关证据材料。

《厦门市展会知识产权保护办法》第 24 条规定，……调解不成且侵权事实清楚、证据充分或者被请求人不能有效举证的，知识产权行政管理部门应当在被请求人答辩期满后 24 小时内责令被请求人立即停止侵权行为，从展会上撤出侵权参展项目；不能撤出参展项目的，应当采取遮盖等方式处理。

结合笔者展会投诉处理经验，按照上述快捷程序，经过投诉、受理、现场核实、被投诉方答辩，能够解决很大一部分纠纷。主办方通过受理初步判断，可以筛选过滤部分在主体或权利方面有瑕疵的投诉，以及过度维权、恶意维权的投诉。在处理投诉的过程中，应当给予被投诉方充分的答辩机会。如果侵权成立，此时侵权人主要分为两大类，一类是主观恶意明显，明知侵权而刻意复制、模仿；一类是在不知情的情况下，为达到各种目的，使用或展出了侵权产品。如果是恶意复制模仿，侵权人自认理亏，一般会主动配合撤展；如果对侵权行为不知情，使用他人产品或展示、推销他人生产的产品，为避免法律纠纷、矛盾扩大化，也会积极配合撤展。但当权利人主体或知识产权权利本身有瑕疵时，或被投诉方与投诉方本身存在开发委托纠纷时，则需要其他确权程序或其他有权机构来认定侵权与否等程序来完成纠纷的解决。前述高效快捷的程序能有效缓解投诉人的情绪，缓和矛盾，避免过激的维权行为。

（三）解决纠纷途径多样化

《厦门市展会知识产权保护办法》第18条规定，推动建立展会知识产权纠纷多元化解决机制。展会期间发生知识产权纠纷的，当事人可通过下列方式解决：(1) 自行协商解决；(2) 请求相关行业协会、商会或者其他调解组织调解；(3) 向展会主办方申请调解；(4) 向知识产权行政管理部门提出行政调解、处理请求，法律、法规规定不适用行政调解的除外；(5) 向仲裁机构申请仲裁；(6) 向人民法院提起诉讼。

上述规定基本囊括了当前展会知识产权纠纷解决的全部途径，其中属于展会知识产权纠纷特有的解决途径主要是请求相关行业协会、商会或者其他调解组织调解或向展会主办方申请调解，通常主办方与参展方签订有参展合同，合同中也会约定出现知识产权纠纷的处理方式，如参展商拒绝配合主办方的要求，则除了面临知识产权权利人的侵权赔偿要求外，还会进一步面临主办方违约赔偿的要求。

四、国际展会知识产权纠纷的主体特征

（一）知识产权行政管理部门主动参与

《北京市展会知识产权保护办法》第4条规定，市知识产权局负责本市展会知识产权保护工作的统筹协调。区、县人民政府负责本行政区域内展会知识产权保护

工作的领导和协调。

知识产权、工商行政管理、版权等知识产权行政管理部门（以下统称知识产权行政管理部门）应当依照各自职责做好对展会知识产权保护工作的指导和监督，帮助主办方建立健全展会知识产权保护制度。

《北京市展会知识产权保护办法》第 10 条规定，举办时间在 3 天以上，且具有下列情形之一的展会，知识产权行政管理部门应当进驻：（1）政府和政府部门主办的展会；（2）展出面积 2 万平方米以上的展会；（3）在国际或者国内具有重大影响的展会。主办方应当为知识产权行政管理部门进驻展会开展工作提供必要的便利条件。

《广州市展会知识产权保护办法》第 4 条规定，专利、商标、版权知识产权行政管理部门应当加强对展会知识产权的保护，履行下列职责：（1）组织展会主办单位、参展商进行各种知识产权培训，并为其提供指导和咨询服务；（2）检查、督促展会主办单位、参展商自觉履行知识产权保护义务；（3）查处展会中发生的各类知识产权违法案件。

前款规定的负责知识产权行政管理的部门应当建立展会知识产权保护信息统计制度。专利行政管理部门应当组织商标、版权行政管理部门建立信息共享和协调机制。

《广州市展会知识产权保护办法》第 5 条规定，举办时间在 3 日以上，且具有下列情形之一的展会，负责知识产权行政管理的部门应当设立现场办公室或者指定联络员，接受知识产权权利人或者利害关系人提出的行政处理请求，对符合立案标准的予以处理：（1）政府以及政府部门主办的展会；（2）在国际或者国内具有重大影响的展会；（3）可能发生知识产权侵权纠纷较多的展会。

未设立现场办公室或者指定联络员的展会，知识产权权利人或者利害关系人可以直接向负责知识产权行政管理的部门提出行政处理请求。

《长沙市展会知识产权保护办法》第 4 条规定，长沙市知识产权局和长沙市会展工作管理办公室负责对本市展会知识产权保护工作的统筹协调。市政府管理专利、商标、版权等知识产权工作的部门（以下统称管理知识产权工作的部门）应当加强对展会知识产权的保护，履行下列职责：（1）组织开展知识产权保护宣传工作，组织展会主办方和参展方开展各种知识产权培训，并为其提供指导和咨询服务；（2）以巡视、督导等方式监督展会主办方和参展方履行知识产权保护义务；（3）对展会期间请求处理的知识产权侵权纠纷案件依法及时处理；（4）依法查处展会期间的知识产权违法行为；（5）建立展会知识产权保护信息统计制度；（6）将主办方履行知识产权保护义务的有关情况及时通报市会展管理部门。

《长沙市展会知识产权保护办法》第5条规定，展会时间在3日以上（含3日），且具有下列情形之一的，管理知识产权工作的部门应当派员进驻现场办公：（1）政府以及政府部门主办的重要展会；（2）在国际或者国内具有重大影响的展会；（3）可能发生知识产权侵权纠纷较多的展会。展会主办方应当为管理知识产权工作的部门进驻展会开展工作提供必要的便利条件。

由上述规定可以看出，知识产权行政管理部门包括专利局、商标局、版权局、工商局等部门，长沙市为此还特设了长沙市会展工作管理办公室。在展会知识产权保护工作中，知识产权行政管理部门应主动承担保护知识产权、处理展会知识产权纠纷的义务，如组织培训、帮助主办方建立制度、督促主办方履行义务等。同时上述规定还反映出当展会满足一定条件时，知识产权行政管理部门应当通过诸如进驻展会、设立现场办公室、指定联络员或派员进驻现场办公的方式参与到展会知识产权的保护工作中。

（二）主办方知识产权保护义务要求高

《展会知识产权保护办法》第4条规定，展会主办方应当依法维护知识产权权利人的合法权益。展会主办方在招商招展时，应加强对参展方有关知识产权的保护和对参展项目（包括展品、展板及相关宣传资料等）的知识产权状况的审查。在展会期间，展会主办方应当积极配合知识产权行政管理部门的知识产权保护工作。

展会主办方可通过与参展方签订参展期间知识产权保护条款或合同的形式，加强展会知识产权保护工作。

《北京市展会知识产权保护办法》第18条规定，主办方在展会举办期间应当履行下列职责：（1）接受知识产权侵权投诉，协调解决侵权纠纷；（2）提供知识产权保护法律和相关专业技术方面的宣传咨询服务；（3）在显著位置公示知识产权行政管理部门的受案范围和联系方式，并公布主办方或者投诉机构的服务事项、投诉地点和联系方式；（4）应知识产权权利人或者利害关系人的合理要求，出具相关事实证明；（5）主办方应当履行的其他职责。

《广东省展会专利保护办法》第 10 条规定，展会主办方应当履行下列职责：（1）在展会显著位置和参展商手册上公布展会专利投诉处理机构或者专利行政部门的地点、联系方式、投诉途径和专利保护规则等信息；（2）设立展会专利投诉处理机构，接受专利权人或者利害关系人的投诉，对展会中发生的专利侵权纠纷进行调解处理；（3）参展展品涉嫌假冒专利或者重复侵权的，及时移交专利行政部门依法处理；（4）完整保存展会的专利保护信息与档案资料，自展会举办之日起保存不少于 2 年，并应当在展会结束之日起 30 日内按照专利行政部门的要求以电子邮件或者传真等方式报送信息。

《长沙市展会知识产权保护办法》第 8 条规定，展会主办方应当履行下列义务：（1）在展会场馆的显著位置或者参展方手册上，公示管理知识产权工作的部门受案的范围和联系方式，并公布主办方或者知识产权投诉机构的服务事项、投诉受理地点和联系方式；（2）督促参展方对可能引发知识产权纠纷的参展项目进行知识产权信息检索；（3）接受知识产权权利人或者利害关系人的投诉；（4）应知识产权权利人或者利害关系人的合理要求，出具相关事实证明；（5）在展会结束后将展会的知识产权信息与资料及时报送市知识产权局；（6）配合管理知识产权工作的部门和市会展办开展工作。

《厦门市展会知识产权保护办法》第 6 条规定，展会主办方应当履行下列义务：（1）进行展会知识产权保护宣传；（2）与参展方签订参展期间知识产权保护协议，并督促协议的履行；（3）对参展项目知识产权情况进行审查；（4）受理知识产权权利人或者利害关系人的投诉以及知识产权违法行为的举报；（5）应知识产权权利人或者利害关系人的请求，出具参展的相关事实证明；（6）为知识产权行政管理部门进驻展会开展工作提供必要条件，并配合知识产权行政管理部门处理展会活动中发生的知识产权纠纷和知识产权违法行为。

前款规定的事项，展会主办方可以委托展会承办方办理。

《厦门市展会知识产权保护办法》第 9 条规定，发生知识产权投诉或者举报时，展会主办方应当做好下列工作：（1）受理知识产权权利人或者利害关系人的投诉，暂停涉嫌侵犯知识产权的参展项目在展会期间展出；（2）受理知识产权违法行为的举报；（3）调解展会知识产权纠纷；（4）必要时将有关投诉、举报材料移交相关知识产权行政管理部门。

展会主办方的主要职责可以归纳为维护知识产权权利人的合法权益，具体包括：

提供知识产权保护法律和相关专业技术方面的宣传咨询服务、设立展会专利投诉处理机构、公布展会专利投诉处理机构联系方式、知识产权状况的审查、签订参展期间知识产权保护条款、接受知识产权侵权投诉、协调解决侵权纠纷、出具相关事实证明、保存展会的专利保护信息与档案资料。上述职责其根本目的就是保护知识产权权利人的权利，但展会主办方既是投诉规则的制定方，又是投诉协调的主持人，因此主办方制定的纠纷处理规则不完全是维护知识产权权利人的利益，部分内容只是为了维护展会的秩序，没有设身处地为权利人着想，也就无法从根本上解决知识产权纠纷。

（三）知识产权投诉机构的法律效力有待进一步明确

《展会知识产权保护办法》第6条规定，展会时间在3天以上（含3天），展会管理部门认为有必要的，展会主办方应在展会期间设立知识产权投诉机构。设立投诉机构的，展会举办地知识产权行政管理部门应当派员进驻，并依法对侵权案件进行处理。

未设立投诉机构的，展会举办地知识产权行政管理部门应当加强对展会知识产权保护的指导、监督和有关案件的处理，展会主办方应当将展会举办地的相关知识产权行政管理部门的联系人、联系方式等在展会场馆的显著位置予以公示。

《北京市展会知识产权保护办法》第12条规定，主办方应当根据国家有关规定和实际工作需要设立展会知识产权投诉机构。

投诉机构可以由主办方人员、相关领域的专业技术人员和法律专业人员等组成。必要时，主办方可以邀请知识产权行政管理部门派人指导。

《北京市展会知识产权保护办法》第13条规定，知识产权权利人或者利害关系人认为参展项目侵犯其知识产权的，可以依照有关规定向主办方或者主办方设立的投诉机构投诉。主办方或者投诉机构在接到投诉后应当及时指派工作人员进行调查处理。

《广东省展会专利保护办法》第10条规定，展会主办方应当履行下列职责：（1）在展会显著位置和参展商手册上公布展会专利投诉处理机构或者专利行政部门的地点、联系方式、投诉途径和专利保护规则等信息；（2）设立展会专利投诉处理机构，接受专利权人或者利害关系人的投诉，对展会中发生的专利侵权纠纷进行调解处理。

《广东省展会专利保护办法》第 18 条规定，专利行政部门应当建立专利保护专家库，为展会提供服务。专家库由知识产权、法律及相关领域的专家组成。

展会主办方设立的展会专利投诉处理机构，依据参展合同的专利保护条款调解展会期间的专利侵权纠纷。其组成人员不得少于 3 人，可以从专利行政部门的专家库中选聘，也可以请求专利行政部门指派或者聘请相关领域的专家。

《广东省展会专利保护办法》第 20 条规定，展会专利投诉处理机构根据本办法第 9 条和第 12 条的规定，履行以下职责：（1）接受展会专利侵权纠纷投诉；（2）对投诉进行调查核实；（3）组织投诉人与被投诉人进行调解；（4）根据调查查明情况或者调解情况向展会主办方提出是否继续履行参展合同的意见。

《长沙市展会知识产权保护办法》第 9 条规定，展会时间在 3 日以上（含 3 日）的，主办方应在展会期间设立知识产权投诉机构。投诉机构由主办方指派专人负责，并可以聘请相关领域的专业技术人员和法律专业人员参加。

未要求设立投诉机构的，管理知识产权工作的部门应当加强对展会知识产权保护的指导、监督和有关案件的处理。

《厦门市展会知识产权保护办法》第 10 条规定，具有下列情形之一的，展会主办方应当在展会期间设立专门的知识产权投诉点，具体承担本办法第 9 条规定的工作事项：（1）展会时间在 3 日以上（含 3 日）；（2）展出面积 3 万平方米以上的展会；（3）政府主办的展会。

未设立知识产权投诉点的，展会主办方应当在展会场馆的醒目位置公布知识产权行政管理部门的举报投诉电话。

从主办方未设知识产权投诉机构时应公布知识产权行政管理部门的联系方式，以及知识产权投诉机构与知识产权行政管理部门在处理展会知识产权纠纷上的功能来看，二者之间具有一定的替代作用。二者在人员上也存在一定的交叉，因为前述大多规定知识产权行政管理部门的工作人员在特定条件下需要进驻知识产权投诉机构，有的还会要求聘请法律专业人员、专业技术人员。知识产权行政管理部门的工作人员在进驻主办方设立的投诉机构时，其身份及行为的法律效力此时会产生一定的不确定性，其代表行政管理部门还是代表主办方？是行政执法行为还是主办方调解行为？实践中，专利行政管理部门在展会中通常不以行政执法主体的身份进行处理，更多的是以"被邀请"的"专家组"身份进驻展会并协助展会组织者对涉嫌侵权的产品进行专业认定,是一种"鉴定"和"法律咨询"的角色,然后由展会组织者对侵权案件作出处理,因此,并不是严格意义上的展会专利行政执法保护。[1]笔者倾向性认为,知识产权行政管理部门的工作人员在投诉机构开展活动时,需表明身份,并根据其表明的身份来认定其行为的效力及后果;如果没有表明身份,则倾向性地认定其为投诉机构的专家,运用自己的专业知识对处理知识产权纠纷提出自己的意见。

第三节 国际展会知识产权纠纷之解决方式

纠纷意味着冲突,冲突需要有合理、合法的理性解决方式。民事纠纷解决方式是多元的。在不同历史时期和不同国家或地区,各种纠纷解决方式的具体形态和特征往往存在着很大的差异。诉讼法学者一般认为,纠纷解决方式包括私力救济、社会救济和公力救济三种。[2]

一、国际展会知识产权纠纷的私力救济

私力救济是最为初级的阶段,解决纠纷没有中立的第三方介入。"自决和解是解决社会冲突的最为原始和最为简单的方式。随着冲突的不断复杂化,冲突主体感到仅凭个人力量的私力救济已于事无补,遂转而依靠社会公共控制力和控制手段,国家的出现为这一选择提供了可能性。"[3]"当社会成员的权益处于非稳定状态时有权请求国家解决,国家有权以第三者的身份进行干预,以审判的力量代替私力救济的力量。"[4]

作为私权的知识产权,在其获得及维护过程中可能会与他人权利发生冲突,这

---

[1] 厉宁、刘凯、周笑足:"展会知识产权行政保护初探",载《知识产权》2009年7月第19卷(总第112期)。

[2] 徐昕:《迈向社会和谐的纠纷解决》,中国警察出版社2008年版,第23页;范愉、李浩:《纠纷解决——理论、制度与技能》,清华大学出版社2010年版,第21页。

[3] 何文燕、廖永安:《民事诉讼理论与改革的探索》,中国检察出版社2002年版,第76页。

[4] 同上。

就无谓地增加了成本,甚至带来了其他损失,是权利人不愿意看到的。私力救济是解决权利冲突的一种常见的方式,通过协商的途径确认权利归属,原本就是私权获得的一种方式,这也是民法中意思自治的一种体现。但是,私力救济方式的纠纷解决结果不具有终局性、强制性,当事人之间可以随时反悔。作为一种私力救济方式,德国的警告函制度是较为典型的模式。依据《德国反不正当竞争法》的相关规定,有权主张停止侵害的人应向债务人发出将启动诉讼程序的警告,并给予债务人通过发出一份有适当违约金的停止侵害义务承诺书来解决纠纷的机会。[①]

一个理性的社会应当向其成员提供多种民事纠纷解决途径或方式,让纠纷主体根据法律的规定、按照自身利益的需求,选择相应的民事纠纷解决方式。[②] 但对于国际展会知识产权纠纷这类特殊的纠纷,可能当事人分属不同国家,甚至无法交流,从而导致私力救济根本行不通;即使纠纷双方没有语言障碍,知识产权涉及很多专业领域的技术问题,在展会上权利人发现侵权行为,权利人主动直接与涉嫌侵权方进行协商很难达到涉嫌侵权方撤展的效果。这是因为在展会上产生知识产权纠纷的双方,往往是同行,双方情绪方面对抗性较强,在没有第三方参与的情况下,很难让两个互有敌对意识的主体达成一个双方都满意的纠纷解决结果。

二、国际展会知识产权纠纷的社会救济

社会救济的中间主体是各种民间社会团体或组织,社会救济依据是法律和规则,结案方式包括仲裁、非诉讼调解等。现代社会中,仲裁在纠纷解决的过程中,起着越来越重要的作用,其原因在于仲裁周期短、仲裁的结果不可上诉且立即生效。与公力救济相比,除仲裁之外,社会救济中的调解,不具有当然的强制执行力,调解能够及时履行的,纠纷请求人的权利得到了保障;调解不能得到及时履行的,还需要借助于其他途径寻求救济[③]。

展会知识产权纠纷的社会救济主要的解决途径有两个:一是通过仲裁庭裁决,二是通过主办方设立的知识产权投诉机构调解。例如,瑞士巴塞尔国际钟表和珠宝

---

① 刘毕贝、赵莉:"珠海市展会知识产权保护策略研究",载《法制与经济》2015年6月(总第411期)。

② 邵明:《民事诉讼法学》,中国人民大学出版社2007年版,第7页。

③ 刘华俊:《知识产权诉讼制度研究》,法律出版社2012年版,第12页。

展采取的由仲裁委员会解决展会知识产权纠纷的特殊措施——"专家组"裁决,即是一个典型代表。据此措施,仲裁委员会"专家组"依据展会组织者制定的知识产权保护及纠纷解决规则,处理展会期间的知识产权侵权投诉。一方面,专家组裁决所依据的这些规则、规定较为详细、明确,具有针对性,符合国际展会的时限性要求,既能为权利人提供及时的保护,又能防止被申诉人的权益遭到损害。另一方面,尽管"专家组"裁决没有公权力的介入,但公权力对此给予了充分的尊重与支持,加上专家通常具有丰富的知识和阅历,实践中其裁决确有相当的权威性,对其裁决,参展商须予以遵守、执行。[1] 该案从专家组开始调查到最终作出海鸥手表并未侵权的裁决,只用了4个小时。[2] 仲裁结果生效之后,便解决了知识产权纠纷,裁决的依据是实体法和程序法,也要求居中裁决者需具有相当专业的知识,在裁决过程中,程序法同样发挥了极其重要的作用,冲突者、裁决者都需要严格遵守既定的程序,依靠既定的程序完成的裁决,不能随意被推翻。这样做的目的也是维护法的权威性。[3] 但是,目前选择仲裁途径来解决国际展会知识产权纠纷并不是很普遍,这跟知识产权的特殊性有很大的关系。一般来说,当事人在合同中事先约定了纠纷解决途径的情况下会选择仲裁途径解决纠纷。而知识产权作为一种对世权,其义务人不确定,在保护方法上适用绝对权保护的请求权制度,因此知识产权权利人与侵权人在大多数情况下不存在合同关系,更不可能约定纠纷解决途径。故仲裁途径在解决知识产权纠纷中的应用并不广泛。

通过主办方设立的知识产权投诉机构调解的方式来解决知识产权纠纷,可以说是国际展会知识产权纠纷解决的主要方式之一,造成这一特殊现象的因素有:其一,国际展会的短暂性、紧迫性决定了行政程序、司法程序等有严格程序和各环节时限要求的公力救济不能适应国际展会的需求;其二,国际展会行业协会一直积极地发挥行业引导作用,宣传展会主办方投诉机构解决展会知识产权纠纷的能力和效果,已经在展会知识产权权利人与被投诉人意识中形成一种客观公正的良好形象,使当事人愿意接受投诉机构的调解;其三,投诉机构的人员组成,包括主办方、知识产

---

[1] 刘毕贝、赵莉:"珠海市展会知识产权保护策略研究",载《法制与经济》2015年6月(总第411期)。
[2] 刘炎、刘观来:"国际展会知识产权保护问题探析",载《行政与法》2016年第1期。
[3] 章武生:"论民事再审程序的改革",载《法律科学》2002年第1期。

权行政管理部门工作人员、专业技术人员、律师等，专业化程度极高，对常规知识产权侵权可以进行比较正确的判断，且说服力也很强，纠纷双方容易信服；其四，主办方一般也与参展商签订有参展合同，合同中约定有发生知识产权侵权纠纷时如何处理，如果侵权方不配合，则可能面临双重赔偿（知识产权权利人侵权赔偿、主办方违约赔偿）；最后，投诉机构一般设有一套完整的投诉体系，投诉机构的地位比较中立，会给双方足够的说理和辩论的机会，投诉机构得出的是否侵权判断对事实的还原度较高。

在执行过程中，很多当事人质疑该程序给被请求人限定的答辩期限极短，除非被请求人早有准备，否则即使有充分的不侵权抗辩的理由及证据也难以提交，实际剥夺了被请求人的答辩权利。专利权侵权纠纷作为完全平等的民事主体之间的私权纠纷，为了保护请求人的专利权而牺牲被请求人的答辩权利有违公平正义的法律精神。[1]

三、国际展会知识产权纠纷的公力救济

公力救济，比如行政裁决、民事诉讼等，是指利用国家公权力（如行政权、司法权）来解决民事纠纷的方式或制度。[2]大部分纠纷选择在国家机关的主持下进行救济，这样也有利于保护权利人的利益，因为公力救济有程序正义的保障，在一种正义的社会基本结构的背景下，在一种正义的政治结构和经济、社会制度安排的背景下，我们才能说存在必要的正义程序[3]。国际展会知识产权纠纷的公力救济一般是行政保护与司法保护并行，即一旦发生国际展会知识产权纠纷，权利人即可以请求展馆所在地行政主管机关依法行使行政权解决纠纷，由行政主管部门责令侵权人停止侵权，对违法者给予行政处罚；也可以通过向有管辖权的法院提起诉讼，通过司法途径解决纠纷；当纠纷的危害性触犯了刑法，还可以通过刑事程序来解决。笔者认为，采取公力救济措施是必要的，为以后参展和市场开拓做铺垫，切不可在展会期间进

---

[1] 厉宁、刘凯、周笑足："展会知识产权行政保护初探"，载《知识产权》2009年7月第19卷（总第112期）。

[2] 邵明：《民事诉讼法学》，中国人民大学出版社2007年版，第7页。

[3] 刘华俊："国际视野下的展会知识产权保护"，载《中国外资》2011年12月第255期。

行了投诉而展会结束之后没有采取任何措施。①

公力救济的中间主体是国家机关,救济依据是法律,并遵循法律规定的法律程序解决纠纷,结案方式包括裁定、判决和诉讼调解等。在公力救济程序中,法定性强,解决结果具有权威性。诉讼调解也是公力救济的重要结案方式之一,由于有国家机关的参与,而且调解的内容符合法律规定,公力救济下的调解也体现了国家强制性。

康德将通过公共的司法权的判决而来的主观有条件的获得作为私权获得的途径之一。② 知识产权纠纷的最终裁定方仍然是司法部门。司法权通过判决可以介入私权的获得,而且司法权彰显正义,既然司法权介入了私权的获得,那么很显然,这一获得方式不是在自然状态中的获得方式,而是在宪政状态中的一种获得方式,其私权的获得是稳定、长久的。通过司法权获得,须遵循司法权施行的程序,而程序法也是依据普遍的联合意志制定的。司法权解决的是私权的不确定性,将处于争议之中的私权或私利,借助司法程序的运行,满足私权主体的任性。这一过程中,程序所起到的保障作用显得尤为明显。程序保障的内涵,一方面是指科学的程序本身所具有的对案件事实的反思性整合的能力,另一方面是指科学程序本身具有限制恣意和防止案外人情干扰的功能。这两方面的价值使得程序保障建立在可靠的基础上,只要坚持程序,就可以在绝大多数情况下实现实体真实。③ 这一救济过程强调了借助于司法权的作用,私权主体之间具有平等性。平等主体之间的私权争议,由正义的第三方司法主体居中判决,这在理论上也符合法逻辑。司法权在解决私权争议时,不能带有歧视,要在司法管辖的范围内,公平地保护所有人的权利。④

在我国香港地区,展会知识产权保护主要采取行政主导模式。作为专门的展会主办机构,香港贸易发展局负责为香港的各类展会制定专门的知识产权保护参展须知,对参展商的权利与义务、救济渠道、处罚结果等作出详细规定。总体上,从主

---

① 刘华俊:"国际视野下的展会知识产权保护",载《中国外资》2011年12月第255期。

② 〔德〕康德著:《康德著作全集(第6集)》,李秋零主编,中国人民大学出版社2007年版,第308页。

③ 章武生:"程序保障:司法公正实现的关键",载《中国法学》2003年第1期。

④ LEE EPSTEIN, THOMAS G. WALKER, CONSTITUTIONAL LAW FOR A CHANGING AMERICA: Rights, Liberties, and Justice, CQ Press, 2010, p.578.

体角度看,以香港贸易发展局为主导,以门类齐全的行业协会为辅助的展会知识产权保护模式是香港的特色。①

就国际展会知识产权纠纷公力救济而言,申请临时禁令作为一种公力救济方式是国际上较为通行的做法。《与贸易有关的知识产权协定》以及美国、德国、英国的国内法等都有类似的相关制度。根据《德国反不正当竞争法》第12条第1款的规定,权利人在起诉侵权人之前,应当给对方一个庭外和解的机会,在展会方面的体现就是警告信,以制止侵权。如果涉嫌侵权的参展方置之不理,则权利方可以申请临时禁令。如果法院认为侵权成立,就会颁发临时禁令,要求参展方撤下涉嫌侵权的产品。这对参展方来说,无疑会极大地损坏其商业形象。临时禁令从申请到执行一般只需几个小时,被请求人甚至没有机会进行庭审答辩。②

诉前禁令制度是知识产权诉讼中特有的制度,但我国《民事诉讼法》及相关司法解释就如何适用这一程序制度并没有严格的规定。这一制度在性质上属于诉讼中的程序保障制度,法院需要在较短的时间内审查作出决定,这一制度的特点是审查时间短,难以保证诉讼公正。尽管如此,英美法系与大陆法系国家在适用这一程序时,由于程序规定相对完善,在程序上可以认为是正义的。我国法律对此并没有严格的程序规定,有学者也注意到此问题,认为诉前禁令制度"没有严格的审查程序为双方提供充分的听证和对抗的机会"。③被申请人丧失听证和对抗的机会以后,被申请人也没有陈述理由的机会,法院仅凭申请人提交的材料作出裁定,不符合程序正义的原则,也与法治发达国家的通常做法大相径庭。诉前禁令制度要求被诉侵权人停止侵权行为,是否会因为作出裁定之前组织听证会,而造成证据灭失的后果,司法解释已经考虑到这样的问题,如规定:人民法院执行诉前停止侵犯专利权行为的措施时,可以根据当事人的申请,参照《民事诉讼法》第74条的规定,同时进行证据保全。④在时间紧急的情况下,法院可以要求当事人完成相关的事项,如果当事人无法达到法院的要求,则相关当事人依法承担法律责任。作为法律程序本身,程序首先应当是正义的,遗憾的是,程序保障不充分是在诉前禁令制度中存在的主

---

① 刘毕贝、赵莉:"珠海市展会知识产权保护策略研究",载《法制与经济》2015年6月(总第411期)。
② 刘炎、刘观来:"国际展会知识产权保护问题探析",载《行政与法》2016年第1期。
③ 刘晴辉:"正当程序视野下的诉前禁令制度",载《清华法学》2008年第4期。
④ 参见《最高人民法院关于对诉前停止侵犯专利权行为适用法律问题的若干规定》第16条。

要问题。

证据保全是国际展会知识产权纠纷公力救济的主要方式。证据保全一般是指法院在起诉前或在对证据进行调查前,依据申请人的请求或依职权对可能灭失或今后难以取得的证据,予以调查收集和固定保存的行为。如德国民法规定的"专家对侵权展品的调查"即含此类。虽然各国未必就展会知识产权侵权的证据保全作出专门规定,但权利人仍可依据诉讼法的一般规定要求证据保全。[1] 由于在德国申请临时禁令和诉前证据保全不必缴纳担保金,因此其使用频度非常高。

法院强制执行亦属于展会知识产权纠纷公力救济的一种方式。据笔者了解,展会执行作为一项新的举措,执行效果显著,尤其是面对"老赖"。在面对"老赖"时,最主要的问题是无法找到或难以找到其财产线索,但"老赖"如果参加展会,至少说明其经济状况不错,能够支付较高的展位费用,而且其展出的产品,包括现场搭建的展台都是其财产。更重要的是,其不守信用的行为在展会得以放大,履行判决的压力骤增。

第四节　国际展会知识产权纠纷解决之目的

目的论的研究在国外(尤其是大陆法系国家如德国、日本)已经相当深入,并形成了诸如"私法权利保护说""私法秩序维持说""纠纷解决说""程序保障说"等代表性的学说。[2] 关于这几种学说,学者分别这样解释,"私权保护说主张,作为禁止自力救济的代价,国家应当负有保护私人权利的责任;国家设立民事诉讼为了'维持基于其自身制定民法、商法等私法而产生的私法秩序,并确保该秩序的实效性';纠纷解决说仅仅是解决民事纠纷;程序保障说则主张,民事诉讼的目的在于程序保障之本身,换言之,'一方面确保当事人之间的实质性平等,另一方面让

---

[1] 刘毕贝、赵莉:"珠海市展会知识产权保护策略研究",载《法制与经济》2015年6月(总第411期)。

[2] 章武生、吴泽勇:"论民事诉讼的目的",载《中国法学》1998年第6期。

当事人穷尽其论争'"。① 笔者以为,国际展会知识产权纠纷解决,其目的与上述几种学说均有关,知识产权纠纷的解决既保护知识产权,解决当事人之间的纠纷,也维护国家的私法秩序。知识产权程序保障的价值在于其能够保证纠纷的解决效率以及纠纷解决结果的权威性和稳定性。

一、保证国际展会知识产权纠纷解决的公正性

公正可以理解为公平、正义。公正是民事诉讼首要的和最高的价值目标。② 知识产权是由个体创造的,是无形的财产,知识产权更具有财产权的性质,能为权利人带来利益,其所有者及权利享有的方式由法律加以确认,经确认之后,就成为一种真正的权利。人们应该尊重这种权利,既维护自己的权利,也尊重他人的权利,"人们尊重这种权利,更多地倒是并不属于自己所有的东西,而是属于别人所有的东西"。③ 也只有尊重这种权利,才能推进社会的进步、科技的创新,但是在实践中,侵权事件时常发生。体现公正的法律是符合伦理要求,是正义的,"正义就是给每个人以恰如其分的报答"。④ 纠纷解决的公正即纠纷解决过程的公正及纠纷解决结果的公正之和。

国际展会知识产权纠纷的解决,就是通过私力、社会、公力不同层级救济,使纠纷得到解决,权利得到保护,秩序得到维持。换言之,在国际展会知识产权纠纷解决过程中,当事人双方都应当尊重知识产权,通过各种救济途径得到恰如其分的保护。一个案件也许不能反映纠纷解决方式是否合理,但个案汇集起来往往在很大程度上能够反映国际展会知识产权纠纷不同的解决方式是否合理,因此要注意知识产权个案纠纷解决的情况。

---

① 〔日〕高桥宏志:《民事诉讼法:制度与理论的深层分析》,林剑锋译,法律出版社2003年版,第2页。
② 谭兵:《民事诉讼法》,法律出版社2004年版,第9页。
③ 〔法〕卢梭:《社会契约论》,何兆武译,商务印书馆2003年版,第28页。
④ 〔古希腊〕柏拉图:《理想国》,郭斌和、张竹明译,商务印书馆1986年版。

二、保证国际展会知识产权纠纷解决的效率

效率是指消耗的劳动量与所获得的劳动效果的比率或者一种机械在工作时输出的能量与输入的能量的比值。[①] 研究者对诉讼效率有所总结,[②] 主要有三种观点,一是从时间维度出发,认为诉讼效率是诉讼进行的快慢程度,解决纠纷数量的多少,以及在诉讼过程中人们对各种资源的利用和节省程度。[③] 二是从主体的角度,认为诉讼效率指在诉讼程序中各种主体行为的有效性。[④] 三是从与诉讼效益比较的角度,认为诉讼效益包含了公正与效率的双重含义,既指解决纠纷速度快又指效果好,而诉讼效率一词,应仅仅指处理纠纷的速度与成本。[⑤] 在国际展会知识产权纠纷解决过程中,公正是最高目标,在保证公正的前提下提高效率。笔者倾向于认为,针对知识产权案件进行个案考察,在保证公正的前提下,时间维度是考察诉讼效率的关键因素;国际展会知识产权纠纷参与人在纠纷解决过程中所投入的工作量越少,效率就越高。

在国际展会知识产权纠纷中,纠纷解决效率可能会呈现出两极分化状态,当纠纷双方,尤其是被投诉方,主动承认侵权,愿意配合撤展,投诉方一般也会放弃继续要求侵权方承担赔偿的权利;若主办方主持调解不成,权利人维权意愿强烈,在展会结束后会向法院提起诉讼要求追究侵权方的责任,而被控侵权人则相应会启动专利无效宣告或商标无效申请程序,法官裁定侵权诉讼程序中止,之后国家知识产权局专利复审委员会(以下简称专利复审委员会)或国家商标行政管理总局商标评审委员会(以下简称商标评审委员会)的行政决定又经两个审级法院确定了专利或商标是否有效,侵权诉讼恢复进行,也经二级法院审理,从而作出终审裁判。这一过程中,从时间维度考察以及双方当事人的投入分析,诉讼效率极为低下。这两种

[①] 夏征农:《辞海》,上海辞书出版社1990年版,第1656页。
[②] 江涛:"民事诉讼效率研究",复旦大学2011年博士学位论文。
[③] 凌永兴:"民事司法改革中的诉讼效率研究",南京师范大学2007年博士学位论文;张晓茹:"多种法律关系引起的纠纷与诉讼程序的适用",载《河南省政法管理干部学院学报》2002年第3期;孙文波:"民事审判方式改革的价值取向及基本思路",载《中央政法管理干部学院学报》1998年第1期。
[④] 汤维建:"论司法公正的保障机制及其改革",载《河南省政法管理干部学院学报》2004年第6期;宋高初:"论刑事诉讼效益",载《学术交流》2004年第3期。
[⑤] 李浩:"论举证时限与诉讼效率",载《法学家》2005年第3期。

现象反映了我国目前国际展会知识产权纠纷处理的现状。笔者分析，第一种现象，诉讼效率看似很高，但案件没有经过实质审理，公正性无法保证；第二种现象，案件虽然得到充分审理，但诉讼效率极低，而且具有普遍性，这就说明了诉讼制度本身存在问题，亟待构建合理的诉讼制度。

三、平衡国际展会知识产权纠纷解决的公正与效率之间的矛盾

很多学者认为应当提高诉讼效率，如意大利学者莫诺·卡佩莱蒂认为："对于公平正义的追求，决不能无视追求它的代价，而久长的裁判是恶的裁判，诉讼过分延迟等同于拒绝裁判。"[①]日本学者谷口平安认为："延迟诉讼或积案实际上等于拒绝审判。因此，迅速地审判一直被当作诉讼制度的理想。"[②]公正是纠纷解决的最高目标，纠纷解决过程中，纠纷解决参加人所投入的时间、精力越少，程序运行越短，适用法律越正确，则效率越高。公正与效率是矛盾的，纠纷解决实践中，精通法律的专业人员，投入的时间越多越能够了解和掌握案件事实。但两者也是统一的，法经济学研究者认为，公平和效率远非对立的关系，实际上要比初看时有更密切的联系。[③]笔者认为，纠纷解决程序的设立是平衡国际展会知识产权纠纷公正与效率的关键问题。程序短，纠纷解决运行时间少，速度快，效率高。国际展会知识产权纠纷具有相当的特殊性，要平衡国际展会知识产权纠纷公正与效率的关系，关键在于设立合理的程序制度。

四、保证知识产权权利人的利益

国际展会知识产权纠纷解决最根本的目的是维护知识产权权利人的权利，保证知识产权权利人的利益，法律并没有赋予人权利，但是法律却可以保护人的权利。

---

① 〔意〕莫诺·卡佩莱蒂等：《当事人基本程序保障权与未来的民事诉讼》，徐昕译，法律出版社2000年版，第45页。
② 〔日〕谷口平安：《程序的正义与诉讼》，王亚新、刘荣军译，中国政法大学出版社1996年版，第55页。
③ 〔美〕乌戈·马广：《比较法律经济学》，沈宗灵译，北京大学出版社2005年版，第2页。

要想让展会知识产权健康发展,切实保护知识产权人利益,不仅要注重事后的救济途径,还要关注它的管理机制,因此,国际展会知识产权的立法环节不仅要针对事后的保护,还要涉及它的管理,这是一个浩大的工程,先找到它的问题根本,方能找到应对之策。展会知识产权之所以频繁遭到侵犯,是因为展会知识产权的管理机制松散,加上展会的短暂性等特征,导致对于侵权人的处罚力度弱,无法树立展会知识产权的权威。正如大禹治水,堵住水是治标,而疏理水源才是治本。建立健全的展会知识产权管理机制,努力为知识产权权利人营造救济途径,方能维护展会知识产权的秩序,保证知识产权权利人的利益。

五、推动经济发展

在经济学的历史上,熊彼特是较早从创新的角度理解发展的一位经济学家。在1912年出版的《经济发展理论》一书中,熊彼特提出了"循环流转"的概念,用以概括那种只有数量扩张而没有创新、没有质的突破的现象,认为这种状况并不是发展。熊彼特把发展定义为创新,是质的突破,是对"循环流转"的打破。依据当时的情况,他将创新概括为5个方面:一是开发一种新产品或一种产品的新特性;二是采用一种新的生产方法;三是开辟一个新市场;四是控制原材料或半成品的一种新供应来源;五是实现工业的一种新组合。[①] 会展经济是经济发展的助推器,而展会中较为突出的问题是知识产权纠纷,会展经济与知识产权纠纷存在着复杂的相互作用的关系,目前很少有学者对这方面问题提出有效的建议,而且我国的法律法规也未明确规定发生纠纷的解决方式,知识产权纠纷问题若处理不好,将会直接干扰展会的交易秩序乃至市场交易秩序,制约着会展经济的健康发展,对我国经济的协调、快速、可持续发展也有一定的负面影响。因此解决展会知识产权纠纷,有利于促进我国经济全球化的进程。

---

① 人民日报:"创新怎样推动经济发展",载 http://www.gov.cn/zwhd/2006-07/24/content_343511.htm,最后访问时间:2016年9月27日。

第二章

国际展会中的专利权纠纷

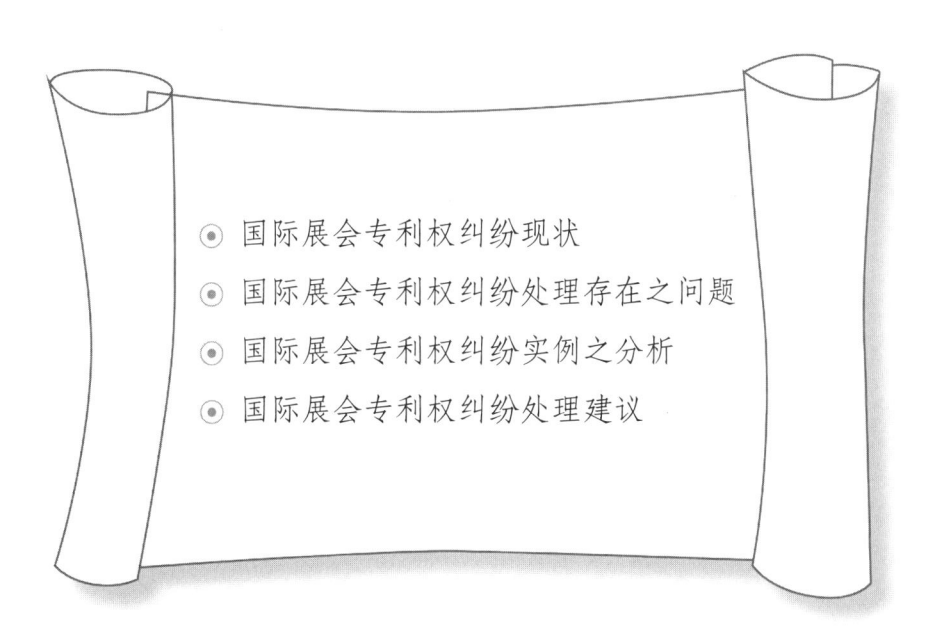

- 国际展会专利权纠纷现状
- 国际展会专利权纠纷处理存在之问题
- 国际展会专利权纠纷实例之分析
- 国际展会专利权纠纷处理建议

第一节　国际展会专利权纠纷现状

一、国际展会中专利权纠纷数量占比最大

笔者在多次担任大型国际展会知识产权纠纷处理负责人的过程中发现，在国际展会中，专利权纠纷占知识产权纠纷的比重最大，如在2014年4月13日至2014年4月16日举办的"第二十四届中国国际自行车展览会暨2014年中国国际摩托车及零部件交易会"中，展会主办方共受理知识产权投诉24起，其中专利权纠纷占比高达100%；在2015年9月9日至2015年9月12日举办的"第二十一届中国国际家具展"中，展会主办方受理的专利权纠纷案件占知识产权纠纷投诉总数的98%；同样，在2016年4月举办的规模更为盛大的第119届中国进出口商品交易会（以下简称2016年春季广交会）上，专利类投诉数量最多，展会主办方共受理358宗专利类投诉，占知识产权投诉案件总数的74.7%；而商标类投诉量为77宗，占16.1%；版权类投诉量为44宗，占9.2%，此种现象与往届广交会相同[1]。由此可见，绝大多数知识产权纠纷投诉案件与专利相关。

经过仔细分析，我们不难发现，国际展会中专利权纠纷投诉数量占比最大的现象十分合理。众所周知，商标代表的是一个企业或商品的整体形象，具有区分商品来源的功能。对于一个愿意投入大量人力、金钱等成本参加国际展会的企业而言，无疑是抱着宣传自身企业、扩大企业知名度、提升企业竞争力的目的而参展，且对于有能力投入大量成本参展的企业，势必已经初具规模，小有名气。因此该类企业会较为注重自身品牌的建立，尽量避免与其他企业及品牌相同或类似，使消费者产生混淆，也因此商标类纠纷在大型国际展会中所占比例不高。同时，由于国际展会属于大型商品展销活动，知识产权纠纷主要围绕产品展开，而产品及其生产技术的

---

[1] 中国知识产权报："第119届广交会知识产权投诉案件大幅减少"，载http://www.ipr.gov.cn/article/gnxw/qt/201607/1892046.html，最后访问时间：2016年9月21日。

创新多以专利的形式进行保护。因此在国际展会中著作权及不正当竞争纠纷所占比例不高。

二、国际展会中专利权纠纷以实用新型及外观设计专利为主

由于发明专利申请难度较大，数量有限，仿冒的难度也较大，因此在一般专利行政及司法程序中，发明专利所占的比例通常较小。根据笔者经验而言，国际展会中专利权纠纷案件与一般专利行政及司法中的情况相似，仍以较为简单的实用新型专利、外观设计专利为主，发明专利占比较小。上文所述"第二十四届中国国际自行车展览会暨2014年中国国际摩托车及零部件交易会"的24起专利权纠纷投诉案件中涉及专利纠纷的16起，其中发明专利纠纷2起、实用新型专利纠纷16起、外观设计专利纠纷3起、实用新型及外观设计专利纠纷3起。"第二十一届中国国际家具展"中，外观设计专利纠纷占比超过90%。

此外，根据展会类型不同，专利纠纷的类型比例也会存在一定差异。如上文所述，自行车国际展会中多以实用新型专利纠纷为主，但是家具国际展会又多为外观设计专利纠纷。这与展会所展示商品或服务所处行业本身专利储备的类型成正相关关系，如家具的主要功能较为固定，能进行功能性的突破创新之处较少，该行业的创新主要集中在家具外观，因此家具行业中多是申请外观设计专利，较少涉及实用新型专利或发明专利；而自行车行业则存在很多可以进行技术创造、革新之处，因此存在较多实用新型专利或发明专利。不同行业的常见专利类型也直接影响了该行业国际展会的专利纠纷类型。

三、国际展会中专利权纠纷判定难度大、误投诉率高

虽然随着国内外对于展会知识产权的不断重视，政府、展会主办方、参展商、其他展会参与者等聘请专业知识产权人士介入展会纠纷投诉处理已经逐渐成为常态，但由于专利涵盖范围广、创新性及专业性强等特点，因此要在展会举办的短时间内判断某行为或某产品是否构成专利侵权本身就存在较大难度，加之部分发明、实用新型专利侵权的判断需要将产品的内部结构乃至制作工艺与专利的权利要求进行比对，更增加了判定的难度。因此国际展会中专利纠纷的误投诉率也居高不下。

据报道，在 2016 年春季广交会中最终被认定为涉嫌侵权的专利类投诉比例为 44.7%，该比例明显低于商标类的 74.4%，版权类的 77.1%，误投诉率超过 50%[①]。且即使是在国际展会进行过程中被相关纠纷处理机构认定为涉嫌侵权的，也可能最终被司法判决、裁定结果推翻。如在上海市第一中级人民法院受理的（2013）沪一中民五（知）初字第 52 号案件中，原告济南美图标识材料有限公司在参加"第二十届上海国际广告技术设备展览会"上发现，被告济南今日摄影器材有限公司与展会主办方签订了"参展合同"，租赁了 W4-741 的展位，展会期间，该展位对外展示的公司为双百数码影像设备有限公司，原告认为 W4-741 展台上公开展示并销售的热转印机侵害了原告名称为"全彩色立体真空热转印机"的实用新型专利，专利号为 ZL 201120030413.6，原告在展会举办期间向主办方及知识产权办公室进行了投诉。主办方经初步比对，认为被告的产品落入了原告的专利权保护范围，涉嫌侵权，并建议被告撤展。展会结束后，原告从被告双百数码影像设备有限公司处购买了涉嫌侵权的热转印机并进行了公证，随后向上海市第一中级人民法院提起了诉讼。在诉讼进行中被告向国家知识产权局专利复审委员会申请宣告涉案专利无效，上海市第一中级人民法院遂对该案中止审理。国家知识产权局专利复审委员会于 2013 年 9 月作出无效宣告请求审查决定书，宣告 ZL 201120030413.6 号专利无效。原告因丧失了专利侵权诉讼的专利权基础而撤回了对被告的诉讼。可见该案中原告专利权的有效性存在瑕疵，在某种程度上造成了国际展会期间的误投诉，给被告的参展行为造成了一些不利影响。

误投诉现象不仅存在于中国举办的国际展会，在国外的大型国际展会中也频频出现。据报道，申锡公司是一家融建筑吊篮和擦窗机研发、生产、销售于一体的高空机械行业领军企业。2008 年前后，其产品已销往全球 60 多个国家和地区。2008 年 3 月，申锡公司赴美国拉斯维加斯参加工程机械展，就是在这次展会上，申锡公司收到了美国法院的一纸传票，即赛开利公司和达克泰集团联手诉称中国申锡公司制造的高空作业吊篮的核心部件 ltd630 提升机外观设计涉嫌侵权并构成不正当竞争。而这两家跨国集团是当时全球较大的高空作业机械制造商之一。在经过多番权衡后，申锡公司董事长决定应诉。经多次交锋，2010 年 10 月，美国内华达州地方

---

① 中国知识产权报："第 119 届广交会知识产权投诉案件大幅减少"，载 http://www.ipr.gov.cn/article/gnxw/qt/201607/1892046.html，最后访问时间：2016 年 9 月 21 日。

法院驳回了原告对于申锡公司侵犯其外观设计及构成不正当竞争的诉讼请求,这场马拉松官司最终以申锡公司获胜而结束。紧接着,2010年11月,申锡公司在德国慕尼黑举办的全球最大的建筑工程机械展会——德国宝马展上,再次遇到涉外知识产权侵权诉讼。几番较量下来,至2015年9月,申锡公司最终获得了胜诉[1]。可见在展会上遭到投诉甚至接到法院传票,但最终被司法判决认定为不侵权的情况时有发生。

笔者认为,误投诉现象的产生背后有着较为复杂的原因。可能是由于上述案件中提到的专利有效性本身存在瑕疵;也有可能是专利权人对于自身所拥有的专利权了解不足,误将未落入专利权保护范围的产品认定为侵权产品;还有可能是专利撰写存在瑕疵,致使专利权利要求所保护的范围与专利权人的设想及发明存在差异,造成虽然第三方参展商产品确系仿冒却未落入专利权保护范围进而不能认定为侵权的结果;更有甚者,部分权利人实际上已经知悉其所拥有的专利存在有效性瑕疵或对方产品实际未侵权,但基于商业层面的考虑,还是决定向展会主办方等相关部门投诉,企图利用专利战来限制其他竞争者顺利参展,达到打压对手的目的。

四、国际展会专利执法办案量不断上升

2012年,我国国家知识产权局、国家发展和改革委员会、科技部、工业和信息化部、农业部、商务部、国家工商行政管理总局、国家质量监督检验检疫总局、国家版权局和国家林业局等十部委共同编制并发布了《国家知识产权事业发展"十二五"规划》。"十二五"期间,我国专利行政执法办案量实现连续5年增长,年均增长率达81.4%,办案总量超过8.7万件。与此同时,我国展会的专利执法办案量也得到了大幅提升,2015年我国展会专利执法办案量达到了2743件,同比增长54.1%[2]。

---

[1] 无锡日报:"与国际巨头对决,用知识产权保驾护航",载http://epaper.wxrb.com/paper/wxrb/html/2016-09/08/content_589112.htm,最后访问时间:2016年9月22日。

[2] 国家知识产权局:"2015年知识产权系统执法办案数据分析",载http://www.sipo.gov.cn/zscqgz/2016/201601/t20160118_1230431.html,最后访问时间:2016年9月22日。

第二节　国际展会专利权纠纷处理存在之问题

如前所述，各国对于国际展会知识产权纠纷均规定了民事、行政、刑事等各种解决方式，但根据各国法律法规规定及各国国情，具体的维权措施实际应用和效果存在不小差异，也存在不同的缺陷之处。

就我国而言，中国会展业近年来发展迅速，目前已形成一个涉及领域广、覆盖行业全的展会行业。据初步统计，2013年全国举办展会超过7000个，较1997年增长了近6倍。目前，全国会展场馆总数为300多个，可供展览面积达1200多万平方米[1]。但是与国外发达国家先进的会展专利纠纷处理机制相比，我国在国际展会专利纠纷处理方面，还存在诸多不足。

一、诉前禁令措施极度欠缺

如前文介绍，由于国际展会的参展时间不长，诉前禁令等诉前临时措施是国际展会中极为常见的专利纠纷处理方式，能在很大程度上防止侵权损害后果进一步扩大，最大限度保护专利权人的合法权益。如德国等国家对诉前临时禁令的运用已十分普遍，如果法院认为侵权可能性超过50%即可颁布，临时禁令的办理程序也极为快捷，一般只需要4~6个小时。德国科隆中级法官迪特·基尔介绍，在2006年科隆五金展期间，他在2天内就下达了70个临时禁令[2]。

我国《专利法》《最高人民法院关于对诉前停止侵犯专利权行为适用法律问题的若干规定》等相关法律法规也确立了专利维权程序中的诉前禁令制度。根据法律规定，专利权人或者利害关系人（包括专利实施许可合同的被许可人、专利财产权利的合法继承人等）有证据证明他人正在实施或者即将实施侵犯专利权的行为，如

---

[1] 魏梦佳：“商务部副部长：中国将加强会展业知识产权保护”，载http://www.ipr.gov.cn/article/gaojianku/201405/1816438_1.html，最后访问时间：2016年9月24日。

[2] 刘凯：《展会知识产权保护研究》，华南理工大学2010年硕士学位论文。

不及时制止将会使其合法权益受到难以弥补的损害的，可以在起诉前向人民法院申请采取责令停止有关行为的措施。

申请人提出申请时，应当提供担保；不提供担保的，驳回申请。申请人提出申请时，应当提交下列证据：（1）专利权人应当提交证明其专利权真实有效的文件，包括专利证书、权利要求书、说明书、专利年费交纳凭证。提出的申请涉及实用新型专利的，申请人应当提交国务院专利行政部门出具的检索报告。（2）利害关系人应当提供有关专利实施许可合同及其在国务院专利行政部门备案的证明材料，未经备案的应当提交专利权人的证明，或者证明其享有权利的其他证据。排他实施许可合同的被许可人单独提出申请的，应当提交专利权人放弃申请的证明材料。专利财产权利的继承人应当提交已经继承或者正在继承的证据材料。（3）提交证明被申请人正在实施或者即将实施侵犯其专利权的行为的证据，包括被控侵权产品以及专利技术与被控侵权产品技术特征对比材料等。

人民法院应当自接受申请之时起48小时内作出裁定；有特殊情况需要延长的，可以延长48小时。裁定责令停止有关行为的，应当立即执行。当事人对裁定不服的，可以申请复议一次；复议期间不停止裁定的执行。申请人自人民法院采取责令停止有关行为的措施之日起15日内不起诉的，人民法院应当解除该措施。申请有错误的，申请人应当赔偿被申请人因停止有关行为所遭受的损失。

但笔者在中国裁判文书网[①]中仅查询到9例申请诉前停止侵害专利权纠纷民事裁定书。该等申请均发生在北京、上海、深圳、苏州、武汉等经济较为发达、知识产权纠纷处理机制较为成熟的地区，且仅2起案件获得了支持，但没有在展会期间成功申请诉前禁令的案例。可见我国国际展会中申请诉前停止侵害专利权难度较大、措施极度欠缺，与发达国家展会采用诉前禁令方式进行专利维权的情况存在巨大差距。

二、人民法院进行诉前证据保全实施困难

众所周知，在权利维权诉讼中，证据起到决定性的作用，因此若在国际展会中发现他人涉嫌侵权的行为，能否在第一时间由权威部门对对方涉嫌侵权的证据进

[①] 参见 http://wenshu.court.gov.cn/（中国裁判文书网），最后访问时间：2016年9月24日。

行固定至关重要,也是关乎后续国际展会结束后专利维权是否能够取得成功的重要因素。

我国《专利法》等相关法律法规规定,为了制止专利侵权行为,在证据可能灭失或者以后难以取得的情况下,专利权人或者利害关系人可以在起诉前向人民法院申请保全证据。人民法院采取保全措施,可以责令申请人提供担保;申请人不提供担保的,驳回申请。人民法院应当自接受申请之时起 48 小时内作出裁定;裁定采取保全措施的,应当立即执行。申请人自人民法院采取保全措施之日起 15 日内不起诉的,人民法院应当解除该措施。

但笔者查询了中国裁判文书网[1],我国侵害专利权纠纷申请诉前证据保全的案件不足 150 件,且与诉前禁令措施相似,多发生在经济较为发达、知识产权纠纷处理机制较为成熟的地区,与发达国家仍存在巨大差距。

三、展会主办方配合程度不高,政府部门维权力度不够

在我国举办的国际展会中,鲜见展会主办方积极主动为专利权人进行维权的情况,展会主办方多是采取中立态度,希望能够减少争端,维持展会稳定秩序,使展会顺利结束。且对于涉嫌专利侵权的行为也极少有主办方强制要求侵权人采取遮挡、撤展、与侵权参展商解除参展合同、将侵权参展商列入黑名单并不再与其合作等措施,多数采取建议撤展的温和处理方式,因此,在很大程度上削弱了对专利权人合法权益的保护力度,这也是国际展会中专利侵权状况屡禁不止的重要原因。

此外,虽然多数国际展会有当地知识产权行政部门入驻,协助解决展会中的知识产权纠纷,但由于种种原因,行政机关也较少采取行政强制手段,而是多以协商、调解方式处理国际展会中的专利纠纷。因此造成我国国际展会专利侵权维权力度不够的现象。

虽然我国制订了展会知识产权保护相关法规,但无论是层级上还是内容上都有一定的不足之处。此外,展会中对专利权人合法权益保护力度的欠缺也与禁令的标准过高有关,笔者将在本书第六章中详细探讨。

---

[1] 参见 http://wenshu.court.gov.cn/(中国裁判文书网),最后访问时间:2016 年 9 月 24 日。

第三节 国际展会专利权纠纷实例之分析

为了向读者更生动地讲解国际展会专利权纠纷维权的全貌,我们在之前处理过的纠纷中选取了一个最为典型的国际展会维权案例。通过对案例的讲解让读者能更加形象地了解国际展会专利权纠纷维权的过程。

一、国际展会专利维权案例简介

TECNA DISPLAY LIMITED(泰克纳显示器有限公司,以下简称泰克纳公司)于2007年2月向国家知识产权局提出申请并于2008年2月13日获得了名称为"连接器(标志牌载体用)"的外观设计专利权(专利号为ZL 200730006801.×),外观设计专利附图参见图1。

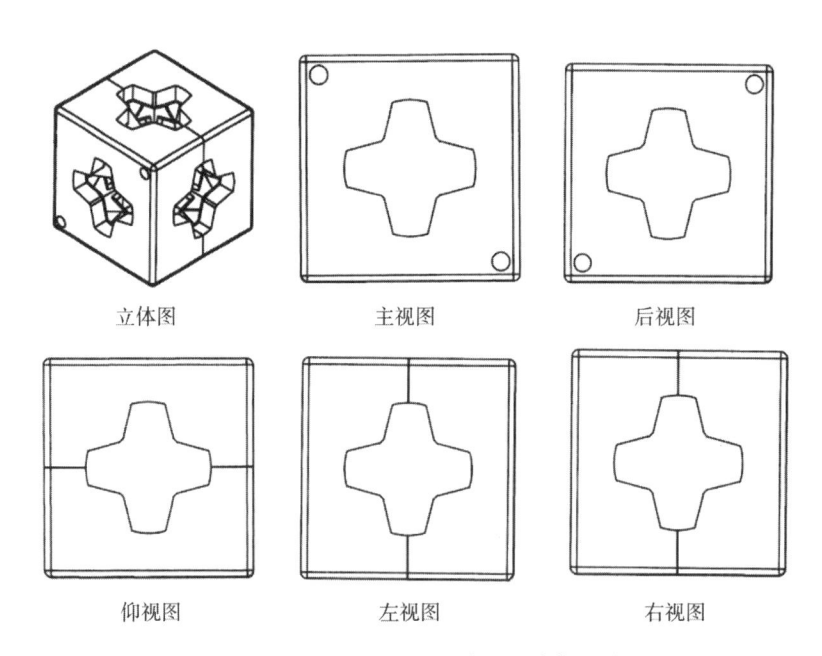

图1 200730006801.× 号外观设计专利附图

在申请了"连接器(标志牌载体用)"外观设计专利后,泰克纳公司将相关专利许可给了中国的合作伙伴，由中国合作伙伴制造相应的产品并推向了市场。该产品主要用于展览展示行业，因连接器产品与配件的完美结合，使得搭展变得更简单易行，同时解决了搭展完毕展架暴露在外、影响视觉效果的问题，因此对应的专利产品很快在市场上推广开来，受到消费者的一致喜爱和好评。

2013年7月，泰克纳公司在中国的合作伙伴在上海参加"第二十一届上海国际广告技术设备展览会"时发现常州创高展览用品有限公司（以下简称创高公司）销售的展架与泰克纳公司的外观设计专利相似并通知了泰克纳公司。

泰克纳公司由此展开了国际展会的外观设计专利维权之路。

二、国际展会知识产权权利人的维权程序

（一）委托中国律师全权负责处理专利权纠纷事宜

由于泰克纳公司专利产品的畅销，在中国市场上很快就出现了仿冒产品。为了维护自身权益，泰克纳公司于2012年聘请了专业从事知识产权诉讼业务的中国律师为其处理中国境内的专利权纠纷事宜，并办理了公证认证的授权委托事宜，也正是这一前瞻性的举措，使得泰克纳公司在收到中国合作伙伴提供的侵权消息后第一时间应对，为国际展会维权成功奠定了坚实的基础。

（二）向展会主办方等相关知识产权纠纷处理机构投诉

泰克纳公司在收到第三方产品涉嫌侵权的信息后第一时间通知了其在中国的律师，委托其代表泰克纳公司进行维权。中国律师在第一时间到达"第二十一届上海国际广告技术设备展览会"的举办现场，并根据已获知信息找到了涉嫌侵权产品。在经过初步比对认为创高公司的产品确实涉嫌侵犯泰克纳公司外观设计专利后，律师向展会主办方提出了专利侵权投诉，要求主办方进行协调处理。期间，律师按照展会知识产权维权流程的要求提交了"连接器（标志牌载体用）"的外观设计专利权证书复印件（专利号为 ZL 200730006801.×）、专利登记簿副本（证明泰克纳公司的外观设计专利仍处于有效状态）、泰克纳公司委托律师处理专利纠纷事宜的授权委托书（经公证认证）、律师身份证明、国际展会知识产权纠纷登记表（载明投诉方与被投诉方信息、被侵权专利情况、涉嫌侵权产品情况）等

材料。

展会主办方在收齐相关材料后受理了泰克纳公司的投诉,并委派专业人员对创高公司的涉嫌侵权产品与泰克纳公司的"连接器(标志牌载体用)"的外观设计专利权进行了初步比对,经专业人员比对认为,创高公司的产品(参见图2)与泰克纳公司专利权附图相似,被认定为落入专利权保护范围的可能性较大,涉嫌侵权。

图2 涉嫌侵权的产品图样

随后展会主办方委派的工作人员向创高公司告知了其已受到他人知识产权投诉、其产品涉嫌侵权的事宜,并给予创高公司24小时的答辩期。

创高公司在答辩期内未提出有效答辩,答辩期限届满后,主办方对创高公司作出建议对相关产品进行撤展的处理结果。但创高公司未对相关产品进行撤展。

(三)进行证据保全

由于创高公司未能进行撤展,因此泰克纳公司进一步采取了证据保全措施。泰克纳公司委派的律师聘请了展会所在地的公证人员,进入展会现场,对创高公司在展会上许诺销售涉嫌侵犯他人专利的产品的行为进行了拍照取证,且律师还委托第三人在展会现场购买了涉嫌侵权产品的样品,创高公司的销售行为也被公证人员见证、记录下来。公证人员根据其所见内容制作了公证书。

(四)提起司法诉讼

在获得了强有力的创高公司侵权行为相关证据后,泰克纳公司委托律师向侵权所在地具有管辖权的上海市第一中级人民法院提起了侵害外观专利权纠纷诉讼,请求判令被告：（1）停止对名称为"连接器（标志牌载体用）"的外观设计专利权的侵害行为，即停止生产、销售、许诺销售侵权产品；（2）赔偿原告经济损失人民币8万元（以下币种相同），并承担原告为制止侵权行为而支出的合理费用3.25万元。泰克纳公司为证明其诉请事实，向法院提交了如下证据：（1）"外观设计专利证书""专利登记簿副本"，以证明涉案专利系泰克纳公司所有，目前仍在保护期内；（2）（2013）沪长证字第4788号公证书，以证明被告在"第二十一届上海国际广告技术设备展览会"上展出了被控侵权产品，并以500元的价格销售涉案产品；（3）公证费、律师费发票各1张，以证明原告为制止侵权行为支付的合理费用。

上海市第一中级人民法院受理了该案，案号为（2013）沪一中民五（知）初字第142号。

创高公司在收到法院传票后出庭应诉，辩称：被控侵权产品具有合法来源，请求法院驳回原告全部诉讼请求。创高公司为证明其辩称事实，向法院提交如下证据：（1）2012年产品宣传册1份，以证明被控侵权产品仅出现在2013年宣传册上；（2）书面证明1份，以证明涉案被控侵权产品来源于案外人上海金豫展览展示器材有限公司（以下简称金豫公司）；（3）证人崔某的证言，以证明被告的连接器来源于证人。

三、国际展会专利维权结果

该案经开庭审理，上海市第一中级人民法院作出了一审民事判决书，支持了泰克纳公司的诉请，对创高公司的答辩意见未予支持。创高公司未提起上诉，且按时向泰克纳公司支付了民事判决书确定的损失及合理费用，此后泰克纳公司也未发现创高公司存在任何侵害泰克纳公司外观设计专利权的行为。可以说，泰克纳公司的国际展会维权获得了全面成功。节选民事判决书部分内容如下。

根据原、被告的上述举证、质证意见，本院对前述证据认证如下：原告提交公证书显示了原告公证保全证据的过程，以及被告在相关展会展示、销售被控侵权产品的情况，具有证明力；律师费发票明确系原告为本案诉讼支付的费用，亦与本案具有关联性，故对原告提供的证据，本院均予以确认。

被告提交的证据中：（1）产品宣传册未表明制作日期，与本案不具有关联性；

（2）金豫公司书面证明以及证人崔某的证言，经证人出庭作证及双方当事人的交叉询问，证人的证言与被告法定代表人的当庭陈述在细节上并无不符，关于证人送给被告产品的过程等表述基本吻合，故本院确认该书面证明及证人证言。

根据上述确认的证据，本院查明如下事实：原告于 2007 年 2 月 28 日向国家知识产权局就名称为"连接器（标志牌载体用）"的外观设计申请专利，并于 2008 年 2 月 13 日被授予专利权，专利号为 ZL 200730006801.×，优先权日为 2006 年 11 月 24 日。原告按期缴纳专利年费，目前该专利仍在保护期内。

2013 年 7 月 13 日，申请人上海×××律师事务所的委托代理人向上海市长宁公证处申请证据保全公证。同日，申请人与公证员一同前往位于上海市龙阳路 2345 号（上海新国际博览中心）的"第二十一届上海国际广告技术设备展览会"现场，申请人在该展览会入口大会咨询处取得"参观指南"1 份。在展馆内标有"常州创高展览用品有限公司"（E6-158）字样的展台处取得 1 份宣传资料，并在该展台购得器材 1 套，支付费用共计 500 元，现场取得收条 1 张、名片 1 张，购买完毕后，上述人员将所购物品及取得的收条、名片、宣传资料一同带回公证处。后在公证员的监督下，对上述所购物品及取得的收条、名片、宣传资料进行拍照，密封后加贴公证处封签条予以固定。上海市长宁公证处对上述过程出具了（2013）沪长证字第 4788 号公证书。该公证书所附照片显示，被告在其展位上展示有被控侵权产品。

经当庭对上海市长宁公证处封签保存的所购物品、收条、名片、宣传资料等拆封查验：所购物品包括被控侵权产品长杆 2 根，中长杆 6 根，短杆 14 根，弯杆 8 根，连接器 16 个；收条显示有"今收赵耀荣先生购买方正系统材料款 500 元，特此证明。收款人沈某某 2013.07.13 常州创高报价：材料 25 元 / 米，盖 1.5 元 / 只，节头 3 元 / 只"字样；被告公司沈某某经理名片 1 张；被告宣传资料第 15～16 页"方正系统"显示有被控侵权产品，该两页宣传资料配以多幅图片展示了被控侵权产品连接器、连接杆、连接器与连接杆的使用方式、连接器与连接杆组装成展架的种类及用途等；"参观指南"1 份，显示 E6-158 系被告展位。

经对上述被控侵权产品的外观设计与涉案专利的各视图进行比对：专利产品连接器为正方体，六面视图中心均为十字镂空花纹，左、右视图有一垂直中心线，俯、仰视图有一水平中心线，主视图、后视图的正方形左下角及右上角各有一个螺丝孔；被控侵权产品与专利产品外观设计的区别仅在于主视图、后视图的正方形四角上各有一个螺丝孔，其余外观设计特征与专利产品外观设计相同。

另查明：被告成立于 2001 年 2 月 22 日，注册资本 789 万元，经营范围包括展示装饰材料、办公家具及屏风、五金配件、塑料制品制造、加工等。2012 年，案外人崔某赠予被告方正连接器一小盒约 20 个。

再查明：原告为本案诉讼支付购买费 500 元，公证费 2000 元，律师费 30 000 元，共计 32 500 元。

本院认为：原告系名称为"连接器（标志牌载体用）"（专利号 ZL 200730006801.×）的外观设计专利权人，根据《中华人民共和国专利法》（以下简称《专利法》）第 11 条第 2 款之规定，任何单位或者个人未经专利权人许可，都不得实施其专利，即不得为生产经营目的制造、许诺销售、销售、进口其外观设计专利产品，否则应当承担相应的法律责任。

本案中，被告主张被控侵权产品主视图、后视图的正方形四角各有一个螺丝孔，与原告专利外观设计相应视图的正方形仅在左下角、右上角有两个螺丝孔，差异明显。鉴于该些螺丝孔的作用包括物理连接及美观，故被控侵权产品外观设计与原告专利设计既不相同也不近似。本院认为，上述螺丝孔系物理连接所需，故属于技术功能的设计特征，根据《最高人民法院关于审理侵犯专利权纠纷案件应用法律若干问题的解释》（以下简称《专利案件若干问题解释》）第 11 条第 1 款的规定，"人民法院认定外观设计是否相同或者近似时，应当根据授权外观设计、被诉侵权设计的设计特征，以外观设计的整体视觉效果进行综合判断；对于主要由技术功能决定的设计特征以及对整体视觉效果不产生影响的产品的材料、内部结构等特征，应当不予考虑"。因此，本案在判断被控侵权产品的设计与授权外观设计是否相同或者近似时，对螺丝孔的数量不应予以考虑，且该螺丝孔数量的区别属于细微差别，对连接器产品的整体视觉效果没有影响。又根据《专利案件若干问题解释》第 11 条第 3 款的规定，被控侵权产品的设计与原告的授权外观设计在整体视觉效果上无实质性差异，应当认定两者近似，故被控侵权产品的外观设计落入原告专利保护范围，且两者外观设计构成近似。

原告主张被告在相关展会上展示、销售被控侵权产品，并通过宣传册向购买者宣传被控侵权产品系其生产，故被告在本案中实施了制造、销售、许诺销售被控侵权产品的行为。

本院认为：根据《最高人民法院关于审理专利纠纷案件适用法律问题的若干规

定》第 24 条的规定，许诺销售是指以做广告、在商店橱窗中陈列或者在展销会上展出等方式作出销售商品的意思表示。本案中，被告参加了"第二十一届上海国际广告技术设备展览会"，在其散发的宣传册及展位上均展示了被控侵权产品，并以 500 元的售价销售了一套含被控侵权产品在内的产品，故被告实施了许诺销售、销售被控侵权产品的行为。

被告辩称，其系从案外人金豫公司处获赠被控侵权产品连接器后，自行制造连接杆，组装成展架后在展会上展示，并没有制造连接器。本院认为：首先，从被告企业经营范围看，其中包括塑料制品制造、加工的经营项目。其次，从常理而言，产品宣传册是企业向客户宣传其产品，从而获取订单，实现销售产品的方式之一。因此，宣传册上展示的产品应为该企业所能向客户提供的产品。被告在其宣传册上以"方正系统"命名，分别展示了展架中被控侵权产品连接器、连接杆、两者组合使用方式、两者组装成展架的种类及用途等内容，并无仅提供展架中连接杆的特别说明，故其关于仅生产连接杆的辩解与其对外宣传不符。最后，证人崔某称其赠予被告的连接器数量 20 个左右，原告公证购买所得连接器即达 16 个之多。如前所述，被告在宣传册中宣传了整套"方正系统"产品，若如其称仅因证人赠予的为数不多的连接器而生产连接杆，则无法实现被告宣传"方正系统"产品的目的，即无法满足客户对"方正系统"展架的需求，故被告关于仅生产连接杆，不生产被控侵权产品连接器的辩解有悖常理，本院不予采信。综上所述，本院认定被告未经原告许可实施了制造被控侵权产品的行为。

根据《专利法》的相关规定，被告未经原告许可，擅自制造、销售、许诺销售被控侵权产品应承担停止侵害、赔偿损失的侵权责任。鉴于原告未能举证证明其因被侵权所受到的损失或者被告由此所获得的利益，且无专利实施许可费可以参照，本院综合考虑本案专利类型系外观设计专利，被告实施侵权行为的性质、情节等因素，酌情确定被告应当承担的赔偿数额。此外，原告为本案诉讼还支付了包括购买费、公证费、律师费在内的费用，共计 32 500 元。该些费用均系原告为制止侵权，提起诉讼所支付的合理费用。本院对原告关于合理费用的诉讼请求予以支持。

据此，依照《中华人民共和国民法通则》第118条①，《中华人民共和国专利法》第11条第2款、第59条第2款、第65条，《最高人民法院关于审理专利纠纷案件适用法律问题的若干规定》第24条，《最高人民法院关于审理侵犯专利权纠纷案件应用法律若干问题的解释》第10条、第11条第1款、第11条第3款的规定，判决如下：

（1）被告常州创高展览用品有限公司应于本判决生效之日起立即停止侵害原告泰克纳显示器有限公司享有的名称为"连接器（标志牌载体用）"的外观设计专利权（专利号 ZL200730006801.×）；

（2）被告常州创高展览用品有限公司应于本判决生效之日起10日内赔偿原告泰克纳显示器有限公司经济损失人民币50 000元及合理费用人民币32 500元；

（3）驳回原告泰克纳显示器有限公司的其余诉讼请求。

被告常州创高展览用品有限公司如果未按本判决指定的期间履行给付金钱义务，应当依照《中华人民共和国民事诉讼法》第253条之规定，加倍支付迟延履行期间的债务利息。

本案案件受理费人民币2550元，由原告泰克纳显示器有限公司负担340元，被告常州创高展览用品有限公司负担2210元；保全申请费1083元，由原告泰克纳显示器有限公司负担289元，被告常州创高展览用品有限公司负担794元。

如不服本判决，原告泰克纳显示器有限公司可在判决书送达之日起30日内，被告常州创高展览用品有限公司可在判决书送达之日起15日内，向本院递交上诉状，并按对方当事人的人数提出副本，上诉于上海市高级人民法院。

---

① 《中华人民共和国民法总则》（2017年10月1日施行）第123条规定："民事主体依法享有知识产权。知识产权是权利人依法就下列客体享有的专有的权利：（一）作品；（二）发明、实用新型、外观设计；（三）商标；（四）地理标志；（五）商业秘密；（六）集成电路布图设计；（七）植物新品种；（八）法律规定的其他客体。"第179条规定："承担民事责任的方式主要有：（一）停止侵害；（二）排除妨碍；（三）消除危险；（四）返还财产；（五）恢复原状；（六）修理、重作、更换；（七）继续履行；（八）赔偿损失；（九）支付违约金；（十）消除影响、恢复名誉；（十一）赔礼道歉。法律规定惩罚性赔偿的，依照其规定。本条规定的承担民事责任的方式，可以单独适用，也可以合并适用。"

第四节 国际展会专利权纠纷处理建议

近年来随着中国经济的迅速发展，中国企业走出国门参加国外国际展会已屡见不鲜，但是中国企业参加国际展会所遇到的知识产权纠纷不可谓不惨烈。2008 年，我国参展商在德国电子类展会展出的商品遭受了空前的知识产权侵权纠纷冲突。无论是 4 月的 CeBIT 博览会还是 9 月的柏林 IFA 展，我国参展商的展品因涉嫌知识产权侵权而被大规模查抄。因此，参加 2009 年 CeBIT 的我国展商少了五分之一，仅有 382 家，而 IFA 展则从 500 多家骤减到 300 家[1]。无疑，如果中国企业不加强知识产权方面的能力，这块短板将成为中国企业走出去最大的障碍。因此笔者对国际展会参展企业提出如下专利纠纷处理建议。

一、了解国际展会举办地专利相关法律，事先做好专利布局

企业在国际展会中想要寻求专利保护的前提条件就是该企业具有主张权利的基础，也就是专利权。众所周知，专利权具有地域性。[2] 因此提前了解国际展会举办地的法律并事先进行专利布局十分必要。

（一）中国

根据我国《专利法》的相关规定，中国保护发明、实用新型和外观设计 3 种类型的发明创造。其中，发明是指对产品、方法或者其改进所提出的新的技术方案；

---

[1] 广成展览公司："政府如何使企业避免展会知识产权纠纷？"，载 http://www.szgczs.com/page109?article_id=224，最后访问时间：2016 年 9 月 23 日。
[2] Timothy P. Trainer, Vicki E. Allums., Customs enforcement of intellectual property rights, Thomson Reuters, 2015Edition, §5.1, p566.

实用新型是指对产品的形状、构造或者其结合所提出的适于实用的新的技术方案；外观设计，是指对产品的形状、图案或者其结合以及色彩与形状、图案的结合所作出的富有美感并适于工业应用的新设计。发明专利、实用新型专利、外观设计专利的专利权的获得均以向国家知识产权局提出申请、提交相关材料、经国家知识产权局审查并被授予专利权为条件。发明专利权的期限为20年，实用新型专利权和外观设计专利权的期限为10年，均自申请日起计算。

（二）德国

德国议会针对发明专利保护制定了《德国专利法》，针对实用新型保护制定了《德国实用新型法》，针对外观设计制定了《德国工业品外观设计法》。

根据《德国专利法》第16条、第34条、第35条、第44条等规定，请求对一项发明授予专利权的申请应当向德国专利局或联邦司法部在联邦法律公报中公告指定的专利信息中心提交，并提交相应材料。德国专利局应当根据请求，审查专利申请是否符合规定，在审查通过后予以授权，发明专利的专利权期限为20年，自该发明的专利申请日的次日开始计算[1]。

根据《德国实用新型法》第4条、第8条、第23条等规定，申请实用新型保护的专利，应向德国专利局提出书面申请。一份申请仅限于一项实用新型发明。若联邦司法部在联邦法律公报中公告规定某一专利信息中心可以接受专利申请，也可以向其递交申请，但可能包含国家机密（《德国刑法典》第93条）的申请，不得向专利信息中心递交。若申请符合规定的，专利局应当决定在实用新型登记簿内登记，对申请的主题不作新颖性、创造性和工业实用性的审查。实用新型登记的保护期为10年，自申请日起算，届满于10年后申请月的最后一天[2]。

根据《德国工业品外观设计法》第11条、第16条、第27条等规定，申请在登记簿上注册一项外观设计的，应向德国专利商标局提出。若联邦司法部在联邦法律公报中公告指定专利信息中心接受专利申请的，也可以向其递交申请。由德国专

---

[1]《德国专利法》，载http://www.ipr.gov.cn/zhuanti/expo/Germany_Law/Patent/Germany_patent_act.html，最后访问时间：2016年9月23日。

[2] 毛金生、谢小勇、王淇等：《德国展会知识产权纠纷应对100问》，知识产权出版社2012年版，第196～202页。

利商标局审查申请是否符合申请要件。工业品外观设计保护自在登记簿上注册之日起生效，保护期限为 25 年，自申请日起算[①]。

（三）美国

根据《美国专利法》[②]（Patent Laws, United States Code Title 35 – Patents）的规定，美国的专利分为发明专利、植物新品种专利及外观设计专利，无实用新型专利。专利的申请应由发明人以书面形式向专利与商标局局长提出，并提交相应的书面材料（35 U.S.C. 111）。专利与商标局局长应对专利申请进行审查，如申请人依法应取得专利权的，专利与商标局局长应发给相应的专利证书（35 U.S.C. 131）。发明专利及植物新品种专利的保护期为 20 年，均自申请日起算且以缴纳相关费用为前提（35 U.S.C. 154、35 U.S.C. 161）。根据 2015 年新修订的法律，美国外观设计专利的保护期限为 15 年，自批准之日起算（35 U.S.C. 173）。

如上所述，各国专利权的类型、保护期限存在差异，但多以向官方机构提出申请为前提条件，因此若非提前申请并获得专利权的授权，将无法得到专利权的保护。由此，建议企业提前在将要参加国际展会的国家或目标市场的国家就作出的发明创造提出申请，若按照规定需要缴纳相关费用才能维持专利有效的，还应当根据规定进行缴费。

为了简化企业申请流程及时间成本，建议企业在申请专利时选择依据《专利合作条约》（Patent Cooperation Treaty，PCT）提出国际专利申请。

根据世界知识产权组织的统计数据显示，2014 年中国华为公司通过《专利合作条约》途径提交的国际专利申请为 3442 件，位居全球企业首位，中兴通讯为全球企业第 3 位。如今，以华为公司、中兴通讯等为代表的一批中国企业在吸取了多次国际展会知识产权的失败经验后迅速积累自身知识产权实力，已经可以在国际市场竞争的舞台上牢牢站稳，打出"中国创造"的品牌。2015 年 3 月 16 日至 2015 年 3 月

[①] 毛金生、谢小勇、王淇等：《德国展会知识产权纠纷应对100问》，知识产权出版社2012年版，第 198～207 页。

[②] "Consolidated Patent Laws – March 2017 update"，载 http://www.uspto.gov/web/offices/pac/mpep/consolidated_laws.pdf，最后访问时间：2016 年 9 月 23 日。

22日,在全球最大的德国汉诺威消费电子、信息及通信博览会(以下简称汉诺威博览会)上,中国企业"汽车无线充电、'刷脸'移动支付、北斗卫星手表、语音操控手机"等专利产品一经亮相就引来了各方关注,汉诺威博览会掀起了"中国旋风"。同时,该展会有760家中国企业参展,不仅规模空前,几乎个个身手不凡,成为本届展会最引人瞩目的亮点[①]。

据世界知识产权组织的统计数据显示,2015年中国华为以3898件已公布PCT申请连续两年居于榜首,较2014年多了456件;美国的高通公司2015年位居第二,已公布申请为2442件;中国的中兴通讯则以2155件PCT申请位列第三。2015年,中国的专利国际申请排名全球第三,达到29 846件,仅次于美国的57 385件和日本的44 235件,增幅达16.8%[②]。

可见,只要提前进行专利布局,中国企业在国际展会上取得专利技术的优势并不困难。

二、委托国际展会举办地专业维权机构代为维权

总结上文所述国际展会的维权实例,我们不难发现,作为一个外国企业,泰克纳公司能在中国获得国际展会维权胜利的一个重要原因在于其极具战略眼光,事先委托了中国当地的律师代为处理专利纠纷事宜。在该国际展会维权处理中,中国律师并未选择向法院申请临时禁令或申请由法院进行证据保全,而是选择了直接向展会主办方进行投诉,同时委托公证机构对侵权行为进行公证、固定证据,这是考虑了中国目前知识产权禁令及证据保全制度尚不完善,很难在展会举办期间的短时期内完成相关程序的实际情况,最终维权结果也证明该举措是十分及时和明智的。

如前文所述,各国对于专利维权方式、维权程序均有不同规定,如何选择最适合、最便捷、最有效的方式进行维权是一门学问,在展会中若被他人投诉侵权或受到他人维权措施影响,如何采取有效的手段进行抗辩并维护自身权益十分重

[①] 朱月英:"汉诺威掀起'中国品牌'旋风",载http://www.ipr.gov.cn/article/gnxw/qt/201503/1848978.html,最后访问时间:2016年9月23日。

[②] 南方都市报、中商情报网:"2015年PCT专利申请数排名:华为蝉联全球榜首",载http://www.askci.com/news/hlw/20160521/21253418880.shtml,最后访问时间:2016年9月23日。

要。若不委托当地专业人员主导专利纠纷处理事宜,除非企业自身早已对国际展会举办地的专利保护相关法律进行了深入研究,否则企业很难仅凭自身力量在国际展会举办的短短几天时间内处理好专利维权事宜,可能既耗费了大量时间,也未能阻止他人在展会的侵权行为,更无法在展会后对侵权人的侵权行为进行索赔,或者无法采用适当的手段应对他人的恶意投诉。因此,委托当地的专业机构进行维权处理十分必要。

建议企业在决定参加国际展会后就开始着手选择合适的当地专利维权机构,这样企业有更多的时间进行选择,可以最大限度降低成本,也可以为后续可能需要进行的授权委托公证认证事宜预留足够的时间。

三、研究国际展会专利处理方式,最大限度争取权益

(一)明晰专利纠纷投诉处理机构

为了最大限度保护国际展会参展主体的知识产权,各大型国际展会通常会设立专门的知识产权纠纷处理机构。部分国家对此专门制定了法律法规加以约束,如我国的《展会知识产权保护办法》第6条、第7条、第16条等规定,展会时间在3天以上(含3天),展会管理部门认为有必要的,展会主办方应在展会期间设立知识产权投诉机构。设立投诉机构的,展会举办地知识产权行政管理部门应当派员进驻,并依法对侵权案件进行处理。未设立投诉机构的,展会举办地知识产权行政管理部门应当加强对展会知识产权保护的指导、监督和有关案件的处理,展会主办方应当将展会举办地的相关知识产权行政管理部门的联系人、联系方式等在展会场馆的显著位置予以公示。展会知识产权投诉机构应由展会主办方、展会管理部门、专利局、商标局、版权局等知识产权行政管理部门的人员组成。展会投诉机构需要地方知识产权局协助的,地方知识产权局应当积极配合,参与展会知识产权保护工作。地方知识产权局在展会期间的工作可以包括:接受展会投诉机构移交的关于涉嫌侵犯专利权的投诉,依照专利法律法规的相关规定进行处理;受理展出项目涉嫌侵犯专利权的专利侵权纠纷处理请求,依照《专利法》第57条的规定进行处理;受理展出项目涉嫌假冒他人专利和冒充专利的举报,或者依职权查处展出项目中假冒他人专利和冒充专利的行为,依据《专利法》第58条和第59条的规定进行处罚。

如图3所示，入驻展会是上海市知识产权局指导展会知识产权工作的重要途径。

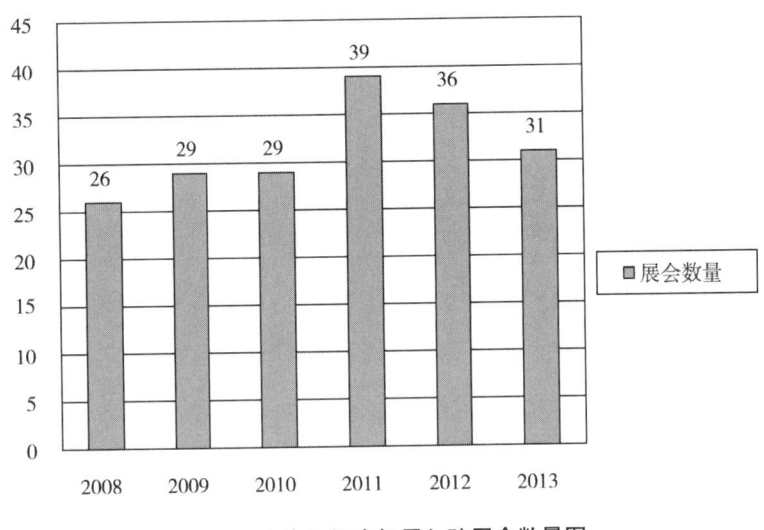

图3　上海知识产权局入驻展会数量图

在中国举办的大型国际展会的现场通常就有知识产权局等专利行政执法机构入驻，专利权人发现存在他人侵权行为时无须专门到当地知识产权局去进行投诉，可直接就近向展会投诉机构进行投诉，即能获得处理。

如企业在国外展会进行参展，也需要在第一时间查找并明确专利纠纷的投诉处理机构，避免无谓的时间浪费，节约维权成本。

（二）通晓专利投诉处理流程

通常而言，国际展会都会根据当地法律规定制定展会自身的知识产权纠纷处理指南或规则，参展商只有按照相关规则行事才能最大限度地获得权益保护。

如由商务部、科技部、国家知识产权局和上海市人民政府共同主办，上海市国际技术进出口促进中心承办的国家级的国内外先进技术展示、交流、交易的盛会——中国（上海）国际技术进出口交易会［China (ShangHai) International Technology Fair，以下简称上交会］就在其官方网站设立了专门的知识产权区域并发布了上交会专利纠纷投诉流程及专利纠纷处理规则（http://www.csitf.cn/cn/EnewLetter.aspx?id=32），具体投诉流程参见图4。

```
┌─────────────────────────────────────────┐
│ 递交投诉申请材料：                        │
│ （1）专利证书、专利公告文本；              │
│ （2）专利权人的身份证明；                  │
│ （3）专利法律状态证明；                    │
│ （4）涉嫌侵权当事人的基本信息；            │
│ （5）涉嫌侵权的理由和证据；                │
│ （6）委托代理人投诉的，应提交授权委托书。  │
│ 注：以上材料一式两份（复印件）递交至现场知识产权办公室。 │
└─────────────────────────────────────────┘
                    ↓
┌─────────────────────────────────────────┐
│ 审核与受理：                              │
│ 现场知识产权办公室审核投诉申请材料并予以登记，符合条件的及时受理。 │
└─────────────────────────────────────────┘
                    ↓
┌──────────────────────┐  ┌──────────────────────┐
│ 现场送达与答辩：       │  │ 现场比对：            │
│ 对于符合受理条件的投诉，│  │ 现场送达时，知识产权  │
│ 知识产权办公室工作人员 │  │ 办公室的工作人员将对  │
│ 及时将投诉材料副本送达 │  │ 被投诉展品与专利技术  │
│ 被投诉人，告知其在规定 │  │ 进行现场比对。        │
│ 时间内递交答辩意见。   │  │                      │
└──────────────────────┘  └──────────────────────┘
                    ↓
┌─────────────────────────────────────────┐
│ 处理：                                    │
│ 知识产权办公室根据本届展览会的专利纠纷处理规则，在现场比对和答辩的基础上及时对投诉进行协调处理。 │
└─────────────────────────────────────────┘
```

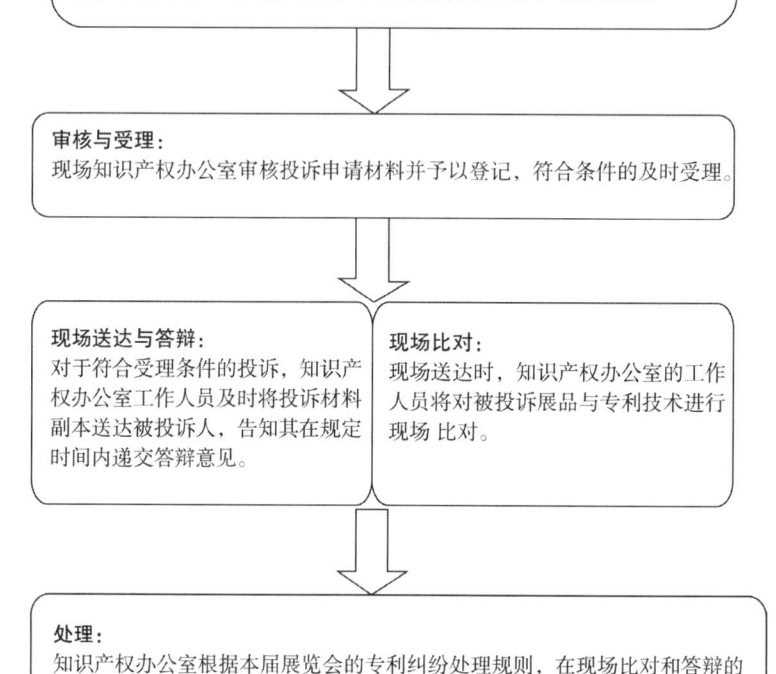

图 4　上交会专利纠纷投诉流程图

2016 年 5 月 16 日至 2016 年 5 月 18 日举办的"中国（广州）国际美博会上海大虹桥美博会"也发布了中英文版《中国（广州）国际美博会上海大虹桥美博会对涉嫌侵犯知识产权及经济纠纷的投诉处理办法》，足见国际展会对知识产权保护的重视程度。

（三）根据要求事先准备投诉材料

根据各展会的不同要求，想要获得展会主办方、政府部门等专利处理机构对专利投诉的受理，必须按照要求准备投诉材料。建议企业在参展前就做好准备，避免因材料不符合要求而无法进行维权，包括但不限于以下材料：

（1）专利证书（原件及复印件）、专利法律状态证明（原件及复印件）、专利授权公告文本（复印件）等能够证明专利权属且该专利处于有效状态的文件；

（2）专利权人的身份证明；

（3）委托代理人的，还需要提供授权委托书（原件）和代理人身份证明（原件及复印件）；

（4）其他展会主办方要求的材料。

需要注意的是，若上述文件并非国际展会举办地的官方文字版，还应提供相应翻译文件。

四、合法有效地保存侵权证据，为后续维权做准备

由于国际展会举办期限较短，在国际展会中只能采取临时的措施防止对方侵害专利权的危害扩大，若要使侵权人最终停止侵权，还需要在展会结束后通过司法途径获得最终生效法律文书。因此，在展会中取得证据，对对方侵害专利权的行为进行固定十分必要。

取证单位的公信力高低与后续司法程序当中权利人提供证据是否被司法机关采纳有着直接的关系，因此笔者建议通过权威机构进行取证，如申请法院进行诉前证据保全、委托公证人员进行取证等。其中申请法院进行诉前证据保全存在被驳回的风险，但通常情况下收费较为低廉；委托公证人员进行取证则没有被驳回的风险，且通常可以在展会前进行预约，获得时间保障，但收费较高。鉴于我国申请法院进行诉前证据保全存在难度，且专利权人进行维权的合理费用可以在后续诉讼中主张由侵权人承担，因此建议在我国举办的国际展会采用公证取证的方式。

当然，若因实际情况难以通过权威部门进行取证的，也可以退而求其次，自行收集证据。如要求国际展会的展会主办方出具书面证明文件、自行以拍照、录音、摄像方式进行取证等。

五、合理利用维权程序，保障权益的实现

如上文所述，国际展会专利纠纷处理过程中存在较多误投诉的现象，因此企业在受到他人投诉后，不必惊慌。应当在了解清楚投诉专利的专利权属、专利有效性

等具体情况、被投诉的具体侵权产品或侵权行为后为自己争取利益。

被投诉人享有答辩的权利,如我国《展会知识产权保护办法》就规定了在处理侵犯知识产权的投诉或者请求程序中,地方知识产权行政管理部门可以根据展会的展期指定被投诉人或者被请求人的答辩期限。被投诉人应当充分利用答辩期限进行答辩,维护自身合法权益,通常从以下几个方面进行答辩。

(一)核实投诉人的主体资格

被投诉人需要仔细核对投诉人的身份证件及专利权证书,核实专利侵权投诉中的投诉人是否为专利权人、利害关系人,若是受权利人等委托进行投诉的,需要核实授权委托书原件及受托人的身份证件。若投诉人并非专利权利人、专利实施许可合同的被许可人、专利财产权利的合法继承人或其他利害关系人,也非上述主体经合法委托程序委托的具备投诉资格的人,则意味着专利侵权投诉本身存在瑕疵,被投诉人可以据此要求受理机构驳回对专利侵权纠纷的受理。

(二)核实专利权的权属及有效性

若投诉人的专利权存在瑕疵,被投诉人可以据此要求受理机构驳回对专利侵权纠纷的受理,如该投诉专利已被宣告无效、因未缴纳年费已丧失专利权、投诉专利属于现有技术或不符合授予专利的条件等。

(三)核实被投诉产品是否落入投诉专利的保护范围,即侵权是否成立

虽然一般情况下,国际展会的专利纠纷处理机构会对被投诉的侵权事实是否成立进行专业的判断,但是难免会出现差错,被投诉人可以借助自身对产品和现有技术的了解,对被投诉产品是否落入投诉专利的保护范围等侵权认定提出自己的看法,为展会专利纠纷处理机构提供侵权判断的参考。

第三章

国际展会中的商标权纠纷

- 国际展会商标权纠纷现状
- 国际展会商标侵权种类及特点
- 国际展会商标权纠纷案例之分析
- 国际展会商标权纠纷处理建议

商标是为了便于将商品或服务项目与其他商品或服务项目进行区分，而由使用人在商品或服务项目上使用的用以分辨的一种具有显著识别特征的专有标识。[1] 根据我国《商标法》第 8 条的规定，任何能够将自然人、法人或者其他组织的商品与他人的商品区别开的标志，包括文字、图形、字母、数字、三维标志、颜色组合和声音等，以及上述要素的组合，均可以作为商标申请注册。

根据我国《商标法》的规定可知，我国对商标采取的是注册保护制，即想要通过商标来保护自己的商品，需要向国家工商行政管理总局商标局申请注册商标，商标经注册成功后，自核准注册之日起受到法律保护。《商标法》在注册保护制的原则下还规定了两个例外，一个是驰名商标例外，另一个是 2013 年商标法新修订后的在先使用例外。

随着我国会展业的迅速发展，各种专题展会、专业性展会、综合性展会在各地的展览中心举办，就如国家会展中心（上海）在 2016 年安排了 47 场展览[2]，基本一周就有一个新的展览。许多国内外厂商抱着诸如推广自己的品牌，寻找销售渠道，与同行交流合作等目的参加相关的展会，同时会存在一些平时对知识产权意识薄弱的厂商参与到展会之中，使得展会之上商标权纠纷频频发生。

而国际展会中，主要的商标侵权行为如"傍名牌"，通过模仿知名商标的商标名称和包装，甚至不加掩饰地直接盗用知名商标的名称和包装，混淆客户的判断，以此来吸引更多的订单。

在国际展会中不乏各个参展商之间、参观者与参展商之间的商标权纠纷。

---

[1] Timothy P. Trainer, Vicki E. Allums., Customs enforcement of intellectual property rights, Thomson Reuters, 2015Edition, §2.2, p.65.

[2] 参见 http://www.cecsh.com/complex_info.aspx?cateid=78（国家会展中心）访问日期：2016 年 9 月 21 日。

第一节 国际展会商标权纠纷现状

一、国际展会商标权保护制度的现状

（一）国际商标保护制度的一般规定——《保护工业产权巴黎公约》

《保护工业产权巴黎公约》（以下简称《巴黎公约》），是与知识产权保护相关的颇具影响力的国际性条约之一，中国与世界上多个国家都是该公约的缔约方。《巴黎公约》中对商标权保护作出了相关的规定，而所有缔约方都需要遵守《巴黎公约》关于商标权保护的相关规定，各国保留条款除外。

1. 商标申请的优先权

《巴黎公约》规定了在签约国一个成员国申请商标注册的主体或其权利的合法继承人，在6个月内享有在另外一个缔约国申请商标的优先权。即该主体或继承人可以在一个公约缔约国申请商标后，在另外一个公约缔约国申请商标注册时，如果期间不超过6个月，相比在其之前在同种商品上申请同一商标注册的其他主体，该主体可以将申请日提前为在第一个国家申请注册商标时的日期。

2. 注册商标强制使用

《巴黎公约》规定，如果一个国家对注册商标的使用是强制性的，即商标权人不使用商标会导致注册商标的无效，那么只有经过一定时间且权利人也提供不出不使用的正当理由才可以撤销该注册商标。具体经过多少时间由各个国家自行规定。

3. 不同企业共用同一商标

《巴黎公约》规定，如果同一注册商标在同一地域有两个所有权人，不妨碍其中一方在另外一个国家享有该注册商标的相关权益，但如果会损害公众利益的除外。而至于所有权人与被许可人共用同一个商标的相关规定，由各个国家自行规定。

4. 商标续展的宽限期

《巴黎公约》规定，缔约国在商标有效期届满后应规定不少于6个月的续展宽限期，若原注册商标权人在宽限期内续展，仍然享有该商标的权利。如果其他主体在续展宽限期内申请注册，且过了宽限期原注册商标权人仍未续展，则该其他主体的申请日从该主体申请之日起计算。

5. 商标地域的独立性

《巴黎公约》规定了同一商标在不同缔约国保持独立，不因为某商标在一国成功注册而导致在其他成员国针对该商标享有商标权，也不意味着其他国家必须让该商标在本国成功注册，各个国家可以根据本国的法律规定判断商标是否可以注册。同样的，一个国家也不能因为该商标在本国没有注册而拒绝受理在该国的注册申请。

6. 驰名商标的扩大保护

《巴黎公约》规定，缔约国应拒绝或撤销在相同或类似商品上注册与本国驰名商标容易产生混淆的商标，禁止在相同或类似商品上使用易与驰名商标产生混淆的商标。

《巴黎公约》规定，商标是否在一成员国驰名，由该国主管机关认定。商标未在一国有附着该商标的商品销售，但该商标仍然可能在该国因宣传或在其他国家的广告影响而驰名。

《巴黎公约》规定，对驰名商标的保护仅限于在相同或类似商品上禁止申请、注册或使用与驰名商标相混淆的商标。缔约国应当拒绝与驰名商标相混淆的商标注册申请。缔约国应当撤销与驰名商标相混淆的商标注册。自注册之日起至少5年内，缔约国应当允许撤销这种商标注册的请求，但对以不正当手段取得注册的商标提出撤销请求的，则不受时间限制。缔约国应当禁止使用与驰名商标相混淆的商标。允许提出禁止使用请求的期限，由各成员国规定，但对以不正当手段使用的商标提出禁止请求的，则不受时间限制。

7. 国徽、官方检验印章和国际组织徽记

《巴黎公约》规定，国家的纹章、国旗和其他的国家徽记、用以表明管制或保证的官方标志和检验印章，以及从纹章学的角度来看是这些标记的仿制品、国际组织的徽章标记等都不得允以注册或使用，注册的需要撤销。

8. 商标的转让

《巴黎公约》规定，如果商标所有人在某成员国内有营业，只要将在该成员国的营业连同商标一起转让给受让人，就应承认这种转让为有效。不过，如果受让人

使用受让的商标事实上会造成对使用该商标的商品原产地、性质或重要品质发生误解的，成员国可以不承认这种转让的效力。

9. 在一国注册的商标在其他国家所受的保护

《巴黎公约》规定，在原属国正规注册的每一商标，其他缔约国应与在原属国注册那样接受申请和给予保护。该国家在确定注册前可以要求提供原属国主管机关发给的注册证书，该项证书无须认证。

其他缔约国不得拒绝注册申请也不得行使注册无效，除非在其要求保护的国家，商标具有侵犯第三人的既得权利的性质的；商标缺乏显著特征，或者完全是由商业中用以表示商品的种类、质量、数量、用途、价值、原产地或生产时间的符号或标记所组成，或者在要求给予保护的国家的现代语言中或在善意和公认的商务实践中已经成为惯用的；商标违反道德或公共秩序，尤其是具有欺骗公众的性质的。这一点应理解为不得仅仅因为商标不符合商标立法的规定，即认为该商标违反公共秩序，除非该规定本身与公共秩序有关。

10. 服务标志

《巴黎公约》规定，缔约国应承诺保护服务标志，但并不要求一定通过注册服务标志的方法进行保护，也不强制要求对服务标志的主体作出明确的法律规定。但各缔约国应当制定特别的法律去保护服务标志，具体的规定由各国自行规定。

11. 未经所有人授权以代理人名义的注册

《巴黎公约》规定，如果商标所有人的代理人或代表人未经所有人同意而以自己的名义将该商标注册，该所有人有权反对所申请的注册或要求取消注册；如果核准注册的国家的法律允许，该所有人可以要求将该项注册转让给自己，除非该代理人或代表人能证明其行为是正当的。[①]

12. 使用商标的商品性质

《巴黎公约》规定，使用商标的商品性质绝不应成为该商标注册的障碍。《巴黎公约》这样规定的目的在于使商标注册不因法律对某种商品的生产或销售的限制

---

① "《巴黎公约》适用于商标的规定"，载 http://www.tmmark.com/news/ipnews/3544.html，最后访问时间：2016 年 9 月 22 日。

而受影响。[1]

13. 集体商标

《巴黎公约》规定，对于某些社团申请注册集体商标的问题，只要这些社团的存在不违反其原属国的法律，各成员国应受理申请，并保护属于该社团的集体商标。成员国不得因为该社团没有工商业营业所，或在本国没有营业所，或该社团不是根据本国法律所组成等为理由，拒绝对该社团的集体商标予以保护。[2]

14. 在国际展览会上展出的商标

《巴黎公约》对于国家展览会上展出的商标也作了相关的特殊规定，如果一个商标在一个缔约国领土官方举办的或者官方承认的国际展览会展出，那么任一缔约国应当根据本国的法律，对该商标允以临时性的保护。

临时性保护的方式可以是给予国际展会上展出的商标优先权，如果在优先权期限内在缔约国申请注册该商标，那么商标的申请日可以提前到参加国际展会日的当天。但国际展会的优先权期限不应超过在一国注册商标后而享有的优先权期限。

缔约国如认为必要时可以要求提供证明文件，证实展出的物品及其在展览会展出的日期。

（二）德国商标保护制度的一般规定

德国关于展会商标保护的法律制度主要有国际性条约，如《保护工业产权巴黎公约》、世界贸易组织（WTO）下的《与贸易有关的知识产权协定》（TRIPs Agreement）等；德国议会制定的国内法，如《德国商标法》。德国的商标保护部门有德国商标局、检察机关和法院等。

在德国，商标、商业名称以及原产地标志与我国一样受法律保护。根据《德国商标法》，商标侵权的行为主要分为三种：第一种是在商标所针对的商品上或服务中使用与商标相同的任何标志；第二种是在商标所针对的商品或服务相同或相类似的商品上或服务中使用与商标相同或相类似的，可能会使公众混淆或将其与商标相联系的任何标志；第三种是在商标所针对的商品或服务不相同也不相似的商品上或

---

[1] "《巴黎公约》适用于商标的规定"，载 http://www.tmmark.com/news/ipnews/3544.html，最后访问时间：2016年9月22日。

[2] 同上。

服务中使用与商标相同的任何标志,但该商标需要在德国具有声誉并且无正当理由使用会不利于或有损于注册商标的声誉或特征。

《德国商标法》还特别规定了具体的商标侵权行为,包括(1)将标志黏贴在商品或其包装或包裹上;(2)供应、在市场上销售或储存黏贴有该标志的商品;(3)提供或供应贴有该标志的服务;(4)进口或出口贴有该标志的商品;(5)在商业文件或广告中使用该标志。[①]

《德国商标法》除禁止直接盗用商标之外,还禁止他人将商标用作商品的外观、包装装潢等,或者禁止他人销售和进口有前述情况的商品。[②]

(三)中国国际展会商标保护制度的一般规定

我国加入的与商标相关的国际公约包括《保护工业产权巴黎公约》《商标国际注册马德里协定》《商标注册用商品和服务国际分类尼斯协定》《商标国际注册马德里协定有关议定书》《与贸易有关的知识产权协议》等。

我国《商标法》将商标用于展览、在展览会上宣传的行为也规定为商标的使用行为。此外,由于我国也是《巴黎公约》的缔约国之一,因此,我国《商标法》将《巴黎公约》中商标在展览会上展出而享有的优先权纳入商标法体系之中。

我国《商标法》第26条规定:"商标在中国政府主办的或者承认的国际展览会展出的商品上首次使用的,自该商品展出之日起六个月内,该商标的注册申请人可以享有优先权。依照前款要求优先权的,应当在提出商标注册申请的时候提出书面声明,并且在三个月内提交展出其商品的展览会名称、在展出商品上使用该商标的证据、展出日期等证明文件;未提出书面声明或者逾期未提交证明文件的,视为未要求优先权。"

除我国《商标法》外,行政法规如《国务院关于进一步促进展览业改革发展的若干意见》、地方性法规如《南宁市展会管理条例》、地方政府规章如《广州市展会知识产权保护办法》等都对国际展会商标保护中的问题有所规定。

---

① 毛金生、谢小勇、王淇:《德国展会知识产权纠纷应对100问》,知识产权出版社2012年版,第35页。

② 同上。

以《广州市展会知识产权保护办法》为例，规定了展会中商标行政管理部门在国际展会中的职责、展会中商标相关资料的保存机制、发生商标纠纷时的投诉程序等，完善了展会商标纠纷发生时的处理机制。

二、国际展会商标权保护的实践现状

国内方面，就以广交会为例，2016年第119届知识产权类投诉共计479宗，其中商标类投诉有77宗，占到知识产权投诉总数的16.1%；认定涉嫌侵权企业数为93家，第118届为172家，减少了45.9%，商标投诉被认定涉嫌侵权的比例为74.4%。[①]

目前有关行政部门、政府、媒体等对于商标宣传的力度加大，社会对于知识产权的意识也越来越强，专利、商标和著作权相比，商标侵权的行为易于察觉，且国内厂商的品牌意识也在不断增强，都在打造自我品牌，所以总体来看，国际展会中商标纠纷的数量相比专利要少得多，从数量上也呈逐年递减的趋势。

就德国方面，在20世纪初，展会的商标纠纷发生得比较多。主要发生的是一些"傍名牌"行为，即模仿知名商标的商标名称和包装，这类行为直接引发了权利人之间的激烈冲突。但由于近些年大多数企业知识产权意识显著提高，参展企业以自主品牌为主，德国海关加强了对知名商标侵权行为的查处，所以这种纠纷现象呈显著下降趋势。[②]

由于商标具有地域性，同样的商标在一个地域合法注册后到了另一个地域可能就是非法的，因此出现了一些企业在不知情的情况下的纠纷。

一种是商标在中国没有注册，而在其他国家受到该国法律保护。比如"MTV"在中国属于通用名称，但是在法国是一家知名电视台的名称，并且是注册商标。如果在当地相关类别使用，就构成商标侵权；"DVIX"是一种电子视频文件的格式，但是也被DVIX公司注册为商标，如果在广告宣传品上出现，也可能被视为商标

[①] 中国知识产权报："第119届广交会知识产权投诉案件大幅减少"，载http://www.ipr.gov.cn/article/gnxw/qt/201607/1892046.html，最后访问时间：2016年9月24日。

[②] 毛金生、谢小勇、王淇：《德国展会知识产权纠纷应对100问》，知识产权出版社2012年版，第95页。

侵权。[1]

另一种是在一国已注册的商标，在另一国被其他公司抢先注册，导致在本国是合法使用的商标到国外参加国际展会时，却成了侵权商标。其中较为著名的是中国电器厂商海信的英文商标"HiSense"侵权一案。

三、国际展会商标权纠纷的解决方式

（一）德国国际展会商标权纠纷解决方式

德国是世界上展会业最发达的国家，具有展览中心规模大、知名度高、吸引力强、国际性与专业性强等特点。德国展会业如此成功很重要的一点就是注重知识产权的保护。其中，德国国际展会商标权纠纷解决方式主要有以下几种。[2]

1. 警告信

警告信方式是指商标权人在国际展会上发现有人侵犯自己商标权时，可以向侵权人发送警告信，告知其侵犯了商标权人的商标，要求其立即撤展，停止在国内的任何销售行为。警告信往往还会附上一份保证书，交由侵权人保证不再继续侵权，上面可约定如若违反愿意承担罚金等。如果侵权人签署了保证书，则表示其愿意撤展，那么权利人的纠纷也就解决了；如侵权人没有签署保证书，则可以在后续通过诉讼解决纠纷时要求对方承担诉讼费。

2. 临时禁令

临时禁令是指德国法院根据商标权人的要求发出的要求被申请人停止侵权的禁令。德国申请临时禁令的门槛较低，申请人提供商标权证明复印件，对方参展的侵权产品的照片、产品目录或者打印出对方网上的广告，再简单阐述侵权人产品为什么侵权即可，如果法院认为侵权可能性超过50%即可颁布。临时禁令的办理程序也极为快捷，一般只需要4~6个小时。据德国科隆中级法官迪特·基尔介绍，在2006年科隆五金展期间，他在2天内就下达了70个临时禁令[3]。如果权利人在申请

---

[1] 毛金生、谢小勇、王淇：《德国展会知识产权纠纷应对100问》，知识产权出版社2012年版，第96页。

[2] 刘凯：《展会知识产权保护研究》，华南理工大学2010年硕士学位论文。

[3] 同上。

临时禁令同时申请证据保全，那么就不要求其之前发过警告信，此外，如果侵权人侵权次数较多也不需要在之前向侵权人发送律师函。

我国国内的生产厂商在参加德国举办的各类展会时，频频受到外国企业以临时禁令作为武器的打击，很多展品因此丧失了展销的机会。①

3. 海关扣压

由于海关的执法权限不以地域为限，而是以货物是否来自外国为准，所以德国的海关扣压不仅仅发生在边境口岸。再加之德国举办的国际博览会，外国参展商比例平均超过 50%，因此国际展会也是德国海关常常采取执法行动的地方。②

德国海关对于来自欧盟外货物的执法依据是欧盟的 1383/2003 号条例，根据该条例，申请扣压的门槛低且不收取费用。当海关扣压侵权产品后，申请人有义务在收到通知后 10 个工作日内向海关回复是否启动民事侵权的法律程序，或者申请人可以在 10 个工作日内通知海关，争议双方均同意把没收的侵权产品由海关销毁。

（二）意大利国际展会商标权纠纷的解决方式

意大利在国际展会上对商标的保护主要体现在了政府及展会主办方的保护。③

1. 临时禁令

意大利也可以通过临时禁令的方式要求侵权人撤展，但不同的是知识产权权利人只能在展会开始前，向法院申请禁令措施，在展会举办期间却不能申请。

2. 知识和工业产权服务规定

意大利展会主办方在处理商标纠纷时会采用《意大利知识和工业产权服务规定》中的纠纷解决机制。该机制规定，商标权人可以向代表机构进行投诉，代表机构经过一定程序的审查后，可以要求被投诉人将争议商品撤出展会。

在商标权权利人向代表机构投诉后，首先需要判断该商标是否存在，在意大利是否为有效的注册商标，如果商标有效，至少两名规定代表将在投诉人的陪同下，去被投诉人展位进行调查，调查过程中由代表向展位负责人出示投诉要求，记录被投诉人的论辩，并按照投诉人的指认，对有争论的产品进行拍照，但不从展位上取

---

① 刘凯：《展会知识产权保护研究》，华南理工大学 2010 年硕士学位论文。
② 同上。
③ 同上。

走该产品。在与其他代表共同讨论过收集的证据后，如确实有侵犯商标权的可能性，则投诉人可以立即要求被投诉人把有争议的商品撤出展会。如果被投诉人拒绝执行，投诉人可以进而请求采取干预性措施，以强制手段将争议的商品撤出展会。在此情况下，需要在同一天的下午举行听证会，由投诉人和被投诉人在 3 位特别为此案指定的高级专家前就利益冲突及专业问题展开辩论。双方如果有自己的律师，也可以在律师的帮助下进行辩论。由 3 位专家组成的专家组，将在全体会议上根据知识产权和争议商品对投诉进行处理。专家组需要在听证会结束 1 小时内作出裁决。裁决应该为书面形式，发给投诉人和被投诉人双方，并且立即生效。如果专家组认定侵权行为存在，被投诉人应当立即撤出有争议的商品。如果被投诉人拒绝执行，继续侵权的行为将会被视为刑事案件（专家评估其具有客观的侵权行为，并且被投诉人有主观故意），刑警会立即没收展会上的商品。[①]

第二节　国际展会商标侵权种类及特点

商标的本质是用来区分商品或服务来源的显著性标识。其形式是在商品、招牌、横幅、宣传册、网页等载体上，可以被人以肉眼直接观察到的呈现出二维平面或者三维立体形式的一种标志。商标的本质就是用来区别不同的商品或服务的，而商标侵权实质上就是使得公众对不同商品的来源认知产生了混淆，从而损害了商标权人的商誉。而商标侵权种类实质上也是根据商品之间不同的混淆方式来划分的。

一、未注册商标之侵权

未注册的商标对注册商标专用权的侵犯，无论是国际展会之中的商标侵权纠纷还是在其他商事领域的商标侵权纠纷中，都是最常见的一种商标侵权种类。

---

① 刘凯：《展会知识产权保护研究》，华南理工大学 2010 年硕士学位论文。

根据我国《商标法》第 57 条[①]，未注册商标对注册商标专用权的侵犯包括了在相同商品或服务项目上使用与注册商标相同或近似的文字、图形或其组合的行为；在类似商品或服务项目上使用与注册商标相同或近似的文字、图形或其组合的行为；在非类似商品或服务上使用具有较高知名度的注册商标的行为；在与商品具有相关性的服务项目上使用与注册商标相同的文字、图形或其组合的行为，或者在与服务项目具有相关性的商品上使用与注册商标相同的文字、图形或其组合的行为。

（一）在相同商品或服务项目上使用与注册商标相同或近似的文字、图形或其组合的行为

国际展会中，一定数量的商标侵权纠纷实际上是属于该种类型的。2016 年上海国家会展中心举办的中国（广州）国际美博会上海大虹桥美博会展览中，笔者曾遇到过这种情况，一家韩国厂家在展会过程中发现某中国厂商售卖与其商标相同、包装相类似的名为马油的一种化妆品，韩国厂家已经获得了该商标国内的商标注册证。除了商标相同外，中国厂商售卖的马油的外包装如颜色、形状、条形码、标签等与韩国厂家同类产品上一代的外包装几乎一模一样，唯一不同的是中国厂商售卖的产品没有防伪标签。这种情况下除了主张该中国厂商侵犯韩国厂家的注册商标权外，还可以主张该行为构成不正当竞争。这一纠纷以该中国厂商将该产品撤展告终。据了解，该产品由该中国厂商通过微商途径购入，由于销量较好，所以在展会中除了展销自己的产品外，顺便也卖些马油，赚一点"小钱"。

这是一种最直观的侵权行为，权利人很容易就发现这种侵权行为，另一方面消费者也很容易将侵权产品与权利人的商品混淆，对权利人的损害是巨大的。国际展

---

① 《中华人民共和国商标法》第 57 条规定："有下列行为之一的，均属侵犯注册商标专用权：
（一）未经商标注册人的许可，在同一种商品上使用与其注册商标相同的商标的；
（二）未经商标注册人的许可，在同一种商品上使用与其注册商标近似的商标，或者在类似商品上使用与其注册商标相同或者近似的商标，容易导致混淆的；
（三）销售侵犯注册商标专用权的商品的；
（四）伪造、擅自制造他人注册商标标识或者销售伪造、擅自制造的注册商标标识的；
（五）未经商标注册人同意，更换其注册商标并将该更换商标的商品又投入市场的；
（六）故意为侵犯他人商标专用权行为提供便利条件，帮助他人实施侵犯商标专用权行为的；
（七）给他人的注册商标专用权造成其他损害的。"

会中，在相同商品或服务项目上使用与注册商标近似或相同的文字、图形或其组合的侵权行为的主体往往都是小型展商，大多数情况也并不是其主打的展览产品，只是顺便售卖。

（二）在类似商品或服务项目上使用与注册商标相同或近似的文字、图形或其组合的行为

这种类型的侵权行为最为重要，而其中有争议就是何为类似的商品或服务项目。其中《最高人民法院关于审理商标民事纠纷案件适用法律若干问题的解释》第 11 条[①]及第 12 条[②]对何为相似商品或服务以及判定的方法作出了规定。根据第 11 条，类似商品可分为两类，一类是功能、用途、生产部门、销售渠道、消费对象等方面相同的商品，另一类是相关公众容易混淆的商品，其中第二类情况的判定具有较大的弹性。[③]根据第 12 条，法院应当以相关公众对商品或者服务的一般认识综合判断，其中可以参考《商标注册用商品和服务国际分类表》《类似商品和服务区分表》。针对上述两表的效力以及商品类似判别的原则，最高人民法院在（2011）知行字第 37 号杭州啄木鸟鞋业有限公司与商标评审委员会、七好（集团）有限公司商标争议行政纠纷案中提出了类似商品判断的个案原则。最高人民法院提出，类似商品的判断不是作商品物理属性的比较，而主要考虑商标能否共存；避免商品来源混淆是类似商品判断要坚持的基本原则，由于类似商品判断考虑了个案情况，相关商品是否类似并非一成不变，基于不同的案情可能得出不同的结论；关联商品尽管在《类似

[①]《最高人民法院关于审理商标民事纠纷案件适用法律若干问题的解释》第 11 条规定："商标法第 52 条第（1）项规定的类似商品，是指在功能、用途、生产部门、销售渠道、消费对象等方面相同，或者相关公众一般认为其存在特定联系、容易造成混淆的商品。

类似服务，是指在服务的目的、内容、方式、对象等方面相同，或者相关公众一般认为存在特定联系、容易造成混淆的服务。

商品与服务类似，是指商品和服务之间存在特定联系，容易使相关公众混淆。"

[②]《最高人民法院关于审理商标民事纠纷案件适用法律若干问题的解释》第 12 条规定："人民法院依据商标法第 52 条第（1）项的规定，认定商品或者服务是否类似，应当以相关公众对商品或者服务的一般认识综合判断；《商标注册用商品和服务国际分类表》《类似商品和服务区分表》可以作为判断类似商品或者服务的参考。"

[③]刘庆辉："我国商标近似、商品类似的判定：标准、问题及出路"，载《知识产权》2013 年第 4 期。

商品与服务区分表》中往往被划定为非类似商品，但对此仍应置于类似商品框架下进行审查判断，只要容易使相关公众认为商品或服务是同一主体提供的，或者其提供者之间存在特定联系，在法律上即构成类似商品。[1]因此，同样是鞋与衣服，在此案中被认定为类似商品，在彼案中却可能被认定为非类似商品。

在国际展会中出现在类似商品或服务项目上使用与注册商标相同或近似的文字、图形或其组合的行为时，除明显在《商标注册用商品和服务国际分类表》《类似商品和服务区分表》中属于类似商品，且会造成展会参观者混淆外，相当数量的类似商品或服务项目在展会过程中是较难认定的。而如果仅仅因为投诉人的投诉意见认为两者是类似商品或服务项目，就要求被投诉人撤展，展会主办方是要承担相应责任的。因此，这种类型的侵权行为在不能十分确定两者是否为类似商品或服务时，被投诉人应签署一份保证书，保证其产品不侵犯投诉人的商标专用权，而投诉人如认为其商标专用权受到侵犯的，则应在国际展会中进行取证，以便在展会结束之后进行维权。

（三）在非类似商品或服务上使用具有较高知名度的注册商标的行为

这种行为被视为侵权的国内法依据是我国《商标法》第13条第3款，就不相同或者不相类似商品申请注册的商标是复制、模仿或者翻译他人已经在中国注册的驰名商标，误导公众，致使该驰名商标注册人的利益可能受到损害的，不予注册并禁止使用。其实质是对驰名商标的扩大保护，如果权利人的商标属于驰名商标，其他未注册的与驰名商标相同或类似的商标无论使用在相似、同类商品或是在不同类商品上都属于侵犯驰名商标权人的商标权。而驰名商标的认定方式有两种，一种是行政认定，一种是司法认定。行政认定的主体是国家工商行政管理总局商标局，如商标异议案件由国家工商行政管理总局商标局认定，商标争议案件由国家工商行政管理总局商标评审委员会认定，或在商标管理案件中由国家工商行政管理总局商标局认定；司法认定的主体是人民法院，在商标争议案件中，商标权人主张为驰名商标且法院最终认可的，视为驰名商标。在国家工商行政管理总局商标局或人民法院未认定商标为驰名商标前，则不能确定商标权人的商标为驰名商标。

在国际展会中，驰名商标权人只有在行政决定或是司法判决等证明文件证明其

---

[1] 案件案号：（2011）知行字第37号，最高人民法院《驳回再审申请通知书》。

商标确被认定为驰名商标后,才可以主张其他不同种类商品上的商标为侵权,否则不能要求参展商对相关产品予以撤展。在国际展会中,也存在着一部分的商标纠纷属于该类型,但这种类型的纠纷往往都以驰名商标权人不能提供相关的行政文件或司法文书证明其商标为驰名商标而告终,仅仅通过投诉人的一面之词是难以认定的。

(四)在与商品具有相关性的服务项目上使用与注册商标相同的文字、图形或其组合的行为,或者在与服务项目具有相关性的商品上使用与注册商标相同的文字、图形或其组合的行为

这种情况的侵权实质上是跨商品与服务项目之间的侵权类型,其关键在于判断商品和服务项目是否相似,而判断商品及服务项目是否相似的关键又在于判断服务项目与商品之间是否具有共同点,两者在使用相同或相类似的商标时,消费者是否容易产生商品与服务的混淆或误认等。

在国际展会中,往往商品与服务是同时进行展出的,一个厂家在展出自己商品的同时,也会展出商品相对应的其他服务。因此国际展会中的商品与服务是一体化的,商品与服务之间跨界的侵权类型也混同在其他的侵权行为类型之中。

二、相关知识产权之侵权

知识产权相邻领域对注册商标专用权的侵犯包括了商号对注册商标专用权的侵犯、域名对注册商标专用权的侵犯、外观设计专利对注册商标专用权的侵犯等。

(一)商标与商号之间的权利冲突

商标与商号都是识别性标记,商标识别商品或服务来源,商号则用来识别提供不同商品或服务的商事主体身份;二者的取得方式不同,商标注册和商号登记是二者权利产生的法定程序,但只要不违背法律禁止性规定,商标不注册也可使用,而商号则须登记才能使用;二者法律效力范围不同,商标经核准注册后在全国范围内有效,而商号的效力范围具有地域性。商号与商标在功能方面都具有识别功能,作用相辅相成;虽然商标形式比较多样化,而商号必须是汉字,但由于汉字的有限性,商标与商号会出现构成要素的交叉,而且二者均可成为企业商业的载体。因此,在

商业活动中，由于二者效力范围的交叉和功能的重合，冲突不可避免。[1]

商号权和商标权两种权利冲突主要有以下两种。（1）将与他人企业名称中的字号相同或者近似的文字注册为商标。（2）将与他人注册商标相同或者近似的文字登记为企业名称中的字号。这两种冲突的处理，应当遵守诚实信用、保护在先权利及禁止混淆三个原则。相关公众对商品或者服务是否产生混淆、误认应该是构成侵权的一个必要前提。遵循诚实信用原则是认定行使商标权与商号权的行为是否构成不正当竞争的需要，是指导案件处理的依据和灵魂。贯彻在先权利原则要求在后形成的权利的设立和行使不得侵害他人在此之前已经形成的合法民事权利。无论是商标注册审查中对商标本身显著性和识别性的要求，在企业名称登记时对企业名称之间存在相同或相似情况的禁止，还是在商标权与商号权冲突场合侵权的认定，都要遵循禁止混淆原则。在处理具体案件中，上述原则应统筹兼顾，综合运用。[2]

针对具体案件中的具体情形，在判定混淆时的评判标准、商标和商号的知名度和近似度评估、商品和服务的类别是否相同或类似、被控侵权方使用商标或商号的方式等因素的考虑可参照商标之间的评判标准进行认定，整体而言，对事实情形的考虑一定要全面综合。

国际展会中此种类型的纠纷较为少见，但参展商的商号在展会中往往是会进行展示的，若的确存在其他注册商标权人注册了与该商号相同的文字商标的情况，那么极有可能会发生商标侵权纠纷。如果参展商没有突出使用该商号，而是仅作为展商名称来予以展示的，那么便不宜视为商标侵权，只有在参展商将商号突出使用且商号的标识与企业名称其他部分对比存在显著性时，才能视为侵犯注册商标权人的注册商标权。

（二）域名对注册商标专用权的侵犯

域名是企业或个人网络中的一种身份识别标识。注册人在互联网上经注册域名后即享有域名权。我国对域名的注册不进行实质审查，域名是否与注册商标相冲突

---

[1] 冯文：《商标与在先商号的权利冲突及其解决研究》，中国政法大学 2012 年硕士学位论文。
[2] "商标权与商号权的冲突及解决办法"，载 http://www.gxbrand.com/sbal/1281.html，最后访问时间：2016 年 10 月 3 日。

并不作为注册域名的前提条件,因此域名与注册商标相同但权利人不一致的情况非常之多。

在网络上将域名作为商标使用的情形,笔者不在本文中探讨。在国际展会中,有一些参展商属于互联网服务提供者,参展时需要将自己的域名展示给公众,而在这种情况下,如果与域名相同的文字商标权利人发现了参展商的域名展示行为,就会产生商标侵权纠纷。而发生这种情况后,很重要的一点就是看参展商是否将域名内容作为商标显著性使用,如果是,就构成了商标侵权。

(三)外观设计专利对注册商标专用权的侵犯

外观设计专利与注册商标的冲突主要体现在与立体商标之间的冲突。立体商标与外观设计专利在客体保护上是具有共性的,两者的获准保护范围均以核准图样为准并且两者都必须与规范的商品结合而获得保护。[①] 由于两者之间的相似性,当一项外观设计专利与另一项立体商标外形上一致时便会产生商标权纠纷。但根据我国《专利法》第25条第(6)项,对平面印刷品的图案、色彩或者二者的结合作出的主要起标识作用的设计不授予专利权。因此,如果外观设计专利与立体商标发生冲突时,可以通过专利无效等行政程序解决。

在国际展会中,因外观设计专利与立体商标之间发生的侵权纠纷是不能对被投诉人的相关产品作出撤展等行为的。因为外观设计专利与商标之间冲突的商标纠纷实质上是同一客体的两种不同法律的保护,会产生该种纠纷的原因在于两种不同法律保护的权利主体不一致。因此,在两个权利都为有效的权利时,是不能够说哪项权利无效的,只有通过行政手段对权利予以撤销才能够取消该项权利。而在国际展会之中,是无法确定哪项权利无效的。

三、不正当使用行为之侵权

不正当使用行为也可能构成商标侵权,包括不直接在商品上使用与注册商标相

[①] 胡刚:"外观设计专利与在先立体商标权利冲突问题研究",载《全面实施国家知识产权战略,加快提升专利代理服务能力——2011年中华全国专利代理人协会年会暨第二届知识产权论坛论文集》,第1006页。

同或近似的文字、图形或其组合；擅自改变商标的字体而导致的商标侵权；擅自使用商标注册人的商标标识；使用文字排列位置不当有可能导致的商标侵权；企业形态发生变化商标处理不当产生的商标侵权；商品包装使用不当造成的商标侵权；搭赠商品行为引发的商标侵权等侵权行为。

（一）不直接在商品上使用与注册商标相同或近似的文字、图形或其组合，也可能构成商标侵权

不在商品上使用侵犯商标权的标志并不代表就不侵犯商标。根据我国《商标法》第48条，商标的使用，是指将商标用于商品、商品包装或者容器以及商品交易文书上，或者将商标用于广告宣传、展览以及其他商业活动中，用于识别商品来源的行为。该条不但规定了商标的使用包括了在商品上、商品包装上、商品容器上、商品交易文书上的使用，还强调了商标用于展览、广告宣传等用于识别商品来源的行为都是属于对商标的使用。

在国际展会中，各个参展商主要的目的并不是销售商品，而是进行产品、技术、品牌的推广及宣传，或是寻求合作等目的。因此，在国际展会中，在参展商的宣传册、工作人员的名片、展示牌、展台的装饰等都会使用到商标。这种展示性的商标使用同样属于我国法律所规定的商标使用的情形，并且这种商标的使用也是国际展会中最主要的商标使用方式。因此，对于国际展会中使用商标的形式不应该只限于对在商品上使用，应该将能够用于识别商品来源的商标使用行为都视为商标使用，如果侵犯了权利人的商标权，就会产生国际展会上的商标纠纷。

（二）擅自改变商标的字体导致的商标侵权

擅自改变商标的字体导致的商标侵权，指的是商标权人改变商标的字体，让公众将改变字体后的商标与其他商标产生混淆认识的一种侵权行为。例如图5和图6所示的"脉劫"与"康帅傅"。

图 5　脉动与"脉劫"① 　　　　　图 6　康师傅与"康帅傅"②

商标权人使用原来的商标并不会造成侵犯他人的商标，但通过改变字体后，看上去实际会造成相关公众的误认，将商标权人的商品误认为其他注册商标的商品，就构成了商标侵权。

在国际展会中也存在着这种商标侵权行为，其行为是为了"傍名牌"，达到混淆消费者，获取不正当利益的目的，严重损害了市场秩序和消费者利益。随着越来越多的参展商自我品牌意识的提高，这种十分恶劣的商标侵权行为也在国际展会中越来越少。

（三）他人擅自使用商标注册人的商标标识的行为

他人擅自使用商标注册人的商标标识，指的是商标标识确实是注册商标权人自行生产或通过合法的授权许可而制造出来的，但标识所依附的商品实质上已经不是原来注册商标权人的商品了。例如浙江喜盈门啤酒有限公司与百威英博（中国）销售有限公司的商标权纠纷中③，浙江喜盈门将市面上经过消费者消费后的百威啤酒瓶回收，再经过灌装，换上自己生产的啤酒后，对外二次销售，而啤酒瓶上所印的"百威"等商标字样仍然在喜盈门销售的喜盈门啤酒的啤酒瓶身上。这种行为就是典型的擅自使用商标注册人商标标识的行为，这种行为会使得消费者误认为该啤酒是百威公司所生产的啤酒，但味道跟百威公司的啤酒不一样，从而混淆消费者，对百威

---

① 图片来源：http://news.xinhuanet.com/energy/2013-05/20/c_124736338_21.htm，最后访问时间：2016 年 10 月 3 日。

② 图片来源：http://mp.itfly.net/article/p-%E5%BA%B7%E5%B8%88%E5%82%85+%E7%9F%BF%E7%89%A9%E8%B4%A8%E6%B0%B4+350ml+%E4%BB%B7%E6%A0%BC.html，最后访问时间：2018 年 3 月 26 日；以及 http://blog.sina.com.cn/s/blog_6775dc930100vjd0.html，最后访问时间：2018 年 3 月 26 日。

③ 案件案号：（2013）沪高民三（知）终字第 111 号。

公司造成损害。

在国际展会中，这种侵权行为也是存在的，如上文笔者所提及的马油案，由于中国厂商销售的马油除了防伪商标外，其余的包括商标在内的其他装潢、包装都与商标权人上一代的产品包装一模一样，因此很有可能该侵权产品是侵权人回收市面上权利人的商品包装，撕掉产品的防伪标识后，装上自己生产的产品进行售卖的。在国际展会中，可以要求其提供商标注册证，提供不了商标注册证的一方，就会被撤展。

（四）使用文字排列位置不当导致的商标侵权

使用文字排列位置不当导致的商标侵权，指的是利用自身享有的注册商标的一部分，在同一商品上通过一定的排版后组合使用，导致从外观上看与其他知名商品相互混淆。以益达牙膏商标案为例，参见图7、图8。

图7　广州市倩采化妆品有限公司"益达"商标[1]

图8　广州市伊亮日用品有限公司"益"+"达"+"Extra"的商标组合[2]

---

[1] 图片来源：http://detail.koudaitong.com/show/goods?alias=ozjdb38d&spm=t13061731，最后访问时间：2016年10月20日。

[2] 图片来源：http://news.imosi.com/news/20111018/31144.shtml，最后访问时间：2016年10月20日。

广州市倩采化妆品有限公司是"益达"牌牙膏商标的注册商标权人,后来发现市面上出现了图8的"益达Extra"牌牙膏,从图片上可以看到,"益达"两个字图8与图7一模一样,作为消费者,很容易就认为图8的"益""达"牌牙膏跟"益达"牌牙膏是同一个品牌的不同种牙膏。通过对比注册商标才知道,原来一家是"益达YIDA"牌,另一家是"益"+"达"+"Extra"牌[①]。

上述牙膏的案例就属于使用文字排列位置不当导致的商标侵权,这种侵权行为从表面上看是使用自己的商品,实际上却是通过排版的不同侵犯他人的注册商标权。

虽然在国际展会中,这种类型的商标纠纷发生得较少,但也不能全然否认其存在的可能性,如果造成了公众的混淆,就属于侵犯注册商标专用权的行为。该种行为也可以通过反不正当竞争的方式去解决。

(五)企业形态发生变化,商标处理不当产生的商标侵权

企业形态发生变化,如企业合并、分立、变更等,而注册商标还未转让或变更的,就会产生商标侵权的风险。根据我国《商标法》第42条第4款规定,转让注册商标经核准后,予以公告,受让人自公告之日起享有商标专用权。所以,商标权的转让是以商标局核准并公告作为物权转移的时间点。由于企业形态发生变化时,注册商标权仍然登记的是之前的那个企业,如果没有对该注册商标权进行转让或变更,该注册商标权仍然属于之前的企业,此时变更后的企业实质上是无权继续使用商标的,因此,企业形态变化后的主体如果使用该注册商标,也会构成商标侵权行为。

在国际展会中,该种侵权类型很少见,因为商标权的主体是企业形态变更之前的本企业,故而不会出现投诉人的投诉情况。

(六)搭赠商品行为引发的商标侵权等侵权行为

搭赠商品行为,指的是为促销商品,而附赠其他商品的行为。如果搭赠的商品是侵犯他人商标权的产品也属于商标侵权行为。

由于搭赠的行为属于销售产品的附属行为,并不是单纯的赠送,仍然属于销售

---

① "'益达'碰上'益'+'达'商标组合是否侵犯他人商标权?",载http://iprs.brandcn.com/shangbiao/111017_297646.html,最后访问时间:2016年9月25日。

性质的行为，其实质是具有经营性质的，而该行为仍然属于商标性使用行为，因此若搭赠的商品侵犯他人商标专用权，搭赠人也属于侵权人。

在国际展会中，许多厂商都会向参加展会的人赠送产品，其目的是推广宣传，推广自己的品牌，展示自己的技术。在推广宣传时赠送的商品，如果侵犯了其他人商标权，也属于侵权行为，原因在于其宣传的行为实质上也是一种经营性行为，其附赠的商品侵犯商标权也会构成宣传人的侵权。

国际展会中，无论是销售搭赠还是宣传搭赠，都是各个展商常用的促销宣传手段，而出现这种搭赠商品为侵权商品时，搭赠的展商仍然需要承担侵权责任。

四、注册商标使用不当之侵权

（一）共存商标使用不当侵犯其他共存商标

商标共存，是指两个不同的商品服务者均使用相似或者相同的商标或者是在特殊的情况下使用相似的商标，从事商品销售而不必相互影响自己的商业活动的现象。[①] 商标共存实质上就是相同或类似的商标在特殊情况下能够同时合法使用的情况。根据世界知识产权组织（WIPO）的报告指出，商标共存通常有以下几种类型：第一种是由在先权利引起的商标共存，即在先商标权人没有申请注册商标，该商标被其他权利人注册，此时未注册商标人仅在其已有的适用范围内使用该商标，这种现象最终导致已注册商标和未注册商标共存；第二种是由不同的商品类别引起的商标共存，即两个相同或者相似的商标分别注册并分别使用在不同类别的商品上，随后其中一个商标权利人经营规模的扩大，其将相同或者近似商标使用在其他类别的商品上，造成了与另一商标适用类别和适用地域的重叠；第三种是由于商标注册程序上和主管机关的失误引起的商标共存，即早期的商标注册制度不够规范，商标注册程序不够严格，主管机关在相同或者类似商品上核准商标权利人注册近似商标；第四种是因市场发展引起的商标共存，也就是说不同国家或区域的商家在相同或类似商品上使用相同或近似商标之行为是相安无事的，当该两个商家同时进入一国市场进行贸易时，在先注册商标权利人基于很多原因没有及时向有关部门提出异议，从而使得两个商标长期共存；第五种是联合商标分别进行转让造成的共存，但转让

---

① 郑成思：《知识产权法》，法律出版社2003年版，第303页。

之后也不能造成消费者因转让而产生误导。①

1. 在先权利引起的商标共存

对于第一种商标共存的类型，2013年自我国《商标法》修订增加了"在先使用抗辩"②后，正式确立了未注册商标在先权利与后注册商标专用权共存的商标共存制度。

笔者曾接触过一个案例，德国某电缆公司于2004年便通过国内代理公司在我国国内销售其K品牌电缆，在业界具有一定的影响力，但德国电缆公司一直未在我国国内申请注册该K品牌，后2009年我国国内一公司以自己的名义在国内申请注册了K品牌电缆。2010年，德国公司参加了我国国内一知名展会，并展出了K品牌的系列产品，在我国国内的K品牌商标权人以德国公司展出该K品牌商标侵权为由要求其承担赔偿责任。笔者认为由于德国公司在我国国内使用该商标，在我国国内销售、推广、宣传K品牌电缆，并在2009年我国国内公司注册该商标前就在电缆市场具有一定的影响力，根据我国2013年《商标法》修订所增加的"在先使用抗辩"，德国公司可以主张在其原有范围内继续使用K品牌。

但"在先权利人在原有范围使用"的"原有范围"指代的是什么范围呢？上海市第一中级人民法院胡震远法官认为，可以想见的解释包括原使用的地域范围、原生产经营规模或者原使用的商品（或服务，以下略）范围等。如果将在先使用商标的范围限定于原使用的地域范围或经营规模，实际上是借鉴了专利法的思路。然而，与专利先用权抗辩专注于保护技术方案的财产价值不同，商标在先使用抗辩既涉及商标权人的利益又涉及消费者权益，并非地理区域或业务规模的限制可以解决，故宜将商标原使用范围解释为原使用的商品范围。③结合德国公司K品牌电缆产品，德国公司仍然可以在中国国内在原先的电缆商品范围内继续使用K品牌。

---

① 叶欢：《商标共存制度研究——以"鳄鱼"商标案为例》，西南政法大学2013年硕士学位论文。

② 《中华人民共和国商标法》第59条第3款规定："商标注册人申请商标注册前，他人已经在同一种商品或者类似商品上先于商标注册人使用与注册商标相同或者近似并有一定影响的商标的，注册商标专用权人无权禁止该使用人在原使用范围内继续使用该商标，但可以要求其附加适当区别标识。"

③ 胡震远："商标在先使用抗辩规则的理解与适用"，载 http://www.chinacourt.org/article/detail/2014/11/id/1478315.shtml，最后访问时间：2016年9月26日。

2. 由不同的商品类别引起的商标共存

由于商标注册是需要确定在一定的商品类别上进行的，因此会存在相同商标或相似商标在不同商品类别上的商标权人为两个不同主体的情况。而这两个在不同类别上的相同或相似商标就属于由不同商品类别引起的商标共存。举个简单的例子，假设相同的两个商标分别被不同的商标注册人注册，其中一方注册在了第29类"奶及乳制品"类别上，另一方注册在了第16类"纸及不属别类的塑料包装物品"类别上，因此两者都可以在乳制品包装盒上使用该注册商标，但需要对自己的商品作一个补充说明，说明商标所有权人为某某。此时，如果存在第三方获得其中一方的商标许可使用授权，并在乳制品的包装盒上使用了该商标，如不能区分其商品与另外一个权利人的商品，就可能会导致商标侵权的结果。还有一种情况就是，如果商标权人对享有商标权的扩大使用，而超出了其原有商标的使用类别，影响到其他注册商标时，也会导致商标侵权的情况发生。

在国际展会中，由于各展会领域的专业性，在同一个展会中，跨类别商标侵权的情况较为少见，但在一些跨行业性较强或是包含领域较多的展会，如广告印刷展、机电展等还是会存在一些跨类别共存式的商标侵权纠纷。但在国际展会中，真正有争议的商标纠纷比较难以判断商标的使用是否已经超出了其注册商标许可使用的范围，因此，相关权利人仍然需要在展会结束后通过司法或行政途径维护自己的权利。

（二）反向假冒导致的商标侵权行为

反向假冒指的是未经注册商标权人同意，更换注册商标权人的注册商标，将商品又重新投入市场的行为。反向假冒的法律基础来源于我国《商标法》第57条第（5）项[1]，其实质是通过在其他高品质商品上贴付自己的商标，以获取更好的商誉，扩大自身商标的品牌价值，从而扩大市场份额。反向假冒的危害性是巨大的，反向假冒行为会阻碍商标持有人的商标商誉的建立，减少商标持有人的应得利润，侵害消费者的利益，破坏市场竞争环境[2]。

---

[1]《中华人民共和国商标法》第57条第（5）项规定："有下列行为之一的，均属侵犯注册商标专用权：（五）未经商标注册人同意，更换其注册商标并将该更换商标的商品又投入市场的。"

[2] 孟庆吉："浅论商标侵权中的'反向假冒'及其法律规制"，载《经济视角》2011年4期。

我国《反不正当竞争法》以及《商标法》都规制了反向假冒的行为，但两者又有不同的侧重点。《反不正当竞争法》对反向假冒的规定偏向原则性，并且要求侵权人除例外情形外主观意图须为故意，而《商标法》对反向假冒的规定更加具象，只要存在反向假冒的行为便属于商标侵权，不对侵权人的主观有要求。

从两者的规定来看，通过《商标法》来规制反向假冒的行为相比《反不正当竞争法》而言，举证责任要轻一些。但在国际展会中，如果出现反向假冒的行为具体需要看反向假冒所需要达成的目的是什么。具体问题的分析，笔者将在反不正当竞争的一章中通过案例的形式展开，这里不再赘述。

五、商标淡化之侵权

商标淡化是指未经权利人许可，将与驰名商标相同或相似的文字、图形及其组合在其他不相同或不相似的商品或服务上使用，从而减少、削弱该驰名商标的识别性和显著性，损害、玷污其商誉的行为[①]。侵权人商标淡化的行为包括了对知名商标的淡化行为、将知名商标申请为其他权利的淡化行为以及一些词典、辞书或专业出版物非主观的错误解释或定义[②]。其中，对于知名商标的淡化的形式又分成了多种，如在不相同或不相似的商品或服务上使用该知名商标，或者将该原用于商品上的知名商标使用在服务项目上，或者反过来；将知名商标申请注册在不相类似的商品或服务上；恶意丑化该知名商标；恶意将商标商品化或者服务项目化。还有一种是将知名商标申请注册为别的权利的淡化，包括将商标作为企业字号申请注册企业，将商标以外观设计形式申请专利等。

我国关于商标淡化的理论主要体现在相关的司法解释中，例如《关于审理涉及

[①] "商标淡化"，载 http://wiki.mbalib.com/wiki/%E6%B7%A1%E5%8C%96%E7%90%86%E8%AE%BA（MBA 智库百科），最后访问日期：2016 年 9 月 26 日。

[②] 星火科技："商标侵权的类型"，载 http://mp.weixin.qq.com/s?__biz=MzA3NTIyNzMwMQ==&mid=400045659&idx=1&sn=365dbf03a50b8a9b508c0b75fc9e0a1d&scene=1&srcid=0923P0RBMZb3KEJ8US1jAFGb#wechat_redirect，最后访问时间：2016 年 9 月 26 日。

驰名商标保护的民事纠纷案件应用法律若干问题的解释》第9条[1]、第10条[2]等。在司法实践中，商标淡化往往是跟驰名商标的扩大保护联系在一起的，如在上海弘奇食品有限公司诉张某商标侵权纠纷案中，原告上海弘奇食品有限公司是"永和"商标的权利人，该注册商标被用在了第30类"豆浆、米浆、茶、乌龙茶、豆花、冰淇淋"品类上，且其经过多年经营已具有较高的知名度。被告张某未经原告许可在雨伞上使用了原告的商标。该案中，法院认为被告在其销售的雨伞上对"永和"商标的商业性使用虽然不至于引起相关公众对该雨伞的来源产生混淆，但会误导公众，使公众产生联想，误认为该雨伞是由原告参与经营或认为该雨伞使用"永和"商标是得到了原告的许可或赞助。同时该行为使公众对"永和"商标与豆浆类食品之间独特、唯一联系的认识予以淡化，造成该商标对公众吸引力的降低。"永和"作为驰名商标，已成为相关公众购买豆浆类食品以及接受餐饮服务的心理因素，具有较高的商业价值，原告对其通过大量时间和金钱所取得的"永和"这一驰名商标所具有的排他性地位的维护有着合法的利益，而被告对该商标的独创性和显著特征以及以其独特性所取得的广告效果的损害应被禁止，这不是为了防止任何形式的混淆，而是为了保护原告的合法权益不受侵害。被告对"永和"商标的商业性使用所造成的损害在实质上不同于通常的混淆所造成的损害，即使不存在任何形式的混淆，该商标的潜能也会因为被告的商业性使用而被削弱、淡化。混淆造成的是眼前的损害，

---

[1]《关于审理涉及驰名商标保护的民事纠纷案件应用法律若干问题的解释》第9条规定："足以使相关公众对使用驰名商标和被诉商标的商品来源产生误认，或者足以使相关公众认为使用驰名商标和被诉商标的经营者之间具有许可使用、关联企业关系等特定联系的，属于商标法第13条第1款规定的'容易导致混淆'。

足以使相关公众认为被诉商标与驰名商标具有相当程度的联系，而减弱驰名商标的显著性、贬损驰名商标的市场声誉，或者不正当利用驰名商标的市场声誉的，属于商标法第13条第2款规定的'误导公众，致使该驰名商标注册人的利益可能受到损害'。"

[2]《关于审理涉及驰名商标保护的民事纠纷案件应用法律若干问题的解释》第10条规定："原告请求禁止被告在不相类似商品上使用与原告驰名的注册商标相同或者近似的商标或者企业名称的，人民法院应当根据案件具体情况，综合考虑以下因素后作出裁判：

（一）该驰名商标的显著程度；

（二）该驰名商标在使用被诉商标或者企业名称的商品的相关公众中的知晓程度；

（三）使用驰名商标的商品与使用被诉商标或者企业名称的商品之间的关联程度；

（四）其他相关因素。"

而淡化是一种"感染",如果任其扩散,将最终摧毁该商标的广告价值。故被告对"永和"商标的商业性使用已对该商标的利益造成了潜在的、可能的损害,侵犯了原告的"永和"商标专用权,淡化了该驰名商标,应承担停止侵害的民事责任[①]。商标淡化行为属于典型的在不相同、不相似的商品或服务上使用该知名商标的行为。

再举一个将商标商品化或者服务项目化的例子,深圳市朗科科技股份有限公司(以下简称朗科公司)是"优盘"的发明者,并于2002年7月获得了国家知识产权局授权的"用于数据处理系统的快闪电子式外存储方法及其装置"(专利号:ZL 99117225.6)发明专利。在2001年,朗科公司就注册了"优盘"商标,使用在移动存储产品上。2002年10月23日,华旗公司针对朗科公司的该注册商标"优盘"向国家工商行政管理总局商标评审委员会提出撤销申请。2004年10月,商标评审委员会作出裁定,撤销了朗科公司的"优盘"商标。"优盘"商标被撤销的原因是该商标已经成为移动存储商品的通用名称,失去了作为商标区分商品来源的作用与显著性,其作为商标的属性被淡化。而"优盘"商标成为商品通用名称的原因有三。第一,商标中含原有商品通用名称,即"盘"字,"盘"是计算机存储器的通用名称,如硬盘、软盘、磁盘、光盘等。虽然在"盘"字前加了"优",但显著性不高。第二,朗科公司确实把商标当成商品名称使用。在朗科公司的商品包装盒及促销宣传材料上,"朗科优盘"或"优盘"文字后面并没有其他连用的商品名称,在有关宣传材料中称,"启动型优盘,第三届中国高新技术交易会明星产品,全球第一款可彻底取代软盘软驱的USB移动存储盘""优盘,新一代存储盘"等。朗科公司是将"优盘"作为商品名称来使用的。第三,没有及时阻止其他同类商品经营者使用优盘这个商品名称,以至于变成了通用名称,悔之晚矣[②]。

在国际展会中,商标淡化的行为也是存在的,在一些不规范的展会上,由于主办方对参展商的审查不严,导致一些傍名牌的小厂商,在其商品上使用其他知名商标,从而使得公众产生混淆误解,构成商标侵权。

---

① 案件案号:(2005)洛经一初字第34号。
② "从'优盘'商标被撤销案看商标注册的法律风险",载 http://blog.sina.com.cn/s/blog_14194c1580102vcg8.html,最后访问时间:2016年9月27日。

第三节 国际展会商标权纠纷案例之分析

一、跨地域商标注册问题——博西公司与海信英文商标纠纷案

（一）案例介绍

海信集团成立于1969年。海信集团拥有海信电器（600060）和海信科龙电器（000921）两家在沪、深、港三地的上市公司，同时成为国内唯一持有海信（Hisense）、科龙（Kelon）和容声（Ronshen）三个中国驰名商标的企业集团。海信电视、海信空调、海信冰箱、海信手机、科龙空调、容声冰箱当选中国名牌，海信电视、海信空调、海信冰箱被评为国家免检产品，海信电视首批获得国家出口免检资格。[1]

博西公司全称为博世—西门子家用电器有限公司，是西门子与德国博世各占50%股份组成的一家合资公司，博世及西门子是该公司的两大主要品牌，其中西门子是欧洲市场上仅次于博世的第二大白色家电品牌。博世—西门子公司在德国白色家电市场上销售的产品大半是西门子品牌的。[2]

1999年1月11日，博西在德国申请"HiSense"为第7、9、11类指定商品的注册商标，1999年2月25日获得注册。而在6天以前，海信集团的商标"海信"与"HiSense"刚被中国国家工商行政管理总局正式认定为驰名商标。获得注册之后，博西又于当年申请了马德里国际商标注册和欧盟商标注册，并且要求了优先权。这令海信集团在欧洲的商标注册全面受阻，最先是在法国，然后是在保加利亚、西班牙等国。而在1999年以前，海信集团的国外市场大都分布在亚洲、非洲、美洲、

---

[1] 参见http://www.hisense.cn/hxjt/?id=3815（海信集团官网），最后访问时间：2016年9月22日。

[2] "海信与西门子商标之争"，http://finance.sina.com.cn/nz/hxxmz/（新浪网），最后访问时间：2016年9月22日。

澳洲以及东欧等地，商标注册工作也都先于产品出口工作。截至1999年1月，海信集团的"HiSense"商标已经在40个国家和地区注册。"尽管也有极少数公司或个人抢注过海信的'HiSense'商标，但大多都通过与注册人协商或商标异议程序得到了妥善的解决。"海信集团的一位领导人说。[①]

博西公司在德国注册成功"HiSense"商标后，双方一直就商标的转让事宜进行协商，但协商未果。而海信集团在协商期间多次参加在德国举办的科龙电子展、柏林家电展等德国家电展会，同时在其宣传单上、展台上、产品上都显著标识其英文标识"HiSense"。

2004年4月，西门子曾因为海信集团在德国科隆参展使用"HiSense"商标，在德国向德国法院起诉海信集团侵权。[②]2004年9月，海信集团在欧洲被迫启用新的商标"HSense"。

海信集团曾提出以数万欧元价格买下"HiSense"商标，但博世—西门子提出了几千万欧元的天价。西门子的漫天要价激起了海信集团方面的强烈反弹。海信集团认为，就"HiSense"商标的范围和影响力而言，它只值几万欧元。过于悬殊的差距使得双方的谈判暂时告停。在中国商务部与中国家用电器协会的协调下，双方终于达成和解。[③]最终的转让费用为零。[④]

（二）案例分析

1. 海信集团遭遇商标跨地域注册后的应对

博西公司以海信集团在展会上使用"HiSense"商标为由起诉的商标权纠纷发生后，海信集团采取了以下方式进行应对。

（1）反抢注对方的商标。

[①] "海信与西门子的商标抢注纠纷"，载 http://www.cec-ceda.org.cn/brand/hisense/gushi/g2.htm，最后访问时间：2016年9月22日。

[②] 北京晨报："西门子在德起诉海信侵权"，载 http://finance.sina.com.cn/roll/20041115/09491154617.shtml，最后访问时间：2016年9月22日。

[③] 天府早报："商标争议和解告终 HiSense 回归海信"，载 http://finance.sina.com.cn/leadership/brandmanage/20050310/08171418192.shtml，最后访问时间：2016年9月22日。

[④] 崔海燕、邓胜、康宁："海信跨国追回商标案内幕西门子为何前倨后恭"，载 http://www.linkwan.com/gb/articles/197.htm，最后访问时间：2016年9月22日。

由于跨国的集团公司旗下会有多个商标，加之注册商标保护具有地域性的特点，所以要做到所有商标产品在全球注册是非常困难的。因此，在现实中任何多品牌的跨国集团都不可能把所有的商标在一个地方注册，而只会挑选主要的商标注册。海信集团基于这种现实，在中国注册了博西公司的商标，从而作为与博西公司谈判的筹码。

(2) 积极应诉，申请撤销商标。

在博西公司起诉海信集团在展会上使用其注册商标"HiSense"后，海信集团采取了积极的应对措施。由于世界各国法律体系不同，诉讼程序也不相同，应诉答辩的期限也会有所不同，海信公司在德国法律规定的答辩期限内针对诉讼进行答辩的同时，还向德国官方提交了撤销博西公司"HiSense"商标的申请。

(3) 向欧盟申诉。

海信集团通过法律途径应诉的同时也向国家商务部进行了求助。在2004年11月25日上午，在国家商务部的主持下，海信公司和欧盟驻华机构代表、经济商务处一等秘书李赛优（Sergio Balibrea）正式面谈。中方企业向欧盟驻华代表罗列了西门子在欧洲注册的所有中国商标，李赛优对海信集团商标被抢注的事实表示很吃惊。欧盟官员承诺无论中方通过法律途径还是其他途径追讨被西门子抢注的商标，欧盟都将提供协助。[1]

(4) 请求商务部协助。

随着纠纷的发展，商务部与欧盟就中国企业被西门子子公司抢注商标一事进行了交涉。

商务部的介入让局面出现了180度的转折。在商务部正式介入后不久，西门子新任总裁柯菲德博士马上给海信集团写信，表示愿意放弃之前的谈判立场，并在提了几个条件后同意恢复谈判。西门子主要提出以下要求：①博西家电不再坚持此前立场；②要求海信集团承认博西家电所注册的"HiSense"商标的合法性；③海信集团应为获得该商标的转让花费一定的代价；④双方应要求各自的律师立即终止所有诉讼。

海信集团回信认为其中有一个条件不能接受。西门子反复征求了海信集团的意

---

[1] 崔海燕、邓胜、康宁："海信跨国追回商标案内幕西门子为何前倨后恭"，世界网络，载http://www.linkwan.com/gb/articles/197.htm，最后访问时间：2016年9月22日。

见后修改了该条件。于是，海信集团和博西家电双方各自派出强大谈判"阵容"——海信集团总裁于淑珉、副总裁郭庆存、副总裁王志浩与博西家电总裁盖尔克、副总裁魏博分别代表双方参加了和解谈判，经过12个小时的博弈，双方达成了最终的和解协议。[①]

从和解协议来看，海信集团虽然成功地取回了在欧洲"HiSense"的商标使用权，但这样的结果是具有时代背景的，并不具有普遍意义。此次纠纷事件发生在2004年至2005年之间，正值中国入世后3年，许多中国企业在走向国际时面临外国的非关税贸易壁垒现象严重的背景。因此，商务部十分关注海信集团商标抢注案的进展，而将两个企业之间商标权的纠纷上升到了中国与德国政府间的磋商谈判。博西公司一方面迫于政府的压力，另一方面又怯于失去中国市场，最终妥协，与海信集团和解。

2. 发现遭遇商标跨地域抢注后的主要维权方式

在全球经济一体化的进程下，国际经济交流合作越来越频繁，企业不再以单一国家作为单一市场，越来越多的企业走出国门，将视野聚焦在全球市场。当然也引发了许多域外知名商标在国内被抢注的现象，如IPAD、新百伦等商标在中国被抢注。另外，中国的王致和、洽洽、老干妈、白家商标在德国，健力宝在韩国，五粮液在加拿大，青岛啤酒在美国等都遭到了不法分子的抢注。

因此，在商标被抢注后，将商标重新赎回，是企业参加展会、进入他国市场的一个必要条件。

（1）申请撤销恶意抢注商标。

由于恶意抢注商标是一种不正当竞争行为，因此权利人在特定条件下可以申请被抢注的商标无效。我国《商标法》第32条规定，申请商标注册不得损害他人的在先权利，也不得以不正当手段抢先注册他人已经使用并有一定影响的商标。我国《商标法》第44条第1款规定，已经注册的商标，违反本法第10条、第11条、第12条规定的，或者是以欺骗手段或者其他不正当手段取得注册的，由商标局宣告该注册商标无效；其他单位或者个人可以请求商标评审委员会宣告该注册商标无效。

由上述规定可知，申请撤销恶意抢注的商标需要满足如下条件：首先，权利人在商标被抢注前已经在该地域具有了一定影响力；其次，商标抢注人注册商标存在

[①] 崔海燕、邓胜、康宁："海信跨国追回商标案内幕西门子为何前倨后恭"，世界网络，载http://www.linkwan.com/gb/articles/197.htm，最后访问时间：2016年9月22日。

恶意。

其中，要证明商标具有一定影响力就是要证明权利人在商标抢注前已经在中国领域有商标的使用行为，该商标使用行为指的不仅仅是在商品上使用商标的行为，还包括了宣传的行为，这里的商标使用应该作扩大解释。权利人可以通过收集商标抢注前，在中国有销售商标产品、宣传商标或商标产品等行为以及客户对于商标产品影响力的知悉情况等证明权利人之前就曾使用商标且具有一定影响力。

至于抢注人存在恶意，指的是抢注人抢注商标的目的不是通过商标区分商品或服务的来源，而是从权利人那里获取高额回报或是防止竞争对手进入其所在地域的市场。如果抢注人向权利人索取高额的商标回收款，同时抢注人本身并没有使用商标，那么权利人可以留存相关证据，主张抢注人注册商标的目的并不是使用，而是获得不正当利益。

当权利人取得上述相关证据后，可以向国家工商行政管理总局商标局、商标评审委员会申请撤销抢注人的注册商标。

以上为中国现行法律体系下撤销抢注商标的相关规定，在其他国家应依据该国的相关规定，申请撤销抢注商标。

（2）享有商标优先权，立即申请注册商标。

我国《商标法》第25条[①]及第26条[②]规定了商标注册优先权。商标注册申请人在外国第一次提出商标注册申请之日起或者在中国政府承认或主办的国际展会上首次使用展出之日起6个月，可以在中国申请商标注册时主张优先权，将申请日提前至在国外申请注册之日或在国际展会首次展出之日。其中需要注意的是，主张优先

[①]《中华人民共和国商标法》第25条规定："商标注册申请人自其商标在外国第一次提出商标注册申请之日起六个月内，又在中国就相同商品以同一商标提出商标注册申请的，依照该外国同中国签订的协议或者共同参加的国际条约，或者按照相互承认优先权的原则，可以享有优先权。

依照前款要求优先权的，应当在提出商标注册申请的时候提出书面声明，并且在三个月内提交第一次提出的商标注册申请文件的副本；未提出书面声明或者逾期未提交商标注册申请文件副本的，视为未要求优先权。"

[②]《中华人民共和国商标法》第26条规定："商标在中国政府主办的或者承认的国际展览会展出的商品上首次使用的，自该商品展出之日起六个月内，该商标的注册申请人可以享有优先权。

依照前款要求优先权的，应当在提出商标注册申请的时候提出书面声明，并且在三个月内提交展出其商品的展览会名称、在展出商品上使用该商标的证据、展出日期等证明文件；未提出书面声明或者逾期未提交证明文件的，视为未要求优先权。"

权需要在提出商标注册时提交书面声明，并且在 3 个月内提交在外国第一次提出申请的文件副本或国际展会的名称、在展会中使用该商标的证据、展出的时期等证明文件。

由于优先权是《巴黎公约》中所规定的一项商标注册原则，因此在国际上许多国家都在自己国家商标相关的法律中规定优先权，但享有优先权的时间以及提交的文件各国会有不同。因此，在国外申请优先权时，可以先咨询熟悉目标国商标法的律师或法律顾问并及时申请，避免超过优先权期限。

（3）商标实际不使用，申请撤销。

商标实际不使用，指的是商标注册人在注册完商标后一定期限内没有使用过该商标，其他人可以向商标行政管理部门申请撤销该商标。我国《商标法》第 49 条第 2 款[①]规定，注册商标没有正当的理由连续 3 年没使用的，任何单位或个人都可以向商标局申请商标撤销。由于很多商标抢注人抢注商标只是为了从权利人处得到巨额回报，其本身并不生产或销售商标产品，因此权利人可以以商标未使用为由申请撤销。

商标未使用不受保护同样也在《巴黎公约》中有相关规定，但各国的法律法规对具体的操作流程及期限也会有不同的规定，权利人应根据目标国的规定进行准备。

由于我国以商标未使用为由申请撤销商标的时间要求是商标连续 3 年未使用，时间周期比较长，对于短期内还不准备涉足的市场可以通过这种方式维护权利。

（4）享有在先权利，在原有范围继续使用。

我国修订后《商标法》第 59 条第 3 款，商标注册人申请商标注册前，他人已经在同一种商品或者类似商品上先于商标注册人使用与注册商标相同或者近似并有一定影响的商标的，注册商标专用权人无权禁止该使用人在原使用范围内继续使用该商标，但可以要求其附加适当区别标识。

如果权利人已经在中国使用相关商标并具有一定影响力，那么即使后来商标被其他人抢注，权利人仍然可以在原使用范围即商标原使用的产品上继续使用相关商

---

① 《中华人民共和国商标法》第 49 条第 2 款规定："注册商标成为其核定使用的商品的通用名称或者没有正当理由连续三年不使用的，任何单位或者个人可以向商标局申请撤销该注册商标。商标局应当自收到申请之日起九个月内做出决定。有特殊情况需要延长的，经国务院工商行政管理部门批准，可以延长三个月。"

标，在原适用范围内不受在后商标注册人的影响。

3. 商标抢注后国际展会中的注意事项

如果参展商拟使用的商标在展会举办国被其他人抢先注册，那么参展商拟使用的商标在展会的展出行为就会构成侵权，要承担相应的侵权责任。因此在展会举行前，可以按照上述的几种方法申请注册商标无效。但往往在展会举行前，被抢注的商标根本没有足够的时间去申请无效，而展会又迫在眉睫，故即使是在这种情况下，参展商仍然不能使用被抢注的商标。

在这种情况下，参展商可以将商标的部分结构改变或是用其他商标进行替代，然后通过展示企业商号的形式，来宣传自己，不通过单一的商标进行展示。这样可以有效避免因商标侵权而产生的被扣押、查封、撤展等风险，从而顺利地进行展示并能够宣传自己的公司。

二、国际展会商标侵权纠纷问题——英格索兰公司诉上海闪电气动工具有限公司国际五金博览会侵犯"IR"商标案

在国际展会中，我国的行政保护与司法保护究竟是如何进行的，商标权人如何在国际展会中维护自身权利，笔者将通过英格索兰公司与上海闪电气动工具有限公司（以下简称闪电公司）之间的一起商标侵权纠纷来进行分析。

（一）案例介绍

英格索兰公司（纽约证券交易所代码 IR）是一家全球性的多元化工业公司，注册地在美国。英格索兰公司旗下品牌：Club Car®、英格索兰（Ingersoll Rand®）、冷王（Thermo King®）和特灵（Trane®）[1]，其中英格索兰公司在2000 年 3 月 30 日在中国申请注册了图形商标"IR"，该商标分别注册在了商品分类为第 7 类"液压挖掘机；燃气涡轮驱动的、带有能量蓄热装置的发动机"等类别及第 8 类"手工操作的手工具；铲（手工具）；刮削刀（手工具）；钯（手工具）；挖沟器（手工具）"。

---

[1] 参见 http://www.irco.com.cn/ircorp/zh/discover-us/our-company.html（英格索兰官网），最后访问时间：2016 年 9 月 28 日。

上海闪电气动工具有限公司是注册在上海闵行的一家机械制造加工公司,经营范围为机械工具的制造加工销售,机电产品、五金交电的销售[①]。2009年3月10日,闪电公司参加了在上海新国际博览中心举办的第十五届中国国际五金博览会,闪电公司在展会上展出的部分商品以及宣传册上使用了英格索兰公司的"(IR)"商标。英格索兰公司发现后于当日通过公证方式将侵犯其商标权的产品及宣传册固定下来,并向上海工商行政管理局浦东分局举报,浦东分局检查闪电公司展台后,于当日作出沪工商浦改字(2009)第13301号《责令改正通知书》,要求闪电公司去除样机上带有的近似标识;停止散发带有近似标识的宣传册。在展会结束后,英格索兰公司将闪电公司以侵犯商标权为由诉至法院,以下简称英闪商标案。下文节选自上海市高级人民法院(2011)沪高民三(知)终字第70号案二审判决书。

原审法院经审理查明:2000年3月30日,原告向国家工商行政管理总局商标局申请注册图形商标,商品分类第7类,包括液压挖掘机;燃气涡轮驱动的、带有能量蓄热装置的发动机;移动及固定式空气压缩机;机器用耐磨轴承;直筒式、锥形、球形、针形滚珠轴承;轴套;汽车及工业用润滑设备;封闭式润滑器;固定的润滑设备;润滑油泵;支撑润滑设备用托架;电锤;气锤;快速拧螺母机;缓冲器(电动);岩石钻机;耙;螺旋式割草机;气动、水动及电动起重机;气动、水动及电动卷扬机;气动、水动及电动吊车;手动起重机;手动吊车;筑路机;将沥青及沥青乳胶体涂抹在公路、停车场、人行道及机场跑道上的涂焦油机;用于清除沥青层及混凝土的碾碎机(机器);土壤、坟墓、沥青及混凝土用振动式及静止式夯实机;手扶式夯实机;压缩机(机器);落锤;双鼓夯实机;坚固装置;高压水增压机;便携式发电机;飞机及船用风动马达;鼓风机;风箱(机器);充气器;自动化材料处理设备;热交换器(机器部件);挖掘机;反铲挖土机;挖沟机;卡车、拖拉机、拖车配备的及其他建筑工程用挖掘机(机器)。注册商标有限期自2002年3月28日至2012年3月27日,商标注册号1737982。商品分类第8类,包括手工操作的手工具;铲(手工具);刮削刀(手工具);钯(手工具);挖沟器(手工具)。注册商标有效期自2001年8月28日至2011年8月

[①] 参见 https://www.sgs.gov.cn/notice/notice/view?uuid=ovY9VXcgn6fC_DDOMsYArJ.uLViH1ZhO&tab=01 [全国企业信用信息公示(上海)系统],最后访问时间:2016年9月28日。

27日，商标注册号1625889。

2009年3月10日，上海市闵行区公证处公证员来到上海新国际博览中心E1馆一标有"浙江东亚工具有限公司"字样的展台，对该展台及展出的部分产品进行拍照，从展台工作人员处取得两份宣传册和一张印有"童明华"名字的名片。所拍现场照片显示部分产品上使用了标识，在宣传册的部分页面上也使用了标识。上海市闵行区公证处于2009年3月18日出具了（2009）沪闵证经字第654号公证书。

2009年3月10日，上海市工商行政管理局浦东新区分局到上海市龙阳路2345号上海新国际博览中心E1-25现场检查，发现被告闪电公司在E1-25摊位上展出的高压黄油注油器、空气压缩机、罗杆机、真空泵上贴有标识。上海市工商行政管理局浦东新区分局作出沪工商浦改字（2009）第13301号《责令改正通知书》。该通知书载明：经查，闪电公司在第十五届中国国际五金博览会的样机上使用与他人近似商标的行为违反了《商标法》第52条第（1）项的规定。现依据《商标法》第53条责令该公司自收到该通知书之日起立即改正上述违法行为。去除样机上带有的近似标识；停止散发带有近似标识的宣传册。被告童明华作为被告闪电公司的法定代表人出具保证书，确认被告闪电公司出品真空泵产品使用标识和原告的商标近似，保证不再使用和他人一样的近似标识，不在展会上发放有近似标识的宣传册。

另查明，原告为本案一审支付律师费人民币25万元。

原审法院认为，第一，关于商标侵权行为的认定。根据《商标法》第52条第（1）项的规定，未经商标注册人的许可，在同一种商品或者类似商品上使用与其注册商标相同或者近似的商标的，属于侵犯注册商标专用权的行为。本案中，根据本院查明的事实，被告闪电公司在展出的高压黄油注油器、空气压缩机、罗杆机、真空泵上贴有标识，并在产品的宣传册中使用了标识，涉案产品与注册商标核准保护的商品类别属于类似商品，且标识与原告注册商标相近似，被告闪电公司未经注册商标专用权人的许可在类似商品上使用与注册商标近似的标识构成侵权。而原告虽然主张被告童明华共同实施商标侵权行为，要求其与被告闪电公司承担共同侵权的民事责任，但未提供充分证据材料予以佐证，原审法院难以支持。第二，关于民事责任的承担。被告闪电公司应当就其实施的商标侵权行为承担相应的民事责任。原告要求被告闪电公司停止侵权、消除影响和赔偿损失及合理费用的诉讼请求依法应当予以支持。至于损害赔偿的数额，由于原告并未提供充分证据证明其实际损失或者被告闪电公司因侵权行为所获的利润，原审法院充分考量商标侵权行为性质、持续的时间、后果、注册商标本身的知名度与美誉度、侵权行为影响的范围等因素酌情确定为人民币 8 万元。对于原告主张支付制止侵权的合理费用部分，原审法院也考虑了本案中的侵权行为调查取证、行政处罚过程等因素，酌情支持原告主张费用中合理部分为人民币 2 万元。至于原告要求被告闪电公司消除影响范围的确定，应当与商标侵权行为的实际影响的范围相适应。本案中商标侵权行为主要涉及相关的展会，涉及面较广，但发现和查处的时间较短，因此原告要求原审法院判令两被告在《21 世纪经济报道》《第一财经日报》《法制日报》三家媒体上刊登声明、消除影响的诉请有所不妥，原审法院认为在其中一家媒体上刊登声明、消除影响较为妥当。

据此，原审法院依照《民法通则》第 134 条第（1）项、第（7）项、第（9）项①，《商标法》第 52 条第（1）项、第 56 条第 1 款、第 2 款之规定，判决：（1）被告闪电公司于判决生效之日起立即停止对原告英格索兰公司享有的图形商标（注册号 1737982、1625889）注册商标专用权的侵犯；（2）被告闪电公司于判决生效之日起 15 日内赔偿原告英格索兰公司经济损失人民币 8 万元；（3）被告闪电公司于判决生效之日起 15 日内赔偿原告英格索兰公司合理费用人民币 2 万元；（4）被告闪电公司于判决生效之日起 15 日内在《21 世纪经济报道》上刊登声明、消除影响（刊登位置除中缝以外，内容需经原审法院审核）；（5）驳回原告英格索兰公司其余诉讼请求。本案一审案件受理费人民币 22 880 元、保全费人民币 5000 元，由原告英格索兰公司负担人民币 13 247 元，被告闪电公司负担人民币 14 633 元。

判决后，原告英格索兰公司和被告闪电公司均不服，分别向本院提起上诉。

……

二审中，各方当事人均未向本院提交新的证据材料。

经审理查明，原审法院查明的事实属实。

本院认为，闪电公司未经注册商标专用权人英格索兰公司的许可，在类似商品

---

① 《中华人民共和国民法总则》（2017 年 10 月 1 日施行）第 179 条规定："（一）停止侵害；……（八）赔偿损失；……（十）消除影响、恢复名誉；……"

上使用与其注册商标近似的商标,构成对英格索兰公司享有的注册商标专用权的侵害,应承担停止侵权、消除影响和赔偿损失的民事责任。

……

综上,上诉人英格索兰公司和闪电公司的上诉请求及理由均缺乏事实及法律依据,应予驳回。据此,依照《民事诉讼法》第153条第1款第(1)项之规定,判决如下:

驳回上诉,维持原判。

(二)案例分析

1. 我国对国际展会中商标侵权的行政保护

我国的商标行政主管机关主要有国家工商行政管理总局商标局(负责接受全国的商标注册、商标管理工作)、国家工商行政管理总局下设的商标评审委员会(负责处理商标争议)、地方各级工商行政管理局(负责管理本辖区内商标日常使用情况,监督商品质量)以及各级海关(负责商标的边境保护)。

除我国《商标法》规定的工商行政主管部门负有商标纠纷的行政保护义务外,我国《展会知识产权保护办法》还专门规定了在国际展会中由商标行政管理部门负责展会中的商标纠纷投诉、侵权判断、处罚等事项,行使展会中知识产权行政保护职责。其中,商标的行政保护机构就是展会举办处所在地的地方工商行政管理部门,如第十五届中国国际五金展的举办地在上海浦东,因此该展会的商标行政保护的职责就落到了上海工商行政管理局浦东分局的身上。

根据《展会知识产权保护办法》第6条[①]规定,如果展会设立投诉机构的,知识产权行政管理部门应当派员进驻,不设立投诉机构的,应当在展会场馆的显著位置将知识产权行政管理部门的联系人、联系方式等进行公示。从而使得在展会上,

---

[①]《展会知识产权保护办法》第6条规定:"展会时间在三天以上(含三天),展会管理部门认为有必要的,展会主办方应在展会期间设立知识产权投诉机构。设立投诉机构的,展会举办地知识产权行政管理部门应当派员进驻,并依法对侵权案件进行处理。

未设立投诉机构的,展会举办地知识产权行政管理部门应当加强对展会知识产权保护的指导、监督和有关案件的处理,展会主办方应当将展会举办地的相关知识产权行政管理部门的联系人、联系方式等在展会场馆的显著位置予以公示。"

商标权人可以很快地寻求工商行政管理部门的行政保护。该法第 7 条①规定了知识产权行政管理部门在展会投诉中的职责,包括了接受投诉、暂停涉嫌侵权的展品的展出,移交投诉资料,协调督促投诉处理,统计分析知识产权保护信息等相关事项。该条明确了展会投诉机构的职责,在行政机关的支持下,使得投诉机关不仅仅只是展会主办方对展会知识产权的保护,更是扩大到了行政保护的范畴。第 8 条②一方面规定了知识产权权利人不仅可以向展会知识产权投诉机构投诉,还可以直接向知识产权行政管理部门投诉,并规定了投诉需要提交的材料。

除我国《商标法》及《展会知识产权保护办法》外,还有其他如《商标法实施条例》等行政法规及其他地方性法规等也对展会商标行政保护作了相关规定。

在国际展会中,地方工商行政管理局行使的实际上是一种事后的行政保护,即在出现商标纠纷后经审查并要求其撤展、处罚,制止其继续行使商标侵权行为。由于展会的展期一般都在 3 天左右,时间较短,难以对具体行为是否构成知识产权侵权进行准确认定,尤其是判断专利侵权。但相较专利侵权,判定商标侵权的难度会低一些,主要关注的是侵权商标与权利人商标的相似度以及侵权商标是否属于显著性使用。因此在国际展会中,商标行政保护的救济速度相对而言较为迅速。英格索兰公司在展会的第一天发现闪电公司的侵权产品后,向上海工商行政管理局浦东分局投诉,浦东分局在当日就作出了行政决定,责令闪电公司清除样机上的侵权商标

---

①《展会知识产权保护办法》第 7 条规定:"展会知识产权投诉机构应由展会主办方、展会管理部门、专利、商标、版权等知识产权行政管理部门的人员组成,其职责包括:

(一)接受知识产权权利人的投诉,暂停涉嫌侵犯知识产权的展品在展会期间展出;

(二)将有关投诉材料移交相关知识产权行政管理部门;

(三)协调和督促投诉的处理;

(四)对展会知识产权保护信息进行统计和分析;

(五)其他相关事项。"

②《展会知识产权保护办法》第 8 条规定:"知识产权权利人可以向展会知识产权投诉机构投诉,也可直接向知识产权行政管理部门投诉。权利人向投诉机构投诉的,应当提交以下材料:

(一)合法有效的知识产权权属证明:涉及专利的,应当提交专利证书、专利公告文本、专利权人的身份证明、专利法律状态证明;涉及商标的,应当提交商标注册证明文件,并由投诉人签章确认,商标权利人身份证明;涉及著作权的,应当提交著作权权利证明、著作权人身份证明;

(二)涉嫌侵权当事人的基本信息;

(三)涉嫌侵权的理由和证据;

(四)委托代理人投诉的,应提交授权委托书。"

并停止散发印有侵权商标的宣传资料。

因此,在国际展会中商标的行政保护能够较快地停止侵权人的侵权行为,防止侵权损失继续扩大,是国际展会中解决商标纠纷最主要的途径。

但另一方面,国际展会行政保护并不能使得权利人从侵权人处获得任何经济补偿,如权利人想要彻底解决侵权问题仍然需要通过向法院寻求司法保护。

2. 国际展会中商标纠纷司法保护的途径及注意事项

在英闪商标案中,英格索兰公司在展会期间采取了两项措施,第一项是向上海工商行政管理局浦东分局投诉闪电公司侵权。上海工商行政管理局浦东分局在接到投诉在对现场核查确认侵权后就作出了要求闪电公司停止侵权的决定,这是英格索兰公司寻求的商标侵权行政救济,成功地制止了闪电公司的侵权行为。第二项是在上海工商行政管理局浦东分局要求闪电公司停止侵权前,就邀请了闵行公证处的公证员对闪电公司的侵权行为进行公证,留存了闪电公司在展会中侵权的事实证据,为将来向法院寻求司法保护做准备。

商标侵权司法保护的前提是商标权人必须举证证明侵权人侵权的事实,由法院根据证据事实,适用我国商标相关的法律法规对侵权人作出停止侵权、赔偿权利人损失的判决,从而使得权利人获得因侵权造成的财产损失赔偿并制止侵权人侵权的行为。因此,国际展会商标侵权的司法保护相较行政保护而言能更好地维护商标权人的利益。

司法救济中法院的职责在于根据证据确定事实,再根据证据事实居中裁判,其中证据的提供义务是由原被告双方承担的,法院只有在特殊情况下才行使一定的调查取证权。因此,商标权人需要对商标侵权的事实进行举证,根据我国《民事诉讼法》"谁主张谁举证"的原则,商标权人对国际展会商标侵权事实负主要的举证责任,同时对举证责任履行不充分需要承担不利的结果。本案中,英格索兰公司对闪电公司侵权行为进行公证就是为了将其侵权的证据固定下来。由于国际展会具有短暂性、临时性的特点,通过自己录像、拍照等方式取得证据的真实性会存在争议,如被法院认定为无效的证据,那么权利人就无法主张自己的权利,因此国际展会中,侵权人的侵权事实应通过公证形式予以固定,法院在无有力证据证明公证内容虚假的情况下,一般会认可公证事实的真实性,同时作为商标侵权纠纷,如果对方商标侵权的事实被成功认定的话,商标权人为维权所支付的包括公证费、律师费、诉讼费等都可以主张要求对方承担。

根据《民事诉讼法》管辖的一般原则，商标权人可以向侵权人住所地的人民法院提起诉讼，而国际展会中的侵权具有特殊性，因为侵权行为发生在国际展会上，所以作为侵权行为地的展会所在地的人民法院也有权管辖国际展会商标侵权纠纷。这会使得一些在外地的商标侵权厂商在权利人本地举办的展会上侵权时，商标权人能够更方便地寻求司法保护。

纵然国际展会商标侵权能够更好地维护商标权人的利益，但其周期相对于商标侵权行政保护要长得多，一方面我国司法资源匮乏，法院长期处在人少案多的状态下，案件经过立案、审理、二审等程序，终审判决下来，自纠纷发生之日起可能已经过了近2年时间，而在这2年的时间里如果不申请保全或申请行政保护，商标权人的权益仍会受到侵权人的损害。

因此，商标侵权纠纷的司法保护虽然能够从质量上使得权利人获得更好的保护，但从效率上远没有行政保护快捷。

第四节　国际展会商标权纠纷处理建议

一、参展商参展前的准备工作

（一）确保在展会举办国享有注册商标专用权

由于商标具有地域性的特点，各个国家对注册商标权的保护是相互独立的，因此在一国享有注册商标专用权不意味着参加其他国家举办的展会时使用该注册商标就是合法的，若拟使用的商标未在展会举办国申请注册，且其他主体在展会举办国已经注册了参展商拟使用的商标，参展商再使用就可能会侵犯到他人的商标权，从而会产生撤展、展品没收、经济赔偿等风险。

1. 申请国际商标

国际商标是《马德里协定》及后续的《马德里议定书》所创设的一项商标国际注册制度。简而言之，就是商标申请人可以通过向来源国的相关行政机关申请商标国际注册，由来源国将申请转交至世界知识产权组织国际局审批，在一定期限内若没有异议，便可获得指定国注册商标保护的一种制度。

国际商标申请注册制度的特点是一次申请、一次交费、多国注册，对申请商标注册人的优势在于申请程序简单、申请费用低、节约申请时间等，给商标申请人提供了便利。

但在国际注册时有很多问题需要注意，由于《马德里协定》与《马德里议定书》是两个不同的国际条约，《马德里协定》早于《马德里议定书》，而《马德里协定》中存在大量与许多世界贸易大国如美国、英国、日本等国的国内法相冲突的条款，因此迟迟没有新的加入国。世界知识产权组织在这个背景下为了使得国际商标注册制度更加具有实用性，在《马德里协定》的基础上对一些世界贸易大国作出了让步，达成了后面的《马德里议定书》。

而作为商标注册者，就需要判断拟注册商标的目标国是《马德里协定》的成员国还是《马德里议定书》的唯一成员国。

根据《马德里协定》（以下简称协定）以及《马德里议定书》（以下简称议定书）对国际商标注册的不同规定，商标注册人需要注意如下问题。

在申请注册国际商标的前提方面，如果注册商标目标国只是协定的成员国，那么在申请商标国际注册前，该商标必须在来源国已经获得注册；如果注册商标目标国只是议定书的成员国，那么在申请商标国际注册前，该商标的申请在来源国被政府机关受理就能够向国际局申请国际商标注册。

在申请注册国际商标的默示期限方面，协定成员国如果在国际商标受理后12个月内没有异议，那么就默认协定成员国同意该商标的注册；议定书成员国在协定的基础上可以声明要求18个月的时限，甚至在特殊情况下可以延长超过18个月。因此，商标申请注册人在议定书成员国申请注册商标时要特别注意。

注册商标在来源国被取消或被申请无效时，若国际商标核准未满5年，该商标在协定成员国也将被取消或无效；该商标如果在议定书成员国的基础申请被撤回、过期、放弃、驳回、取消或无效，基于该基础申请的国际注册和指定国保护将相应失效。但是特别值得注意的是，当商标因某种原因取消了国际注册时，议定书为商标权人提供另一种可能，即商标权人可按照指定国的国内法，在国际注册被宣告无效的3个月内，向其希望继续得到商标保护的指定国逐个提交注册申请，该申请可根据议定书享有优先权，申请日期可追溯至无论何原因被取消的国际商标申请注册之日①。

申请费用方面，申请人注册国际商标指定协定成员国时，注册费用包括了国内费用、基础费用、补充费用以及指定费用；申请人注册国际商标指定议定书成员国时，注册费用除了上述协定成员国要求的费用外，议定书成员国还可以声明收取另外的独立费用来取代指定费用，该费用由议定书成员国自行规定，但不得高于通过国内渠道提交商标注册申请所收取的费用。因此，商标注册人在申请议定书成员国的国际商标时，需要注意其收取的独立费用数额，做好相应的准备。

总体上，马德里国际商标注册体系为企业布局国际战略提供了一个较为便利的途径，也为国际展会的商标保护提供了一定的便利。

2. 在展会举办国注册商标

参展商最直接的确保商标权有效的方式就是在参展国申请注册商标。基于国家主权原则，各个国家对是否核准商标在本国注册是享有决定权的，在此原则上，商标注册申请需要向不同的国家单独申请，单独核准，但在国际上基于各国的一些区域性国际条约，各个国家将接受商标注册申请的权利授予一部分给国际性的组织，商标权人仅仅需要向组织申请，过后就在该国际性组织成员国内都享有注册商标使用权，除非有成员国驳回商标的注册申请。

主要的商标注册的国际性组织有欧盟、比荷卢经济联盟、非洲地区知识产权组织及非洲地区工业产权组织。

其中，《欧洲共同体商标条例》第1条第2款规定："共同体商标具有单一特性，在整个共同体内应有同等效力；只有就整个共同体对商标予以注册、转让、放弃或者作为撤销所有人权利或宣布无效及禁止使用。除本条例另有规定外，应适用本原则。"因此，申请人可以通过向欧盟申请欧盟商标的注册，如果申请注册成功就在欧盟范围内享有同等效力，获得欧盟全部国家均有效的商标，从而可以用较少的注册费用在欧盟这个包含多个国家的大市场内保护商标。至今，欧盟共有27个同盟国，包括了英国、法国、德国、意大利、荷兰、比利时、卢森堡、丹麦、爱尔兰、希腊、葡萄牙、西班牙、奥地利、瑞典、芬兰、马耳他、塞浦路斯、波兰、匈牙利、捷克、斯洛伐克、斯洛文尼亚、爱沙尼亚、拉脱维亚、立陶宛、罗马尼亚、保加利亚。其

---

① 陈一佳：《商标国际注册马德里体系研究报告》，华东政法大学2014年硕士学位论文。

中英国已于2016年6月宣布退欧，但根据欧盟基本条约《里斯本条约》第50条[①]退欧条款规定，正式退欧还需要满足：（1）退出欧盟必须遵循其（英国）本国宪法；（2）决定退出欧盟后退出国必须和欧盟之间达成关于退出后关系的协定；（3）在正式宣布退出后，退欧协议必须在2年内生效；（4）并且该协议需要经过欧洲理事会和欧洲议会通过；（5）退欧之后如果想重新返欧，则按照新成员国对待。因此，在英国还未与欧盟达成协定前，英国还需要遵守欧盟的相关法律法规，欧洲共同体商标对英国仍然具有效力，但关于英国与欧盟在英国宣布退欧到英国正式退欧期间，欧盟商标的效力问题，可能会在退欧协定中作相关规定。

比荷卢经济联盟是比利时、荷兰和卢森堡三国建立的经济集团，根据《比荷卢经济联盟条约》在1960年11月1日正式成立。在1971年1月1日，《比荷卢联盟商标法》生效后，向比荷卢联盟提交一份商标注册申请就可以覆盖到比利时、荷兰及卢森堡3个国家。同时，比利时、荷兰及卢森堡都是欧盟的成员国，欧盟商标在这3个国家也具有效力。如果商标注册人主要在比荷卢地区有商事活动，由于比荷卢商标的审查周期较欧盟商标短，注册人也可以选择注册比荷卢联盟商标。

非洲有两个相关的知识产权组织，分别为非洲地区工业产权组织（African Regional Industrial Property Organization，ARIPO）及非洲知识产权组织（African Intellectual Property Organization，OAPI）。ARIPO是英语国家工业产权保护区域性组织，创立于1976年，现有16个成员。OAPI是由官方语言为法语的国家组成的保护知识产权的一个地区性组织，创建于1962年，现有17个成员。

ARIPO的成员包括了博茨瓦纳、冈比亚、加纳、肯尼亚、莱索托、马拉维、莫

---

① 《里斯本条约》第50条规定：（1）任何成员国可以依据其自己宪法要求退出欧盟。（2）决定退欧的成员国应当将其意向通知欧洲理事会，依据欧洲理事会规定的指引，欧盟应与该国协商并签订协议，陈述该国退欧安排，考虑该国未来与欧盟关系的框架。该协议应依据《欧盟运作条约》第218条第3款第9项协商谈判，在获得欧洲议会的同意后，由（欧洲联盟）理事会以合格多数的名义代表该联盟缔结。（3）条约自退欧协议生效之日起或前款所述通知两年后不再适用于该国，除非欧洲理事会与相关成员国协商一致延长这一期限。（4）为第（2）款及第（3）款之目的，代表退欧成员国的欧洲理事会成员或委员会成员，不得参加欧洲理事会或委员会的讨论或相关决议。合格多数应依据《欧盟运作条约》第238条第3款b项予以定义。（5）如果成员国退欧后欲重新加入欧盟，其请求应依据第49条所述程序办理。

桑比克、纳米比亚、塞拉利昂、索马里、苏丹、斯威士兰、坦桑尼亚、乌干达、赞比亚和津巴布韦等共16个国家。目前可以通过ARIPO注册商标的国家有博茨瓦纳、莱索托、马拉维、纳米比亚、斯威士兰、坦桑尼亚、乌干达、津巴布韦、利比里亚等9个国家。如果商标注册在某一个指定国家被驳回，商标仍然可以在其他未被驳回的国家注册。

OAPI的成员国包括了喀麦隆、贝宁、布基纳法索、中非共和国、刚果、乍得、加蓬、几内亚、几内亚比绍、科特迪瓦（象牙海岸）、马里、毛里坦尼亚、尼日尔、塞内加尔、多哥、赤道几内亚、科摩罗。比较特殊的是OAPI的成员国在商标领域完全受OAPI的约束，没有各自独立的商标制度，不存在逐一国家进行注册的可能性，只能通过该组织注册。根据《班吉协定》，除产品商标之外，服务商标、联合商标、集体商标、彩色商标都可以注册受到法律保护。

3. 查询展会举办国是否有相同或相似的商标已被注册

由于商标注册的周期长，往往从参展商决定参加某一展会后，到展会正式召开有1年缓冲期，因此在展会召开前是无法将商标注册完毕的。此时，参展商在提交商标注册申请的同时，应该核查展会举办国是否已经存在相同或相似的商标。

查询其他国家的商标可以通过展会举办国商标主管机关或国际商标组织的官方网站的商标查询界面、专业的国际商标数据库或者委托展会举办国的专业商标查询机构对拟使用商标进行查重工作，从而降低参展后商标侵权的可能性。

（二）了解、熟悉展会举办国商标相关的法律法规

由于各个国家商标相关的法律法规存在一定的差异，对于商标可能涉及侵权时所采取的措施也不尽相同，例如一些欧洲国家的临时禁令政策，会导致参展商的产品不能顺利地在展会中展出。因此，参展商在决定参展前，需要熟悉了解展会举办国关于商标、展会、海关、程序等相关的法律法规，最好请专业的熟悉参展国商标权相关法律法规的律师或法律顾问对参展事宜进行分析，就展会举办国的适用法律事先咨询，不要忽略任何可能涉嫌侵权的事项。避免货物因被控侵权而被扣押、展位被关闭等风险。在许多情况下，展位会被立即关闭，参展公司的名字仍在展会出现，这将会导致公司在收入和信誉上的损失。

(三)备齐商标注册证书等商标权的相关文件

参展商在展会过程中,一方面可能会遇到侵犯自身商标权的情况。因此为了维护自身商标权,参展商往往需要向海关、法院、展会举办方等商标纠纷处理机关提供享有商标权的证明文书,从而证明参展商享有该注册商标专用权,以便维护自身的权利。

另一方面,参展商可能会被竞争对手恶意控告侵犯商标权,从而使得参展商在展会期间发生参展商品被扣押、展位被撤等风险。而如果参展商是享有注册商标权的,参展商可以将商标注册证等相关证明文件提交给海关、法院、展会主办方等相关扣押、查封机关,证明自己享有注册商标权,从而及时解除扣押、查封,保障展会的顺利进行。

因此,参展商在展会正式举办前应当备齐商标相关的权利证书,以应对将来可能发生的商标纠纷。

二、参展商在国际展会举行过程中的商标权维护

参展商在国际展会中遇到涉嫌侵犯自身商标权的其他竞争者或者被其他竞争者投诉控告侵犯他人商标权时,应积极应对,维护自身商标权益。

(一)参展商的商标权被侵犯

参展商如果在国际展会中发现自己的商标未经许可被其他展商使用,应当积极搜集证据,将侵权人的展位以及展位上展出、销售的商标侵权产品等都通过录像或照片形式固定下来,查明侵权主体的信息。同时将自身享有权利的、会与侵权产品产生混淆的商品以及商标的权利证书准备齐全。

在备齐相关材料后,根据展会举办国的相关民事、行政、刑事法律规定,将材料提交给有关的主管机关,或者根据展会的规定,向展会中的知识产权投诉机构投诉,请求救济。

有条件的参展商可以事先聘请一名可靠的知识产权律师或法律顾问,在知识产权维权方面将会对参展商大有裨益。

（二）被其他商标权人投诉

在展会期间，如果参展商被其他商标权人投诉，如果是享有注册商标权的，应当根据展会举办国的法律法规、展会主办方的商标维权途径，积极向展会主办方答辩应诉，提供自己享有权利的相关证明。

如果根据相关规定，参展商在展会期间的商标产品确实需要被撤除时，应要求投诉人作出承诺，如最终证明参展产品并不侵权的，要求其赔偿因撤展造成的所有损失及预期收益。

往往在展览期间商标产品被查封、被要求撤展等的原因是相关利益人向法院、海关或是展会主办方根据初步的证据申请了诉前禁令，而在该时间点参展商并没有实际被认定为商标侵权，因此在一些国家的法律规定中，参展商可以通过缴纳保证金而避免产品被查封。

第四章

国际展会中的著作权纠纷

- 国际展会著作权纠纷现状
- 国际展会著作权侵权之形式
- 国际展会著作权侵权之认定
- 国际展会著作权纠纷案例之分析
- 国际展会著作权之责任主体

第一节　国际展会著作权纠纷现状

著作权又称版权，是对文学、艺术和科学领域创造出的以一定物质载体形式表现出来的一切智力成果的保护。就目前世界各国对著作权的保护而言，广义的著作权一般包括狭义的著作权和邻接权两个部分，狭义著作权的保护客体是作品；邻接权是与著作权相关的权利，但因其创造性低于作品，故对其进行低于狭义著作权的保护。邻接权主要是指表演者权、录音录像制品制作者权、出版者权以及广播电台、电视台播放权，本书所指国际展会中的著作权如无特别指出，指广义的著作权。[①]

国际展会主要是各国参展商进行商品展示以寻求更多商机的场合，国际展会主办方以及参展商、观众等都可能是受著作权保护的权利人。限于国际展会的主题，参展商一般均是相同或相近行业的企业，这种情况下参展商之间很可能存在侵犯其著作权的行为。国际展会一般汇聚了世界各国的参展企业，各国之间可能会因为语言障碍和文化差异而对著作权无法互通有无，且大部分国家对于著作权采取自动保护原则，更使著作权侵权认定难上加难，加之各国对著作权保护法律规定不同，著作权纠纷情况的发生可能性较之国内展会就更大。

面对在国际展会上发生的著作权纠纷，如何解决是至关重要的问题，以下先行简述目前对国际展会著作权的保护现状。

一、国际展会著作权保护体系

著作权并不是自古以来就有，它来源于法律的授予，要对其进行保护，首先要追本溯源其权利基础及其权利内容，目前对于国际展会著作权，主要由以下三大法律体系对其进行保护。

---

① Timothy P. Trainer, Vicki E. Allums., Customs enforcement of intellectual property rights, Thomson Reuters, 2015Edition, §3.1, p.142.

（一）国际著作权保护制度的一般规定

各国对于著作权保护的制度纷繁多样，造成了著作权保护的差异性。国际公约正是为实现著作权保护制度保持基本统一性的产物。一般而言，国际条约缔约国数量少于国际公约，影响力也较小，但对减少差异性仍然具有重要的意义。不论是国际公约还是国际条约都仅对缔约国产生效力，目前缔约国数量较多、影响力较大的主要有如下几大国际公约及条款（以签订时间顺序来讲）。

1.《保护文学艺术作品伯尔尼公约》（简称《伯尔尼公约》）

《伯尔尼公约》于1886年9月9日在瑞士首都伯尔尼签订，系世界上第一个国际著作权公约，1887年12月5日正式生效，目前经过了8次修订补充，截至2016年9月24日，已有172个国家参加了该公约，这些国家共同组成伯尔尼联盟。我国于1992年10月15日正式成为该公约的成员国。

《伯尔尼公约》确认了著作权保护的以下几项重要原则：（1）国民待遇原则，即作为任何成员国公民或在任一成员国国内有经常居所的非成员国国民，或在任何一成员国首次发表或与在成员国和非成员国内同时出版其作品的非成员国国民，其作品在所有成员国都应受到保护，且此种保护应与各国给予本国国民的作品的保护相同；（2）自动保护原则，自动获取保护不同于专利权与商标权需要经过授权取得，《伯尔尼公约》确认了在成员国中享受和行使《伯尔尼公约》规定的权利不需要履行任何手续，自作品产生之日即享有著作权；（3）独立保护原则，即成员国均依据本国法律对著作权进行保护，不受作品来源国等其他成员国的法律影响。

《伯尔尼公约》界定了受著作权保护的作品形式，即科学和文学艺术领域内的一切作品及其翻译、改编、汇编作品，而不论其表现方式或形式如何；确定了著作权的保护期限一般为作者终生及其死后50年。此外，很重要的一点是《伯尔尼公约》确立了著作权的人身权与财产权并行，其中人身权包含署名权与修改权，我国《著作权法》还规定了发表权与保护作品完整权。

2.《世界版权公约》

《世界版权公约》于1952年9月6日在瑞士日内瓦缔结，1955年9月16日开始生效，我国于 1992 年 10 月 30 日正式成为该公约的成员国[①]。

《世界版权公约》是继《伯尔尼公约》之后又一重要著作权国际公约，旨在协调伯尔尼联盟与美洲国际组织之间在著作权保护方面的关系，建立各成员国均能接受的国际著作权保护制度，相较于《伯尔尼公约》其主要有以下区别：（1）国民待遇原则缩小了范围，变为缔约国国民出版的作品及在该国首先出版的作品在其他缔约国享有国民待遇，但各国对于是否给予定居本国的外国人以国民待遇有选择的权利；（2）著作权的主体与客体不同，《世界版权公约》规定著作权主体为"作者及其他版权所有人"，即主体同时包含了作者与我们所称的邻接权人，这一点与《伯尔尼公约》将主体限定为作者不同，同时该公约对于作品的范围并未详细界定；（3）权利内容与保护期限。该公约未明确规定作者的人身权利，是否保护由各国立法决定，对财产权利也未详细列举，仅强调翻译权、复制权、表演权、改编权等。此外，该公约规定的保护期限较短，一般作品为作者有生之年加死后 25 年，实用艺术作品和摄影作品的保护期不得少于 10 年；（4）《世界版权公约》改变了《伯尔尼公约》确立的自动保护原则，对于非国民待遇原则范围内的作品，应遵循缔约国国内法院规定的版权保护需履行的程序；且该公约还规定作品在首次出版时，每一件复制品上均需注明著作权标记"C"、著作权人姓名、首次出版年份等使人注意到版权要求的内容。

3.《保护表演者、音像制品制作者和广播组织罗马公约》（简称《罗马公约》）

《罗马公约》于 1961 年 10 月 26 日在罗马缔结，于 1964 年 5 月 18 日生效，我国尚未加入该公约，但我国于 1992 年 11 月 7 日加入了《保护录音制品制作者防止未经许可复制其录音制品公约》，该公约系继《罗马公约》后专门对邻接权进行保护的国际公约，其对《罗马公约》进行了进一步深化。如其名称所示，《罗马公约》与《伯尔尼公约》《世界版权公约》不同，其保护的主体是邻接权。

《罗马公约》同样确认了邻接权保护的国民待遇原则，只是对 3 种主体规定了不同的认定标准；同时该公约亦确立了非自动保护原则，即要在录音制品上附加 3 种标记：录音制品录制者或表演者的英文（Producer of Performer）字首略语；录音制品首次发行之年；录音制品录制者与表演者的姓名。

[①]《世界版权公约》，载 http://shlx.chinalawinfo.com/newlaw2002/slc/slc.asp?db=eag&gid=100666778，最后访问时间：2016 年 10 月 21 日。

4.《与贸易有关的知识产权协议》（TRIPs 协议）

TRIPs 协议是《建立世界贸易组织马拉卡什协定》的附件，签订于 1994 年 4 月 15 日，自 1995 年 1 月 1 日起生效，对世界贸易组织的所有成员都有约束力。

TRIPs 协议不仅包含了对著作权的保护，而且包括知识产权保护的综合协议，之所以提及系因为其具有重要意义，在著作权和邻接权保护方面，将包括《伯尔尼公约》在内的几个国际公约纳入其中，作为世界贸易组织成员必须给予著作权保护的最低标准，并在此基础上进一步明确了成员保护著作权和邻接权的最低水平。

5.《世界知识产权组织版权条约》（《WIPO 版权条约》）

1996 年 12 月 20 日，世界知识产权组织在日内瓦召开关于版权和邻接权若干问题外交会议上通过了《WIPO 版权条约》，该条约于 2002 年 3 月 6 日生效，在我国于 2007 年 6 月 9 日正式生效。

《WIPO 版权条约》不同于前述几项条约，其主要规范的著作权保护客体是计算机程序与数据汇编（数据库），权利内容中增加了一项公开传播的权利。此外，增加了关于技术措施与权利管理信息的义务，要求缔约各方通过国内法制止规避由作者为实现版权保护而采取的有效技术措施的行为。

（二）世界各国著作权保护制度的一般规定

如上所述，国际公约及条约仅对缔约国产生效力，且系对著作权保护的一般性规定，具体到国际展会的保护，还需要适用展会举办所在国的法律法规。一般而言各国均有对版权进行保护的法律法规，如中国、德国、美国有专门的著作权法对著作权进行保护，法国、意大利则规定在知识产权法典中，我国还出台了《展会知识产权保护办法》，对在我国境内举办的各类经济技术贸易展览会、展销会、博览会、交易会、展示会等活动中有关专利、商标、版权给予保护。

（三）展会主办方著作权保护的规则与协议

除遵守展会举办地法律法规外，一般情况下，参展商参加国际展会应当遵守展会主办方制定的规章制度及与之签署的协议，如 2016 年第 24 届上海国际广告技术设备展览会《参展商手册》规定了参展商对其展出的产品须拥有自主知识产权或经知识产权人的授权许可，不得存在侵权行为，如参展商的展品确属侵权，参展商应撤出展品，配合主办方和相关法律机构进行调查，并不以展品被撤为由要求退还展位费；此外，为解决上海国际广告展期间的知识产权问题及纠纷，还聘请专业律师事务所担任展会的法律、知识产权高级顾问。① 德国法兰克福展会管理方在参展商表格中加入了一个条款（需要参展商在展会开始时签署）：如果参展商收到德国法院禁止在展会上提供或展出某种商品的命令，而参展商拒绝执行法院命令，展会管理方有权暂停参展商参展，或禁止其参加以后的展会。②

二、国际展会著作权保护实践之途径

以上是有关著作权保护制度的规定，实践中国际展会著作权纠纷时有发生，据报道，2016年第119届广交会上版权类投诉案件44宗，占知识产权总投诉案件的9.2%，专利投诉案件占比74.4%，商标投诉案件占比16.1%。③ 从占比可见，著作权纠纷在国际展会中出现的概率较小。笔者认为造成这种结果的主要原因在于：著作权权属的难证明性。因为很多国家如同我国一样对著作权实行自动保护原则，故不同于专利、商标有绝对的权属证书，著作权很难证明其为权利人所有，虽然著作权亦可向有关部门申请权属证明，如在我国权利人可向中国版权保护中心登记，但毕竟仍是少数，这也就导致权利人即使在国际展会中发现侵权也很难有效维权；著作权保护力度不如专利权、商标权，故出现客体交叉的情况时，一般选择通过专利、商标保护，如家具，很多家具的外观具有著作权法意义上的作品，能够构成美术作品，但一般权利人选择申请外观设计专利进行保护；此外很重要的一点是国际展会一般侧重于产品本身，除个别产品本身能够构成作品外，产品主要涉及的还是商标与专利。

结合一些国际展会主办方制定的知识产权保护规则，如科隆国际展览有限公司的国际家具展知识产权规定、纽伦堡国际玩具展反假冒与盗版手册④、广东省美容

---

① 参见《第24届上海国际广告技术设备展览会参展商手册》，载http://www.apppexpo.com/uploadFiles/20160112094451 05211.pdf，最后访问时间：2016年9月22日。

② 中国—欧盟知识产权保护项目（二期）：《展会中的知识产权保护欧洲的经验和实践》（第二版），第16页。

③ 中国知识产权报："第119届广交会知识产权投诉案件大幅减少"，载http://www.ipr.gov.cn/article/gnxw/qt/201607/1892046.html，最后访问时间：2016年9月22日。

④ "纽伦堡国际玩具展反假冒与盗版手册参考译文"，载http://www.ipr.gov.cn/article/hwwq/jwzh/zn/200910/563010_1.html，最后访问时间：2016年9月22日。

美发化妆品行业协会的国际美博会知识产权投诉处理办法等,可知目前国际展会主办方对于著作权等知识产权保护的途径及程序,详述如下。

(一) 发警告函

相比于行政与司法途径的程序复杂、时间冗长,发警告函是一种既高效又便捷的方式,警告函是知识产权侵权纠纷常采用的私力救济方式,警告函可以是书面、口头等多种方式,可以以权利人自己名义发出,也可以委托律师发送律师函增加威慑力,一般建议采用书面形式以作为发生诉讼时证明诉讼时效中断、被告的侵权恶意的证据。警告函一般包含以下内容:著作权内容及权利人的所有权事实(可提供权属证明作为附件),侵权人的侵权产品或行为等侵权事实,要求侵权人承担停止侵权、赔偿损失等责任,侵权人继续侵权的后果如采取行政、诉讼等主张权利,权利人或其委托人的联系方式以供协商之用。

较具代表性的是德国的警告函制度,根据《德国反不正当竞争法》第 12 条第 1 款之规定:"有权主张停止侵害请求权的人,应当向债务人发出将启动诉讼程序的警告,并给予债务人通过发出一份适当违约金的停止侵害义务承诺书来解决纠纷的机会。如果警告是合法的,可以要求赔偿必要的费用。"[1] 可见德国要求警告函是诉前必要程序,但我国对此并无要求。

权利人发出警告函应慎重,应考察被警告方是否确已侵权或侵权可能性很大,否则权利人无正当理由发出警告函的行为也可能引起诉讼,甚至承担赔偿损失等责任。确认不侵权之诉即是因权利人发出警告函后,未采取行政或司法等措施,使被警告方的行为状态处于不确定状态,且有可能对被警告方的经营造成了阻碍、损失等,被警告方向法院起诉要求法院确认被警告方不侵权,且要求权利人承担因此对该被警告方造成的损失。

参展商在收到警告函后,应认真考察警告函中的内容,如发函方是否享有著作权或是主张权利的权利人,被控行为是否存在以及是否侵犯所述著作权,发函方所提的要求是否合法合理或能被己方所接受,权衡协商与诉讼利弊等。在确认上述内容后决定回函全部内容,包括是否接受对方请求、存在异议的部分、解决纠纷的方式等内容。一旦与发函方达成停止侵权的合意,则应当立即停止侵权行为,作撤展

---

[1] 毛海波:《国际展会知识产权保护研究》,华东政法大学 2012 年博士学位论文。

或遮盖等处理，否则发函方将可直接根据合意内容要求被警告方承担责任。如参展商认为自己展示的产品并未侵犯警告者的知识产权，或者展品虽侵权但警告函标明的标的额过高，则可选择拒绝在警告函上签字。当然，参展商在作出决定前，最好先向律师进行咨询，并权衡支付律师费与因对方申请临时禁令导致产品被撤展两者之间的利益得失。参展商如确信自己的产品未侵权，则在收到警告函的同时可向对方提出反警告，并向法院或者海关稽查署提交书面申请，请求获取保护，争取执法机构在对方当事人提出临时禁令申请时，不至于听取其一面之词就签发该禁令。[①]

（二）向展会主办方投诉

因展会持续时间较短且一般对于展会上的著作权保护具有急迫性，故最常采用的维权路径是向展会主办方设立的投诉接待站进行投诉，此时需要遵守主办方制定的相关投诉规定。

1. 投诉主体

有些展会针对投诉的主体设置限制，如一些展会仅受理参展商的知识产权投诉，还有的展会规定对于在往届展会投诉处理后未采取司法途径处理的参展商，本届展会如果就同一权利又对同一被投诉人投诉，不予受理。在对投诉主体无限制的情况下，只要是著作权权利人即可进行投诉。

2. 投诉处理程序

（1）提交投诉材料。投诉材料一般包括有效权属证明、权利人身份证明（非自然人还需要提供授权委托书）、被投诉人的相关信息及展位号、能够证明侵权的初步证据。

（2）送达投诉材料。投诉接待站收到投诉材料并审核符合要求后向被投诉人送达投诉材料并给予其一定的答辩期，一般不超过24小时。

（3）被投诉人答辩。被投诉人可在给予的答辩期内向投诉接待站提供不侵权的证据。

（4）主办方调查决定。投诉接待站处理人员对投诉材料与答辩材料结合审查，并至被投诉方现场调查后，认定是否侵权。

[①] 毛海波：《国际展会知识产权保护研究》，华东政法大学2012年博士学位论文。

3. 投诉时限

鉴于投诉接待站需要审查投诉材料以及给予被投诉方的答辩期，故投诉具有时限性，投诉人应当至少在展会结束前一天的上午提交投诉材料，否则投诉接待站不予受理。

4. 涉嫌侵权处罚

经投诉接待站审查后认为被投诉方侵权后，一般会要求被投诉方采取遮盖、撤架、封存相关宣传资料、更换展板等撤展措施，并要求其签署不再展出侵权项目的承诺书。

如被投诉人拒不撤展，则可能面临强制撤展、解除参展合同整体撤展，甚至被禁止参加主办方今后组织的任何展会的后果。

（三）申请当地行政执法部门处理

著作权侵权行为有专门的行政机关对其进行约束，各国甚至各地方规定不同，管理机关也不同。各国海关对著作权侵权行为可进行管理，TRIPs协议第51条规定："各成员应按照下述规定制订程序以便权利持有人在有确凿理由怀疑有假冒商标货物或版权盗版货物可能进口时，能向行政或司法主管机关提出书面申请，要求海关当局对这些货物中止放行，以免进入自由流通。各成员可以允许对涉及侵犯其他知识产权的货物提出这种申请，但是以符合本节规定的要求为限。各成员也可以规定相应的程序，对预定从其境内出口的侵权货物由海关当局中止放行。"即参展商在参展前可申请海关对其著作权进行保护，在侵权产品进口时海关采取终止放行的措施，从根本上杜绝侵权产品在展会上展出。此外，参展商亦可在参展过程中申请海关进行行政保护。

（四）向人民法院起诉

因法院诉讼时间较长、投入成本大，一般局限于展会举办的短暂性及被投诉人非本国主体，展会举办过程中采取起诉的方式较少，但起诉能较好地固定侵权事实，具有极强的公信力，且可要求经济赔偿，是制止侵权行为较为有效的方式。为更有效制止侵权行为，保证生效裁决可供执行，很多国家都规定了临时措施，较为典型的有诉前证据保全、临时禁令以及诉前财产保全。由于国际展会的时限性，临时禁令制度对权利人至关重要，因前文已经对此进行了讲解，在此不再赘述。

第二节　国际展会著作权侵权之形式

著作权的作品种类有很多，包括文字作品、口述作品、音乐作品、电影作品、美术作品、图形作品和模型作品、计算机软件等，以下是在国际展会中常见的侵犯表现形式。

一、展台设计著作权侵权

随着国际会展业的高速发展，参加展会的企业成百上千，如何使自己脱颖而出，吸引观众即潜在客户成为至关重要的问题。过去展台千篇一律，参展商主要将精力投入在产品上，如今参展商在展台搭建上也开始加大投入，委托专业的展台设计与搭建公司结合其参展商品搭建个性、美观的展台，以此吸引更多的观众，更好地推销自己的产品，在展会上催生出一种独特的作品表现形式——展台设计。

首先，展台设计应当在符合著作权要件的情况下才能受著作权保护，各国规定不同，我国规定受著作权保护的作品需要满足独创性以及能够被客观感知的外在表达的要件，因展台设计是结合了美术、建筑、光学等方面而创造出的智力成果，在作品种类的归类中有一定的综合性。2015年上海版权局公布的2014年度上海十大版权典型案件中，在原告九加公司诉被告世泰公司等侵害作品复制权纠纷案中，上海市浦东新区人民法院对涉案展台设计方案是否构成著作权法意义上的作品以及属于何种作品作了详细的认定，从著作权法的层面厘定了展台设计图作为图形作品、建筑作品与美术作品的边界，也为建筑设计类企业的版权维权提供了明确的指引，具体判定过程如下：涉案展台设计方案由12幅图片组成，其中4幅分别为封面、封底、材质图和平面布局图，以上图片表述简单粗略，并无独创性，不属于著作权法意义上的作品；剩余8幅图片包括鸟瞰图2幅、透视图4幅及局部图2幅，因其不具有精确、具体的数据尺寸，无法作为直接搭建展台的依据，故不属于著作权法所规定的工程设计图等图形作品；但是，该8幅图片以绘画的方式具体描绘了展台的内外部造型，具有一定的视觉吸引力和艺术美感，具有表达上的独创性，属于著作权法所规定的美术作品；原告九加公司为承揽被告世泰公司的展台工程而创作上述设计方案，对展台设计美术作品享有著作权，被告未经许可使用上述设计方案搭建展台，实为对九加公司享有著作权的美术作品进行从平面到立体的复制，侵犯了作品的复制权。[1]

展台设计著作权权利人不一定是参展商，关键要看设计方与参展商的协议约定，一般协议未明确约定的情况下权利归属于设计方所有，故笔者在此建议参展商尽可能在协议中明确约定著作权及其他权利归属于自身所有，如此一来不仅可以使自己的权益最大化，更能在遇到其他参展商仿冒自己展台设计时更高效地维护自身的权利；如无法取得著作权，则建议明确约定在该届展会中该设计仅供自己使用，不得给其他参展商设计相同或相似展台，避免设计方一图多卖的情形。

因展台搭建时间较短，其他参展商也很难获得设计方案，一般而言，其他参展商侵犯参展商所有的展台设计著作权可能性较小，国际展会中关于展台设计侵权更多发生的是参展商未经许可使用设计方的展台设计情形，如上述九加公司与世泰公司等的纠纷就是因九加公司在磋商过程中向世泰公司等提供了展台设计方案，最终双方未达成合意，但世泰公司仍使用了九加公司的展台设计搭展而产生纠纷；此外，北京某国际展会上还出现过参展商将设计方的展台设计图案给第三方使用的案例。[2]

二、产品著作权侵权

国际展会最主要的目的还是给参展商一个展示自己产品的平台，即产品应当是国际展会的主角，而国际展会上对产品的知识产权侵权投诉的高比例也恰恰印证了这一点。产品中涉及的作品种类可能有多种，并且各种展会针对行业不同，产品类型也就不同，对应著作权作品种类也不同，根据商务部服务贸易和商贸服务业司《中国展览行业发展报告（2015）》对全国418个城市（包括省级、副省级、地级和县级市）进行了展览行业基本数据调研，《2014年展览行业分布统计表》中展览数量排在前十位的行业是：汽车制造业，商务服务业，文化艺术业，专用设备制造业，批发业，

---

[1] 奚亮："上海市公布2014年度上海十大版权典型案件"，载http://shzw.eastday.com/shzw/G/20150512/u1ai149110p3.html，最后访问时间：2016年9月23日。

[2] 黎春红："会展知识产权侵权案例分析"，载http://www.doc88.com/p-7764201107408.html，最后访问时间：2016年9月23日。

文教、工美体育和娱乐用品制造业，零售业，家具制造业，居民制造业，建筑装饰和其他建筑业等。这十项行业中产品能够构成著作权上保护的作品主要集中在文化艺术业、文教、工美体育和娱乐用品制造业、家具制造业、建筑装饰和其他建筑业，涉及的作品种类主要为文字作品、美术作品、音乐作品和模型作品等，其中文字作品由于书籍数量庞杂且一般侵权比较隐蔽，所以在书展中很难发现侵权行为。

产品不仅包括展示的产品还包括购买产品的赠品，如在北京一书展中发生过一起因图书赠送VCD光盘发生的著作权侵权纠纷，被告在其出版的书籍后赠送含有三首歌曲的VCD光盘，原告系三首歌曲的词曲著作权和录音制品权的权利人，法院认定虽然VCD光盘是随书附赠的，并未单独销售，但书中标明赠送VCD，因此光盘是书的组成部分，且被告已经实施了复制发行的行为，VCD光盘是否单独标价销售并不影响被告侵权行为的成立，[①] 故建议参展商不仅要对产品的著作权侵权风险进行评估、规避，还要对赠品是否存在侵权风险进行审核。

产品侵权主要表现为未经许可使用，"未经许可使用"在此处是广义的概念，包含未经许可直接使用著作权人的作品和未经许可对著作权人的作品修改、汇编、翻译等行为，此种侵权方式在实践中十分常见，在此不再赘述。

三、产品宣传册著作权侵权

国际展会中，为使参观者对自身产品有更深入的了解，参展商一般会制作产品宣传册并进行发放，产品宣传册一般由图片和文字组成，而图片很可能构成摄影作品或美术作品，说明文字一般缺少著作权保护要件的独创性，但不排除构成文字作品的可能性，正因如此，国际展会中出现过多起参展商宣传册侵犯著作权纠纷，如2015广州国际智能广告标识及LED展览会上，星星灯饰公司（以下简称星星公司）发现明明灯饰公司（以下简称明明公司）在该展会上对外宣传和派发的户外灯具产品手册中，有36张图片与星星公司制作的产品宣传册高度雷同，法院经审理认为，36张拍摄图片是星星公司委托陈某根据公司的产品特性特意拍摄的，拍摄时对产品的摆放位置、角度以及在焦距、光圈、快门曝光的设定和灯光、背影、比例等拍摄

---

① 上海市浦东新区人民法院："某某制作有限公司诉王某等著作权侵权纠纷案"，载http://www.110.com/panli/panli_6454800.html，最后访问时间：2016年9月26日。

技巧上均有个性化的选择，具有独创性，因此这 36 张拍摄图片应属于著作权法意义上的摄影作品，应受我国著作权法所保护；虽然明明公司不承认这一事实，但该涉案手册上的所有信息都指向明明公司，明明公司是该手册的最终利益获得者，法院认定涉案户外灯具产品手册为星星公司所有。明明公司未经许可，擅自使用星星公司涉案摄影作品，并用于企业宣传推广，侵犯了星星公司对该摄影作品的著作权。[①]

同样是产品宣传册侵权纠纷，发生在第 22 届中国国际制冷展上的诉讼结果则不同，在华盖创意（北京）图像技术有限公司（以下简称华盖公司）诉东莞市生利达冷冻设备有限公司（以下简称生利达公司）著作权权属、侵权纠纷一案中，法院确认了华盖公司系涉案图片的权利人，但认为宣传册的制作、印刷无须经过审查、批准，任何人都可以随意制作，涉案宣传册如何取得系华盖公司单方陈述，并无任何证据加以证明，且其取得过程也未经过公证程序，因此该宣传册的来源无法确定，仅凭宣传册上印刷的公司信息并不足以推断该宣传册系生利达公司所有，根据现有证据，法院无法认定生利达公司实施了侵害涉案图片著作权的行为，最终认定生利达公司不侵权。同样是宣传册侵权，同样未经过公证取证，各地法院的判决结果不同，故为了避免出现侵权人否认侵权宣传册来源且法院要求权利人承担举证不能的后果，建议权利人主张著作权时采取公证取证的方式。

四、软件著作权侵权

随着互联网等新技术的发展，国际展会中对展品的展示方法结合互联网技术也有了更加丰富的变化。除传统的陈列展品本身及将重点展品和细小展品放大为数倍的模型或扩大数倍的广告摄影照片进行特写陈列外，越来越多的参展商选择采用一种较特别的展览方式——场景陈列法，即根据特定的展览环境，结合某种消费需求和相关的生活场景、生产活动、学习空间、劳动空间以及自然环境等，将展品恰当地组合在这一空间环境中，使其成为其中的角色，[②]这种展览环境有时就需要特殊的软件来营造。实践中还出现对展品通过特定软件进行 PPT、视频展览等方式，虽

[①] 爱微帮："借图需谨慎：展会'撞图'引纠纷，被告赔 1.7 万"，载 http://www.aiweibang.com/yuedu/135698333.html，最后访问时间：2016 年 9 月 26 日。

[②] 苦瓜营销："国外展会是怎样陈列展品的？"，载 http://www.coolgua.com/news/82.html，最后访问时间：2016 年 9 月 26 日。

然不直接将软件作为展品,但在使用计算机软件展示展品过程中,如使用盗版软件就可能面临被控侵权的风险,这也是展会主办方与参展商很容易忽略的问题,因此建议在参展前检查自己的宣传产品、展会设备是否使用了盗版软件。

五、字体著作权侵权

取得专利权、商标权的一个重要的前提是不能侵犯他人的在先权利,著作权也是在先权利的一种,如外观设计专利可能侵犯在先的美术作品著作权,商标也可能侵犯在先的书法作品、计算机字体等著作权。近几年关于计算机字体的维权案例越来越多,其中就有针对注册商标维权的判例,典型的案例如北京汉仪科印信息技术有限公司(以下简称汉仪公司)诉青蛙王子(中国)日化有限公司、福建双飞日化有限公司(以下简称双飞公司)字体侵权案,法院认为涉案秀英体字库中具有独创性的单字构成受著作权法保护的美术作品,被告福建双飞公司未经原告汉仪公司许可,在其注册的商标标识中使用原告汉仪公司享有著作权的秀英体,侵犯了原告汉仪公司对此所享有的美术作品复制权、获得报酬权。

六、其他著作权侵权

除上述常见的几种著作权侵权纠纷外,展览会本身有时也会是著作权保护的客体,关于《印象莫奈:时光映迹艺术展》(以下简称《印象莫奈展》)多媒体艺术展的著作权归属纠纷是一起典型关于展会本身著作权纠纷的案例。莫奈是印象派画家,《印象莫奈展》即是利用多媒体及沉浸式情景方式展览莫奈画作,这些多媒体作品是构成展会的最主要部分,是展览本身享有著作权的基础,也是争议双方产生纠纷的焦点,深圳小橙堡文化传播有限公司与一家名为BonDaVinc(中文名译为本达芬奇株式会社)的韩国公司都声称对该展会中的多媒体作品享有著作权,[①] 但鉴于双方还未采取诉讼手段,目前该纠纷尚无进展。

参展商广告语以及展会的主题词也可能构成著作权保护的作品,典型案例如上海世博会事务协调局诉上海弘辉房地产开发有限公司侵害著作权、特殊标志所有权、

---

① 澎湃新闻网:"《印象莫奈》画展的版权到底是谁的?韩国公司称中国公司侵权",载http://news.163.com/16/0912/09/C00J3UA800014SEH.html,最后访问时间:2016年9月26日。

专有名称权纠纷一案,"申博办"在申博过程中创作了"上海世博会主题词",并依法将中、英、法三种文字的"城市让生活更美好"进行了著作权登记。"申博办"被撤销后,上海世博会对"上海世博会主题词"依法享有著作权。弘辉公司在宣传横幅中将"城市让生活更美好"与"士博汇让住宅更精彩"结合在一起,在售楼广告中使用"Better City Better Life",法院据此认定上海弘辉房地产开发有限公司未经上海世博会同意将"上海世博会主题词"作商业性使用,构成了对原告著作权的侵害。

国际展会中,为吸引观众或营造气氛,参展商或展会主办方会播放电影或音乐,但这种播放行为涉及商业使用,超越了合理使用的范畴,故如果未经过权利人的许可播放的行为,亦有可能遭遇著作权人的侵权控诉,实践中就发生过参展商在展会中未经许可播放音乐而认定侵犯著作权的案例。

第三节　国际展会著作权侵权之认定

凡是满足著作权保护要件的作品都能受到著作权的保护,著作权的保护要件主要是独创性,即很有可能出现两个独立创作出的作品相似的情形,这种情况下不论双方创作时间的先后,双方都不构成对彼此著作权的侵权,如摄影作品,双方对同一物体进行拍摄很可能形成十分相似的作品,也正是由于著作权的这一特性,使得著作权侵权认定形成了独有的认定方法——"接触+实质性相似"的认定方法。

一、"接触+实质性相似"侵权认定方法

"接触+实质性相似"是知识产权领域侵权行为认定的重要规则。在美国,实质性相似规则自判例创设以来,其争议与质疑就没有停止过,但其在版权侵权中的核心地位没有改变[1]。该规则最早应用于商业秘密侵权的认定上,我国著作权相关

---

[1] 阳贤文:"美国司法中实质性相似之判断与启示",载《中国版权》2012年第5期。

法律规定仅笼统地规定了侵权行为，但未就具体认定方式进行规定，经过长期的司法实践探索，结合著作权侵权的特点，形成了"接触+实质性相似"的认定方法。所谓"接触+实质性相似"是指被控侵权人有接触著作权人作品的可能或机会，且被控作品与著作权人的作品在表达层面构成实质性相似，这种情况下被控作品构成侵权。该原则的要点是：（1）两件作品或技术经鉴定构成实质性相似，即创造在后的作品或技术与创造在先的作品或技术在思想表达形式或思想内容方面构成同一；（2）被控侵权作品或技术的行为人接触了享有知识产权的在先作品或技术[①]。

"实质性相似"的认定，因著作权仅保护表达而不保护思想，故认定著作权是否构成实质性相似其实是认定作品在表达上是否构成实质相似，而表达与思想的界限比较模糊，一般利用金字塔原理，金字塔的顶端是思想，底端是表达，越靠近金字塔底端就越接近于表达，越接近于顶端则越接近于思想，2014年广受关注的陈喆（笔名琼瑶）与余征（笔名于正）等著作权侵权纠纷，系使用"接触+实质性相似"认定方法及金字塔原理的典型案例。

二、"接触+实质性相似"侵权认定方法实例

2014年5月，原告陈喆向北京市第三中级人民法院起诉称其于1992—1993年创作完成了电视剧本及同名小说《梅花烙》，享有该等作品著作权，且上述作品在中国地区多次出版发行，拥有影响力。2012—2013年间，余征未经陈喆许可，擅自采用陈喆的上述作品核心独创情节进行改编，创作电视剧本《宫锁连城》，其余被告共同摄制了电视剧《宫锁连城》，严重侵犯了陈喆享有的著作权。因此原告提起诉讼，要求认定侵权、停止侵权、公开道歉、赔偿损失等。被告余征及其余被告从原告指控被告侵权的人物关系、所谓"桥段"及"桥段组合"属于特定场景、公有素材或有限表达、不受著作权法保护等多个方面进行了答辩。

在本案一审判决中法官以大量篇幅对如何判断文学作品的思想及表达进行了分析，使用了"抽象概括法"这一区分方法，具体为"将一部文学作品中的内容比作一个金字塔，金字塔的底端是由最为具体的表达构成，而金字塔的顶端是最为概括抽象的思想""位置越接近底端，越可归类于表达"。文学作品中的人物设置、人物关

[①] 吴汉东："试论'实质性相似+接触'的侵权认定规则"，载《法学》2015年第8期。

系及情节均存在思想与表达的分界，如何进行判断主要看其"属于概括的、一般性的叙事模式，还是具体到了一定程度足以产生感知特定作品来源的特有欣赏体验，如果具体到了这一程度，足以达到思想与表达的临界点之下，则可以作为表达"。

关于"接触"要件的认定，法院认为：电视剧的公开播出即可推定为相应剧本的公开发表。本案中，电视剧《梅花烙》的公开播出即可达到使剧本《梅花烙》内容公之于众的效果，受众可以通过观看电视剧的方式获知剧本《梅花烙》的全部内容。因此，电视剧《梅花烙》的公开播出可以推定为剧本《梅花烙》的公开发表。鉴于余征、湖南经视公司、东阳欢娱公司、万达公司、东阳星瑞公司均具有接触电视剧《梅花烙》的机会和可能，故可以推定其亦具有接触剧本《梅花烙》的机会和可能，从而满足了侵害著作权中的接触要件。

关于"实质性相似"的认定，法院经审理认为：小说、剧本等文学作品作为著作权法意义上的作品，受著作权法保护，而作品的表达元素，包括足够具体的人物设置、人物关系、情节事件、情节发展串联、人物与情节的交互关系、矛盾冲突等，通常会融入作者的独创性智慧创作，凝结着作品最为闪光的独创表达，应当受著作权法保护，经仔细对比人物设置与人物关系、情节、整体后，且考量受众对于前后两作品之间的相似性感知及欣赏体验，以相关受众观赏体验的相似度调查为参考，占据绝对优势比例的参与调查者均认为电视剧《宫锁连城》情节抄袭自《梅花烙》，可以推定，受众在观赏感受上，已经产生了较高的及具有相对共识的相似体验。综上，可以认定，剧本《宫锁连城》涉案情节与涉案作品的整体情节具有创作来源关系，构成对涉案作品的改编，侵害了陈喆基于涉案作品享有的改编权，依法应当承担相应的侵权责任。

三、"接触+实质性相似"认定方法在国际展会著作权保护中的应用

由于著作权保护存在相似作品不侵权的可能性，这给国际展会著作权保护在认定侵权上增加很大的难度，即使有"接触+实质性相似"认定方法，但国际展会涉及国家范围十分广泛，在对"接触"要件认定上就存在疑难，很难找到分属两个国家的参展商有接触到彼此作品的机会。但在互联网、交通、会展业如此发达的今天，很可能存在难以察觉的接触途径，故亦不能断然判定不存在接触可能性，因此在认

定"接触"要件上已经存在很大的不确定性,而这对于认定是否侵权起着决定作用。在国际展会这一特殊背景下"接触+实质性相似"对实现公平正义有一定的局限性,尤其对于向展会主办方投诉的途径维权而言,限于投诉处理人员的专业水平,较难实现维权。

第四节 国际展会著作权纠纷案例之分析

一、国际展会著作权纠纷案例简介

在第 21 届中国国际服装服饰博览会(以下简称国际服装展会)上,和展天下(北京)国际会展有限公司(以下简称和展公司)诉武汉市服装商会(以下简称服装商会)、德展(北京)国际展览有限公司(以下简称德展公司)展台设计著作权侵权,其中和展公司系涉案展台设计的著作权人,服装商会系展台使用者,德展公司系侵权展台设计的设计方及实际搭建者,事件发生过程如下。

服装商会为组织其会员武汉市合荣服饰有限公司(以下简称合荣公司)等 8 家企业参加第 21 届中国国际服装服饰博览会,与和展公司等多家公司洽谈了展台的设计、搭建等事宜,2013 年 2 月,和展公司在与合荣公司经理陈飞磋商过程中,提供了 2 套设计方案并提供了报价单,但和展公司与服装商会、合荣公司之间并未最终签订合作协议。

2014 年 3 月,服装商会与德展公司达成协议,由德展公司为服装商会参加第 21 届中国国际服装服饰博览会设计并搭建展台,且向德展公司披露了和展公司的展台设计方案。

2013 年 3 月 26 日至 29 日,和展公司在国际服装展会上发现服装商会使用的展台设计剽窃了其出具的设计方案,总体外观设计及展台形状和其出具的设计方案图如出一辙,故向北京市顺义区人民法院提起诉讼,要求服装商会与德展公司共同承担侵权责任。

服装商会答辩其与德展公司签订合同,将展台设计、制作、搭建、撤展全部交给该公司负责，为此服装商会并未侵犯和展公司的著作权，非适格被告。

德展公司则辩称其向服装商会提交的设计方案为独立完成，享有该设计方案独立完整的著作权，该著作权的形成时间早于和展公司，不存在侵犯和展公司著作权的可能；德展公司从未可能或实质性接触过和展公司的设计方案，且其设计方案与和展公司设计方案存在明显差别，不具有实质性相似；和展公司的设计方案不具有独创性，该设计方案在展台展览等商业活动中广泛使用。

一审法院对于服装商会、德展公司的理由均未支持，最终认定服装协会与德展公司侵犯了和展公司的著作权；德展公司不服一审判决，向北京市第三中级人民法院提起了上诉，二审法院驳回上诉维持原判；德展公司又向北京市高级人民法院提出再审申请，再审法院最终作出驳回再审申请的民事裁定。

（一）一审法院认定过程

本案中，服装商会认可其委托合荣公司的陈飞针对第21届中国国际服装服饰博览会布展事宜联系了包括和展公司在内的多家公司洽谈合作，服装商会的秘书长李群宝证实服装商会委托合荣公司的陈飞及汪先生处理参展事宜等，因此陈飞及汪先生与和展公司针对涉案展台的洽商过程应为受服装商会的委托并代表服装商会，服装商会应为陈飞、汪先生的行为后果承担民事责任。经本院调查，手机号码138××××××××的用户名称为陈飞，结合本院查明的其他事实，可以认定该陈飞为合荣公司的陈飞。陈飞于2013年2月1日向和展公司工作人员曹计鲁发送的手机短信内容，可以证实陈飞收到了和展公司一套设计方案及报价单，手机短信内容与×××聊天记录显示的曹计鲁向"服装展汪先生"发送设计方案、"艾斯德尼ASDN"表示方案已看过，电子邮件显示的曹计鲁向"艾斯德尼ASDN"×××邮箱发送设计方案，从时间到内容上相互印证，亦与和展公司展示的两套设计方案创建时间相互印证，故本院认定和展公司向本院提交的证据形成了证据链，结合当事人的陈述及本院查明的事实，可以证实和展公司向服装商会提供了两套设计方案。服装商会获得和展公司的设计方案后，德展公司有机会接触和展公司的设计方案，故德展公司关于其没有可能接触和展公司设计方案的辩解意见本院不予采信。

和展公司主张享有著作权的两套设计方案，系和展公司与服装商会洽商合作过程中按服装商会的要求创作完成，在没有相反证据的情况下，和展公司享有该两套设计方案的著作权，他人未经许可不得使用。德展公司关于和展公司的设计方案不具有独创性的辩解意见本院不予采信。

服装商会在参加第 21 届中国国际服装服饰博览会期间使用的德展公司的武汉服装展团设计方案与和展公司的设计方案比较，虽然存在展台顶部设计等不同之处，但两者在展台的整体形状，舞台的形状及舞台与 LED 电视、舞台两旁立柱装饰的组合设计等展台的主要构造设计上构成相似。如前所述，德展公司有机会接触和展公司的设计方案，且德展公司未能举证证明其针对涉案展台的设计时间在和展公司的设计方案之前，故可以认定德展公司的武汉服装展团设计方案抄袭了和展公司的设计方案，构成了著作权法意义上的复制行为。因此，即使涉案设计方案确实在 2012 年 12 月 30 日之前即已存在，德展公司的武汉服装展团设计方案与和展公司设计方案存在相似之处，亦不能否定德展公司抄袭和展公司设计方案的事实。故德展公司关于其不存在侵权行为的辩解意见本院亦不予采信。

服装商会作为涉案展台的实际使用者，在未与和展公司协商一致的情况下擅自向他人披露在磋商阶段收到的和展公司涉案展台设计方案，德展公司在承揽涉案展台的设计搭建等工作后，在展台的设计上抄袭和展公司设计成果，系未经许可使用他人作品的行为，侵犯了和展公司的复制权、署名权，依法应承担赔偿损失的法律责任。关于赔偿经济损失的数额，根据我国《著作权法》第 49 条的规定，侵权人应当按照权利人的实际损失给予赔偿；实际损失难以计算的，可以按照侵权人的违法所得给予赔偿；二者均不能确定的，可以根据侵权情节酌情判处；赔偿数额还应当包括权利人为制止侵权行为所支付的合理开支。和展公司以其前 6 项报价为基数按 20% 计算的毛利率主张赔偿，无事实及法律依据，本院不予支持。和展公司主张的设计费数额较为合理，本院同时根据服装商会及德展公司的过错程度、因侵权的获利等因素，酌情确定和展公司的经济损失为 2 万元。关于和展公司为本案支付的律师代理费，确属合理支出，本院予以支持。

（二）二审法院认定过程

根据德展公司的上诉请求及理由，本案有如下焦点问题。

第一，关于德展公司认为原审法院违反法律程序主动调查取证一节。依据我国《民事诉讼法》第 64 条第 2 款规定，当事人及其诉讼代理人因客观原因不能自行收集的证据，或者人民法院认为审理案件需要的证据，人民法院应当调查收集。《最高人民法院关于适用〈中华人民共和国民事诉讼法〉若干问题的意见》第 73 条规定，依照《民事诉讼法》第 64 条第 2 款规定，由人民法院负责调查收集的证据包括：(1) 当事人及其诉讼代理人因客观原因不能自行收集的；(2) 人民法院认为需要鉴定、勘验的； (3) 当事人提供的证据互相矛盾、无法认定的； (4) 人民法院认为应当由自己收集的其他证据。原审法院为查明本案关键事实，赴中国移动通信集团湖北有限公司、合荣公司调取的电信信息和"陈飞""汪先生"的身份证据，是原审原告及其诉讼代理人因客观原因不能自行收集的。而且调取的"陈飞"和"汪先生"的身份证据，是原审原告已经提供了初步证据而原审被告不予认可但未提供有效反证的重要证据。为保障当事人的合法权益，查清本案重要事实，原审法院决定主动调查取证，并未违反相关法律规定。对德展公司主张的该上诉理由，本院不予采纳。

第二，和展公司提供的联系案外人×××聊天记录、电子邮件等电子证据内容是否应该采信的问题。我国《民事诉讼法》明确规定，证据包括电子数据。由于电子证据的形成、取得有一定的特殊性，对于电子证据的认定，人民法院应当采取谨慎的态度。原审法院将×××聊天记录、电子邮件等证据的内容与其他证据相结合，认定了电子证据的真实性，且在权衡了双方提供证据的效力后，采信了电子证据的内容，并无不妥，本院予以支持。在上诉人没有反证予以推翻原审认定事实的前提下，对上诉人主张否认本案电子证据证明的内容，本院不予采纳。

第三，和展公司方案是否有独创性，以及德展公司使用的设计方案与和展公司方案是否构成实质性相似。德展公司主张和展公司设计方案与在先设计雷同无独创性，但未提供充分有效证据予以佐证，本院不予支持。和展公司涉案两个方案在整体外观、主体结构上基本相同，只是出口和 T 台走向不同。德展公司使用的设计方案虽与和展公司方案在局部细节上存在差异，但在整体外观、主体结构、T 台设计等方面相近似，从直观视觉效果看，构成了对和展公司方案的再现。因此，原审法院认定德展公司使用的设计方案与和展公司方案构成实质性相似，并无不妥。

第四，关于德展公司是否接触了和展公司方案的问题。服装商会认可其委托陈飞联系布展事宜，理应对陈飞联系和展公司设计展台的洽商结果负责。通过当事人提供的×××聊天记录、电子邮件以及原审法院调查取得的证据，可以认定服装商会通过陈飞获得了和展公司的设计方案。德展公司在案件审理过程中，未能向人民法院提供设计草图、创作记录等能够证明其独立完成涉案设计方案的相关证据，仅辩称其没有接触可能，原审法院对此未予采纳，并无不妥。综合现有证据，原审法院认定德展公司有机会通过服装商会接触和展公司的设计方案，本院不持异议。

第五，关于和展公司请求赔偿的事实和法律依据。依据我国《著作权法》第49条之规定，侵犯著作权或者与著作权有关的权利的，侵权人应当按照权利人的实际损失给予赔偿；实际损失难以计算的，可以按照侵权人的违法所得给予赔偿。赔偿数额还应当包括权利人为制止侵权行为所支付的合理开支。权利人的实际损失或者侵权人的违法所得不能确定的，由人民法院根据侵权行为的情节，判决给予50万元以下的赔偿。本案中，虽然和展公司不能提供实际损失的证明，但不影响人民法院根据服装商会、德展公司的合同利益、过错程度、侵权行为情节等，酌情认定赔偿数额，对权利人施与救济。原审法院判决服装商会、德展公司承担连带赔偿责任，于法有据。对德展公司该上诉主张，本院不予支持。

（三）再审法院认定过程

本院经审查认为，申请人主张其设计方案为在先设计具有独创性，但未提供充分有效证据予以佐证，申请人使用的设计方案虽与被申请人方案在局部细节上存在差异，但在整体外观、主体结构、T台设计等方面相近似，从直观视觉效果看，构成了对被申请人方案的再现，因此一、二审法院认定申请人使用的设计方案与被申请人方案构成实质性相似并无不妥，故德展（北京）国际展览有限公司的再审申请无事实和法律依据，本院不予支持。综上，申请人德展（北京）国际展览有限公司的再审申请不符合我国《民事诉讼法》第200条规定的情形。本院依照我国《民事诉讼法》第204条第1款之规定，裁定如下：

驳回德展（北京）国际展览有限公司的再审申请。

二、国际展会著作权纠纷法律原理分析

（一）著作权人认定的法律一般规定

《著作权法》

第十一条 著作权属于作者，本法另有规定的除外。

创作作品的公民是作者。

由法人或者其他组织主持，代表法人或者其他组织意志创作，并由法人或者其

他组织承担责任的作品，法人或者其他组织视为作者。

如无相反证明，在作品上署名的公民、法人或者其他组织为作者。

《最高人民法院关于审理著作权民事纠纷案件适用法律若干问题的解释》

第七条　当事人提供的涉及著作权的底稿、原件、合法出版物、著作权登记证书、认证机构出具的证明、取得权利的合同等，可以作为证据。

在作品或者制品上署名的自然人、法人或者其他组织视为著作权、与著作权有关权益的权利人，但有相反证明的除外。

本案和展公司向法院提交了聊天记录、电子邮件、手机短信、设计方案等证据证明其为涉案展台设计方案的权利人，法院据此认定形成证据链，在没有相反证据的情况下，和展公司享有该两套设计方案的著作权。

（二）侵权行为认定的法律一般规定

《著作权法》

第四十七条　有下列侵权行为的，应当根据情况，承担停止侵害、消除影响、赔礼道歉、赔偿损失等民事责任：

（一）未经著作权人许可，发表其作品的；

（二）未经合作作者许可，将与他人合作创作的作品当作自己单独创作的作品发表的；

（三）没有参加创作，为谋取个人名利，在他人作品上署名的；

（四）歪曲、篡改他人作品的；

（五）剽窃他人作品的；

（六）未经著作权人许可，以展览、摄制电影和以类似摄制电影的方法使用作品，或者以改编、翻译、注释等方式使用作品的，本法另有规定的除外；

（七）使用他人作品，应当支付报酬而未支付的；

（八）未经电影作品和以类似摄制电影的方法创作的作品、计算机软件、录音录像制品的著作权人或者与著作权有关的权利人许可，出租其作品或者录音录像制品的，本法另有规定的除外；

（九）未经出版者许可，使用其出版的图书、期刊的版式设计的；

（十）未经表演者许可，从现场直播或者公开传送其现场表演，或者录制其表

演的;

(十一)其他侵犯著作权以及与著作权有关的权益的行为。

本案最大的争议焦点在于德展公司、服装商会是否侵犯和展公司的著作权,德展公司提出其设计方案时间早于和展公司,但以电脑中毒无法提取创建时间而未提供相关证据,在此情况下,法院根据侵权认定的"接触+实质性相似"原则,认定和展公司向服装商会提供设计方案,德展公司作为服装商会的设计方,有机会接触和展公司的展台设计方案,且经对比服装商会的展台与和展公司的展台设计方案构成实质性相似,故在德展公司没有充分证据证明其设计方案早于和展公司时,法院最终认定德展公司抄袭了和展公司的设计方案,构成著作权法意义上的复制行为,而服装商会作为涉案展台的实际使用者,在未与和展公司协商一致的情况下擅自向他人披露在磋商阶段收到的和展公司涉案展台设计方案,且使用了与和展公司相似的展台设计方案,系未经许可使用他人作品的行为,侵犯了和展公司的著作权。

(三)损害赔偿确定的法律一般规定

《著作权法》

第四十九条 侵犯著作权或者与著作权有关的权利的,侵权人应当按照权利人的实际损失给予赔偿;实际损失难以计算的,可以按照侵权人的违法所得给予赔偿。赔偿数额还应当包括权利人为制止侵权行为所支付的合理开支。

权利人的实际损失或者侵权人的违法所得不能确定的,由人民法院根据侵权行为的情节,判决给予五十万元以下的赔偿。

《最高人民法院关于审理著作权民事纠纷案件适用法律若干问题的解释》

第二十四条 权利人的实际损失,可以根据权利人因侵权所造成复制品发行减少量或者侵权复制品销售量与权利人发行该复制品单位利润乘积计算。发行减少量难以确定的,按照侵权复制品市场销售量确定。

第二十五条 权利人的实际损失或者侵权人的违法所得无法确定的,人民法院根据当事人的请求或者依职权适用著作权法第四十八条第二款的规定确定赔偿数额。

人民法院在确定赔偿数额时,应当考虑作品类型、合理使用费、侵权行为性质、后果等情节综合确定。

当事人按照本条第一款的规定就赔偿数额达成协议的,应当准许。

第二十六条 著作权法第四十八条第一款规定的制止侵权行为所支付的合理开支,包括权利人或者委托代理人对侵权行为进行调查、取证的合理费用。

人民法院根据当事人的诉讼请求和具体案情,可以将符合国家有关部门规定的律师费用计算在赔偿范围内。

根据我国《著作权法》,确定赔偿数额时是按照权利人的实际损失、侵权人的违法所得的顺序来确定,本案给和展公司造成的实际损失应当是设计费用,但和展公司给服装商会的报价中未明确设计费用,德展公司的所得也无法明确,故法院只能结合各项因素酌定赔偿。

三、国际展会著作权纠纷处理建议

本案发生的起因在于和展公司在磋商阶段向服装商会提供设计方案,而服装商会在双方未能达成合作合意的情况下泄露了设计方案,德展公司又使用了相似的设计方案,纵观整个案件过程,不论是站在设计方还是参展商角度都能得到一些启发性建议。

(一)对设计方的建议

1. 国际展会设计方与参展方磋商阶段签订意向性协议

实践中,很多参展商为展台设计向多家设计方发出要约邀请,且要求设计方在与参展商磋商过程中即向其提供展台设计方案,在这种情况下设计方往往在无法确认双方是否会最终合作的状态下先行提交设计方案。为了避免出现如同本案中否定联系人授权的情况,建议先行与参展商签订意向性协议,协议并不需要确认双方一定合作,但通过协议要表明双方的身份,指定联系人及联系电话、邮箱、地址等,约定服务内容以及非常重要的保密义务及违约责任等条款,以对参展商的行为作约束,避免参展商未经许可擅自使用或泄露展台设计方案,此外,也可通过协议直接向参展商主张违约责任,减小证明因侵权所遭受损失等的举证责任。

2. 国际展会设计方设计底稿的保存及署名

本案中和展公司证明其为权利人的一个关键证据是设计方案底稿,且显示了创建时间与修改时间，而德展公司败诉的原因也在于其不能提供创建时间早于和展公司的证据，可见，设计底稿保存的重要性。有鉴于此，建议设计方在修改的过程中保留每次修改的修改稿，并在多台设备中备份。

如前文所述，我国相关司法解释规定了在作品或者制品上署名的自然人、法人或者其他组织视为著作权、与著作权有关权益的权利人，但有相反证明的除外。本案中和展公司并未在设计文件上署名，导致了需要举出很多相关证据证明权利归属，增加了不必要的诉讼成本，故建议设计方在设计方案上署名。

3. 国际展会设计方采用邮件方式发送设计方案

证明使用者侵犯著作权，除需要证明使用者使用的展台设计与自身设计方案相同或相似外，还需要证明使用者有接触到自己展台设计方案的可能性。实践中很多通过QQ、微信等发送设计方案，需要提醒注意的是，QQ、微信记录因可以通过技术手段篡改，证明力较弱，在无其他旁证佐证的情况下，很可能面临司法机关否定其证明力的风险，为规避该风险，建议向其前述意向性协议指定的邮箱中发送，或当场提交时要求其出具已签收证明并加盖公章。

4. 国际展会设计方发送书面报价并明确约定设计费用

本案因和展公司在报价中未能明确设计费用而判决酌定赔偿，导致赔偿额畸低。为方便今后诉讼中对实际损失的举证，避免法院因无法证明损失而酌定赔偿，建议设计方在发送设计方案的同时进行书面报价，并在报价中明确设计费用。

5. 国际展会设计方应及时收集侵权证据

由于展台仅在展会举办期间搭建使用，展会结束展台就会撤展，故设计方一旦发现侵权行为，应及时收集侵权方的使用行为证据，在证据举证方式上，建议采取公证或申请证据保全的方式，此种方式公信力较高，且可以避免侵权方因展台撤展而灭失否认侵权行为的风险。

（二）对设计使用方（参展商）的建议

1. 国际展会中有多家设计方时做好隔离措施

一般为保险起见，或为了多家对比得到最好的展台设计方案，很多参展商同时与多家设计方进行磋商并在磋商阶段收到多家设计方的展台设计方案。在这种情况下，很可能因参展商的要求相同而收到相似的展台设计方案，就可能出现如同本案的纠纷，参展商也可能牵涉其中。故为了避免这种风险的出现，建议对多家设计方做好隔离措施，避免各设计方通过参展商获得彼此的设计。以下为几项建议采取的措施。

（1）向所有设计方公开具体的设计要求及必备设计元素，如此一来，如果设计方的展台设计方案相似是由于设计要求及设计元素，就很难认定谁侵权。

（2）对所有设计方要求同一时间交稿，设计方案侵权部分原因在于交稿时间有先后，后交稿的就有可能通过参展商接触到先交稿的设计方案，故建议参展商对所有设计方都设立相同的交稿时间，具体到时刻更有利于参展商免除责任，且明确告知所有设计方：提前交稿或延迟交稿的设计方如无充分证据证明参展商泄露设计方案，则不得追究参展商的侵权责任。

（3）向设计方指定不同联系人，即做到与设计方交涉、接受设计方案的人不同，从而在参展商内部做到隔离，减小泄露可能性。

（4）用意向性协议约定免责条款，如上所述可约定交稿时间的免责条款，还可约定："设计方认可参展商的内部隔离措施，如无充分证据证明参展商泄露其方案，则视为参展商未泄露设计方案，且不追究参展商的任何责任。"

（5）国际展会参展商在协议中明确约定展台设计侵犯他人权利的违约责任。

本案中服装商会因德展公司的抄袭行为而承担侵权责任，在不可规避参展商的泄露过错时，为了保障参展商对德展公司的追索权，建议参展商在与最终确定的设计方签订合作协议时，可明确约定：设计方提供的设计方案不得侵犯任何人的权利，否则，设计方应向参展商承担合同总价款的2倍作为违约金，如违约金无法弥补给参展商造成的损失（包括但不限于赔偿金、罚金、调查取证费、律师费、诉讼费等），应足额赔偿损失。此处应当注意，我国《合同法》规定①，合同双方可以约定违约金的数额以及违约产生的损失赔偿额的计算方法，但约定的违约金过分高于损失的，当事人可请求法院或仲裁机构适当减少。且在《最高人民法院关于适用〈中华人民

---

①《合同法》第114条规定："当事人可以约定一方违约时应当根据违约情况向对方支付一定数额的违约金，也可以约定因违约产生的损失赔偿额的计算方法。

约定的违约金低于造成的损失的，当事人可以请求人民法院或者仲裁机构予以增加；约定的违约金过分高于造成的损失的，当事人可以请求人民法院或者仲裁机构予以适当减少。

当事人就迟延履行约定违约金的，违约方支付违约金后，还应当履行债务。"

共和国合同法〉若干问题的解释（二）》第 29 条第 2 款中规定，[①] 当事人约定的违约金超过造成损失的 30% 的，一般可以认定为《合同法》第 114 条第 2 款规定的"过分高于造成的损失"。因此，如果侵权纠纷最终诉诸仲裁或诉讼程序，此处过高的违约金可能得不到支持。

2. 国际展会参展商应明确约定著作权权属

在司法实践中，一些展台设计侵权纠纷是由于著作权权属约定不明确而产生的。由于展台设计的设计方与展台的使用方实际是委托与被委托关系，即使用方委托设计方设计搭建展台。而根据我国《著作权法》第 17 条[②]，如果双方在委托设计合同中没有明确约定著作权的归属，那么该展台设计的著作权就归属于受托人，即设计方。这样就很有可能造成在国际展会中，设计方将同一展台设计卖给多个展商，对参展商的参展活动造成不良后果。因此参展商应与设计方明确约定展台设计的著作权归属，如在合同中约定展台设计方所做全部设计包括但不限于最终设计、设计过程中产生的文稿等的著作权及其他知识产权全部归属于参展商，设计方无权使用该设计或将该设计转让、许可给他人使用等。

第五节 国际展会著作权之责任主体

虽然国际公约、各国法律都对侵犯著作权的行为进行了规制，但展会出现的关于著作权纠纷仍层出不穷，一方面说明了权利人的维权意识增强，另一方面也说明

---

①《最高人民法院关于适用〈中华人民共和国合同法〉若干问题的解释（二）》第 29 条规定："当事人主张约定的违约金过高请求予以适当减少的，人民法院应当以实际损失为基础，兼顾合同的履行情况、当事人的过错程度以及预期利益等综合因素，根据公平原则和诚实信用原则予以衡量，并作出裁决。

当事人约定的违约金超过造成损失的百分之三十的，一般可以认定为合同法第 114 条第 2 款规定的'过分高于造成的损失'。"

②《著作权法》第 17 条规定："受委托创作的作品，著作权的归属由委托人和受托人通过合同约定。合同未作明确约定或者没有订立合同的，著作权属于受托人。"

了侵权行为的猖獗。为更好地保护参展商、著作权人的权利，维持国际展会的正常秩序，实现展会交流及展示的目的，行政机关、展会主办方、参展商与司法机关在保护国际展会知识产权中各司其职尤为关键。故结合各国及各大展会对著作权的保护对策主要围绕以下4个主体的行为而展开。

一、国际展会中著作权行政机关之作为

如上文所说，海关等行政机关对著作权侵权行为有管理处罚权，行政机关作为执法机关对保护国际展会的知识产权有着重要作用，目前行政机关主要是收到权利人申请后才进入著作权的纠纷处理中，但国际展会有来自各国、各地区的参展商，其对于展会所在地的法律以及监管部门很可能没有深入了解，而国际展会时间短暂，其他国家参展商在发现侵权行为后很难在短时间内找到有权机关并提供符合有权机关要求的文件进行维权，故建议行政机关在国际展会举办前即与国际展会主办方展开合作，在国际展会发给参展商的文件中加入行政机关维权指引，指引中应包含各行政机关对包括著作权在内的知识产权的管辖权限，构成侵权的认定标准，申请维权所需要的条件及所需提供的材料，各行政机关的联系地址及电话等内容，保障所有参展商尤其是非本国的参展商能够有效维权。

除在展会举办前对以行政途径维权进行告知外，据笔者所知，上海国际展会举办过程中，上海知识产权局相关部门还在展会现场派驻工作人员、聘请专业律师以解决知识产权纠纷，这种做法有利于更为及时、有效地处理著作权等知识产权纠纷，给所有参展商一个公平的参展环境。因此，建议展会所在地的国家、地区在完善著作权等知识产权维权制度及程序的同时，能够主动与展会主办方达成合作，在事前、事中都能够主动介入，在本国、本地参展商与其他国家地区参展商之间实现基本的程序公平正义，避免出现投诉无门的情况。

二、国际展会中展会主办方之义务

展会主办方主要的工作内容是组织展会并向参展商提供服务，保护参展商的知识产权不受侵犯是展会的服务内容之一，也是提高参展商参展体验的一大亮点，同时有利于降低主办方本身承担的风险，保证展会安全开展。结合各国际展会主办方

的实践经验，建议展会主办方在著作权等知识产权保护服务方面能够从以下几方面作出努力。

（一）完善著作权保护及投诉处理制度

除国际公约及各国法律法规外，展会主办方相关知识产权保护制度也是对著作权人进行保护的重要制度，因此建议展会主办方能结合其组织的展会的特点，并在不违反国家法律法规的前提下制订专门的著作权等知识产权保护制度。著作权保护制度应明确规定受展会主办方制度保护的主体、客体、权利内容，展会主办方及参展商知识产权保护方面的义务，违反本制度的处罚主体及处罚方式，对处罚不服的申诉途径等内容；如认为无制订必要或内容与本国著作权法律法规无实质性区别，则可以直接依据本国的法律法规对展会的著作权进行保护。

此外，为便利著作权人维权，国际展会主办方应当做到直接接受投诉、处理著作权纠纷，这就需要主办方制订相应的投诉处理制度，主要内容包括但不限于纠纷投诉受理机构、展前约定、投诉要求、投诉处理、处罚等内容。

以上著作权保护及投诉制度文件应在官网上公示，并载入参展手册中，使参展者皆能从公开途径获得。因主要的纠纷发生主体是参展商，故针对参展商可特别告知，可以将之作为参展商合作协议的附件，或作为参展申请表的附件，要求其查看并签署。

（二）设立投诉站、专业纠纷处理人员

结合上述投诉处理程序，展会主办方在国际展会举办期间应设立处理著作权等知识产权纠纷的临时性部门，简称投诉站。投诉站应明确标识在展馆分布地图中以便寻找。因著作权等知识产权具有一定的专业性、复杂性，故投诉站的纠纷处理人员应当具有相应的专业能力，展会主办方可主动向相关行政机关或法律援助机构等寻求帮助或合作，或自行聘请律师等专业人员进行著作权等知识产权纠纷处理。

（三）提供翻译等辅助性服务

国际展会的国际性必然导致语言的多样性，语言不通对解决著作权等纠纷有着极大的阻碍作用，可能导致著作权人无法正常主张自己的权利，因此建议国际展会

主办方能够提供翻译等辅助性服务。一方面，上文所述制度文件除以本国语言文字书写外，还应当翻译成世界几大主要语言文字版本，降低参展者的阅读成本；另一方面，投诉处理人员应精通英语等主要语言，或展会主办方聘请精通主要语言的工作人员从事翻译工作，如一些展会从大学等高校中招聘语言能力较高的志愿者，可在从事其他会务工作的同时提供翻译服务。

（四）避免自身侵权或承担连带责任

国际展会中也可能发生展会主办方侵犯他人著作权的情形，这种行为不仅要承担侵权责任，更会对展会声誉造成不良影响，中国婚博会主办方上海博万会展有限公司就发生过被诉侵犯他人美术作品的纠纷[1]。故为避免这种情形的发生，国际展会主办方首先应做到自身不侵犯他人的著作权，如展会宣传册、海报、视频的设计制作应要求设计者决不侵权，并约定侵权违约责任的承担，播放音乐应取得权利人的许可等。此外，为避免展会主办方对参展商的侵权行为承担共同侵权责任风险的出现，建议在参展申请表或参展合作协议中明确约定，参展商与展会主办方系独立主体，展会主办方在尽到相应义务的前提下，不对参展商的任何侵权或违法行为承担责任，如因参展商行为给展会主办方造成损失的，参展商应对该损失承担赔偿责任。

（五）维护自身权利

展会主办方对国际展会亦有可能享有著作权等权利，如展会宣传语、展会标志、展会宣传册等，实践中有通过侵犯展会主办方的著作权以达到借展会知名度经营的行为存在，为避免使消费者产生混淆或展会声誉毁损，展会主办方应主动维权。

如果国际展会主办方能做到以上几点，不仅能对参展商、自身的权利实现较为有效的保护，更能提高参展商和观众的参展体验，提高国际展会的知名度以及好评度，吸引更多的参展商，对扩大国际展会规模及影响力有深远影响。

---

[1] 上海法院："'中国婚博会'引发著作权纠纷会展公司被诉侵权"，载 http://shfy.chinacourt.org/article/detail/2013/08/id/1050602.shtml，最后访问时间：2016年9月27日。

三、国际展会中著作权参展商之行为

参展商是著作权纠纷的主要参与人,不论是作为著作权人还是被控侵权人,参展商都应该提前做好应对准备,因此对参展商在参加国际展会时关于著作权保护问题作如下建议。

(一)了解展会所在地法律法规、主办方规则

无论参展商自身是否享有著作权,都有可能涉入著作权纠纷。受到侵权指控后,如何及时、高效应对以保护自身权益至关重要。著作权的保护主要受展会所在地的法律法规及展会主办方的规则约束,故参展商如果作为著作权人,应当了解当地法律法规、主办方规则是否保护其根据本国法律法规享有的著作权,或在展会所在地受保护的条件是什么,侵权行为后果有哪些,并了解发现侵权行为的投诉、行政及司法解决程序,提前做好维权准备。

(二)携带全套维权或答辩材料

在对展会所在地法律法规及展会主办方规则充分了解的情况下,知晓维权或答辩所需的材料并在参加展会前准备完全,一般需要携带的材料为著作权权属证明(如为委托他人完成的可携带委托合同)、底稿及形成时间证明、身份证明、形成于展会所在国之外材料的公证认证、外文材料的翻译件等。

(三)自查产品、宣传册等,确保无侵权隐患

为从根本上杜绝被控侵权,参展商对于自己的参展产品及宣传册等应当认真自查,确保自身的产品、宣传册等不侵犯他人的著作权。此外,如上文所述国际展会中发生的著作权纠纷除产品、宣传册外,还可能涉及很多其他容易被参展商忽略的侵权表现形式,如展台设计、软件、音乐等,这也是参展商需要"排查"的重点。

(四)公证或诉前保全取证

国际展会的时限性导致侵权取证有一定的难度,如果仅凭权利人自身取证,有可能对某些细节取证不到位,或程序上不合法导致无法认定证明力,想要补正时展

会已经结束，为避免这种情形的发生，建议采取公证或诉前保全的方式进行取证。

（五）适时采取私力、公力救济方式

较之公力救济方式，私力救济方式时间和金钱成本一般较小，故不论对于著作权人还是被控侵权人，如果私力救济方式可行的，先行选择私力救济方式，如发警告函、向展会主办方投诉等；但如果著作权人认为无和解可能或出于其他考虑决定采取公力救济方式，建议先行取证，取证完成前不能采取上述私力救济方式，以免"打草惊蛇"；当然被控侵权人认为指控不合理且对自身利益造成损失的，也可以采取公力救济方式维护自身的权益。

四、国际展会中司法机关之权力

司法机关在处理著作权纠纷主要承担的行为是诉前的临时措施和诉讼处理以及诉后的执行，针对国际展会中著作权纠纷处理，因国际展会的国际性及时限性，司法机关最重要的应当是诉前的临时措施：临时禁令、诉前证据保全及诉前财产保全等。当措施已经具备，更重要的是采取措施的时间。为更高效的维权，建议司法机关在接到临时措施申请后，在审核是否具有采取临时措施必要性的前提下，尽量缩短执行决定的时间。

第五章

国际展会中的不正当竞争纠纷

- 反不正当竞争法与国际展会
- 国际展会反不正当竞争纠纷之种类
- 国际展会不正当竞争纠纷救济之分析
- 国际展会不正当竞争纠纷问题探讨

第一节 反不正当竞争法与国际展会

一、反不正当竞争法之规定

"反不正当竞争"的概念,起源于19世纪50年代的法国。它的立法来源是《法兰西民法典》第1382条,[①]在普通法系国家又被称为"仿冒法"。1883年《保护工业产权巴黎公约》即《巴黎公约》(我国1985年参加),最早以公约的形式对国际反不正当竞争问题作出了明确的规定,开启了国际竞争立法的先河。[②]《巴黎公约》第10条规定联盟各国有义务制止不正当竞争行为,特别是要制止企图运用各种手段对竞争者的营业所、商品或工商业活动产生混淆的行为。[③]《与贸易有关的知识产权协定》第2条亦规定了同样的义务。[④]

我国参加的第一个保护知识产权的国际公约——《建立世界知识产权组织公约》第2条第(8)款中,明文规定,"对反不正当竞争活动给予保护"是知识产权的一项内容。[⑤]而《巴黎公约》第1条也规定工业产权的保护对象有专利、实用新型、工业品外观设计、商标、服务商标、厂商名称、产地标志或者原产地名称和制止不

[①] 郑成思:"反不正当竞争——国际法与国内法",载《国际贸易》1993年第7期。

[②] 贾平、刘茜:"论WTO框架下的竞争法律对我国反不正当竞争法的修改启示与借鉴",载《世界贸易组织动态与研究》2013年3月第20卷第2期。

[③] 参见《保护工业产权巴黎公约》第10条之2:所述不正当竞争是指(1)本联盟各国有义务对此种国家的国民保证给予制止不正当竞争的有效保护;(2)凡在工商业事务中违反诚实习惯做法的竞争行为均构成不正当竞争行为;(3)下列各项尤其应当予以禁止:①具有以任何手段对竞争者的营业所、商品或工商业活动产生混淆性质的一切行为;②在经营商业中,具有损害竞争者的营业所、商品或工商业活动的信用性质的虚伪陈述;③在经营商业中,使用会使公众对商品的性质、制作方法、特征、用途或数量易于产生误导作用的表示或陈述。

[④] 参见《与贸易有关的知识产权协定》第2条之1:就本协定的第二部分、第三部分和第四部分而言,各成员应遵守《巴黎公约》(1967)第1条至第12条和第19条。

[⑤] 郑成思:"反不正当竞争——国际法与国内法",载《国际贸易》1993年第7期。

正当竞争。①

《德国反不正当竞争法》在描述不正当竞争行为时指出，凡是能够损害竞争者、消费者或其他市场参与人而对竞争造成非轻微破坏的，即属于非法。②并以列举的方式将诸如贬低或诋毁其他竞争者的标志、商品、服务、活动或个人关系或商业关系；声称或散布足以损害竞争企业的经营或企业的信用的事实；仿冒其他竞争者商品或服务等十几种行为定性为不正当竞争行为。③

我国《反不正当竞争法》第2条第2款明确规定"本法所称的不正当竞争行为，是指经营者在生产经营活动中，违反本法规定，扰乱市场竞争秩序，损害其他经营者或者消费者的合法权益的行为"。可见，各国对于反不正当竞争立法的目的在于保护经营者的合法权益，从而维护商业活动的有序进行，其中需要着重制止的是试图针对竞争者营业所、商品等进行的各种混淆行为。

二、国际展会中不正当竞争问题

国际展会是世界各国参展商展示自身商品的绝好时机，是树立企业形象，拓宽市场，销售商品的良好渠道，自然而然地吸引了众多展会参展商以及参观者。而在国际展会的参展商之间，参展商与参观者之间，甚至是展会与展会之间，涉及的知识产权纠纷也应运而生，且有日趋复杂之势。纠纷各方之间的争议标的无法恰如其分地被单独纳入专利法、著作权法或是商标法保护范围，出现了需要在专利法、著作权法或是商标法之外寻求法律保护的情况，抑或是出现了需要在几部法律之间寻求最优解决方案的情况。反不正当竞争法在传统知识产权保护体系之外提供了补充性质的纠纷解决依据，为部分知识产权纠纷提供另外的救济途径。

三、国际展会中不正当竞争纠纷与其他知识产权纠纷之联系

国际展会中的反不正当竞争纠纷与其他知识产权纠纷有着千丝万缕的联系，源于反不正当竞争法与其他知识产权法之间的关联性。通常认为，知识产权法与反不

---

① 参见《保护工业产权巴黎公约》第1条。
② 参见《德国反不正当竞争法》第3条。
③ 参见《德国反不正当竞争法》第4条。

正当竞争法之间具有特别法与一般法的关系,[1]知识产权法保护的,适用知识产权法;知识产权法不保护的,可依反不正当竞争法予以保护。通常又认为,反不正当竞争法对知识产权法提供兜底保护,知识产权法的规定是冰山之一角,反不正当竞争法是冰山全部。[2]但也有学者认为,知识产权法与反不正当竞争法同为民法之特别法,相互之间不是特别法与一般法的关系,没有兜底保护关系,两法交叉部分应适用一般法律竞合的适用规则,由当事人选择适用,而不适用特别法优先于一般法的规则。[3]

上海市高级人民法院民事审判庭第三庭(知识产权庭)副庭长钱光文在"审理反不正当竞争案件中的难点问题"讲座中指出,反不正当竞争法带有较强的公法的性质,并非典型的私法,而诸如著作权法、专利法、商标法则属于私法的范畴。相较于其他知识产权法保护具有法定性的专用权利的目的,反不正当竞争法保护的是非法定性的商业成果。从保护方式而言,反不正当竞争法更多的是通过禁止性的规定来调整需要规制的竞争行为,而著作权法、专利法、商标法则鼓励权利人主动保护自身利益。

展会中知识产权纠纷多涉及专利、商标、不正当竞争纠纷。专利权、商标权作为私权,权利人更多的是通过主动出击的方式保护自身利益,如可以采用专利维权程序中的诉前禁令制度,但展会中发生的不正当竞争行为则无法使用上述措施进行保护。相较于展会中涉及的专利或是商标纠纷,在面临不正当竞争纠纷时,我们需要考虑不正当竞争纠纷与其他知识产权纠纷的关联,又要对两者之间的不同点加以区分,从而选择更为有利的保护措施。

(一)国际展会中不正当竞争纠纷与专利权纠纷的联系

国际展会中发生的专利纠纷较多涉及比较简单的实用新型专利或外观设计专利侵权,反不正当竞争纠纷多为对知名商业标识的仿冒或是虚假宣传行为。虽然展会中的专利纠纷与不正当竞争纠纷界限清晰,但是两者之间仍有一定交集。如我国《专利法》在第11条第2款规定,外观设计专利权被授予后,任何单位或者个人未经

---

[1] 韦之:"论不正当竞争法与知识产权法之间的关系",载《北京大学学报》(哲学社会科学版)1999年第6期。
[2] 刘丽娟:"论知识产权法与反不正当竞争法的适用关系",载《知识产权》2012年第1期。
[3] 同上。

专利权人许可，都不得实施其专利，即不得为生产经营目的制造、许诺销售、销售、进口其外观设计专利产品。我国《反不正当竞争法》（1993年）第5条对禁止仿冒作出了规定，其中第（2）项明确擅自使用知名商品特有的名称、包装、装潢，或者使用与知名商品近似的名称、包装、装潢，造成和他人的知名商品相混淆，使购买者误认为是该知名商品的属于采用不正当手段从事市场交易，损害竞争对手。以上两条规定极有可能在适用上出现问题。

以一起在2015年中国国际家具博览会上发生的外观设计专利侵权为例，某电子产品展商在同种商品上使用了另一参展商具有有效专利权的外观设计专利，外观设计专利权人聘请公证机构在展会现场对侵权产品进行公证后，即依据我国《专利法》第11条第2款对于外观设计专利侵权的规定，以《专利法》第60条向人民法院提起了外观设计专利侵权诉讼，最终胜诉。但是进一步分析这一案件，如外观设计专利权人的外观设计经过商业运作满足了我国《反不正当竞争法》（1993年）第5条第（2）项关于知名产品的适用条件，则该外观设计专利就演变成了"知名商品特有的包装、装潢"。若我们采纳《专利法》优先于《反不正当竞争法》的观点，那么专利权人只能依据《专利法》维权，反之如采纳《专利法》与《反不正当竞争法》可以选择适用的观点，那么专利权人在设计诉讼请求时可在两法之间进行选择适用或是同时适用。虽然大多数享有有效外观设计专利的产品尚不足以达到知名的程度，符合知名条件的商品也并不能一定申请有外观设计专利，但不论采用何种观点，处理展会中的知识产权纠纷时，《反不正当竞争法》均对《专利法》有着一定的补充作用。

（二）国际展会中不正当竞争纠纷与商标权纠纷的联系

国际展会中的商标纠纷往往与不正当竞争纠纷密不可分，其原因在于反不正当竞争法与商标法在来源、立法目的以及保护手段上的相似。美国主流观点认为，商标法乃是广义反不正当竞争法的一部分。[1] 而通常认为商标法与反不正当竞争法的联系也甚为紧密。但需要读者注意的是，两者之间同时又是相互独立的关系。在来源上，反不正当竞争法来源于《法兰西民法典》第1382条。而这一条又同时是法

---

[1] Graeme B. Dinwoodie & Mark D. Janis, "Trademarks and Unfair Competition, Law and Policy", Second Edition, 2007, p.14.

国商标法（亦即现代注册商标制度）的来源。所以从来源上我们至少可以看到：反不正当竞争与商标的保护，是"同源"的。[1]在立法目的上，商标法旨在保护商标专用权人即赋予商标权人注册的商标的特殊性从而区别于其他商标，其出发点在于防止混淆，这与反不正当竞争法旨在禁止混淆行为的初衷是相似的。从保护手段出发，商标专用权和禁止权范围不一致，商标侵权认定对应的不是专用权，而是禁止权。商标禁止权的范围无法事先划定，而要在纠纷中通过"类似商品""近似商标""混淆"等模糊词语的解释予以认定。反不正当竞争法不是在保护一种预先存在的"反不正当竞争权"，而是通过禁止某类行为的方式维护正当的竞争环境，由于采用了"诚实信用""违反商业道德"等模糊认定标准，使得禁与不禁在个案中才能确定。[2]

国际展会中的商标权纠纷有未注册商标侵犯注册商标专用权产生的纠纷，也有不正当使用注册商标侵犯其他注册商标专用权产生的纠纷、相邻知识产权领域侵犯商标专用权产生的纠纷等。而通常我们在处理这一类展会商标侵权纠纷时，会同时考虑是否能够适用我国《反不正当竞争法》的有关规定。如参展商突出使用己方注册商标使相关消费者将参展商的商品误认为是其他拥有驰名商标的商品，同时在相关宣传中对其他驰名商标商品来源作出了引人误解的解读，参展商的行为同时构成了商标侵权和反不正当竞争法中规定的假冒他人注册商标以及虚假宣传。

（三）国际展会中不正当竞争纠纷与著作权纠纷的关系

实践中限于著作权本身权属较难证明的特点以及国际展会的侧重点在于产品本身，展会中的著作权纠纷出现概率较小。可能出现的有关于展台设计的著作权纠纷，文化产业展会中涉及的产品本身的著作权纠纷，产品宣传册中使用他人享有著作权的影像资料产生的纠纷等。而与不正当竞争纠纷的交叉多见于《著作权法》无法适用时应用我国《反不正当竞争法》（1993年）第2条原则性规定寻求保护。如在2014年的"今日头条"案中，"今日头条"App采用内置浏览器框架嵌套显示第三方新闻页面，App对原页面进行去广告和优化处理，但今日头条的新闻内容并未跳转至原网页，而仅呈现在自己的页面中，[3]即引起了搜狐公司的不满并以"今日头条"

---

[1] 郑成思："反不正当竞争——国际法与国内法"，载《国际贸易》1993年第7期。
[2] 刘丽娟："论知识产权法与反不正当竞争法的适用关系"，载《知识产权》2012年第1期。
[3] 李国庆："论新闻报道之著作权法与反不正当竞争法保护"，载《百家争鸣》2015年第6期。

构成著作权以及反不正当竞争侵权对"今日头条"提起了诉讼。经营者在市场交易中，应当遵守自愿、平等、公平、诚实信用的原则，遵守公认的商业道德。[①]但处理不正当竞争纠纷时的原则性条款是否能够对著作权提供兜底保护，仍是众说纷纭，学术界争议较大。

当知名商品包装、装潢构成著作权法中规定的作品时也有可能出现法律竞合问题，但因展会中著作权纠纷与不正当竞争纠纷的交叉并不多见，笔者在本文中不再赘述。

第二节 国际展会反不正当竞争纠纷之种类

一、国际展会仿冒侵权行为

《德国反不正当竞争法》在规定仿冒交易行为时认为，如某一竞争者提供针对其他竞争者的商品或服务所模仿的商品或服务，且存在下列某项情形的：（1）导致购买者产生本可以避免的对于商品或服务来源企业的误认；（2）不适当地利用或损害被模仿的商品或服务的声誉；（3）通过不正当渠道获得模仿所必需的知识或资料数据[②]则构成不正当竞争行为。

而我国《反不正当竞争法》（1993年）在规定仿冒交易行为时采用了禁止仿冒的字眼，并以列举式的立法模式举例了何为假冒他人的注册商标；如擅自使用知名商品特有的名称、包装、装潢，或者使用与知名商品近似的名称、包装、装潢，造成和他人的知名商品相混淆，使购买者误认为是该知名商品；擅自使用他人的企业名称或者姓名，引人误认为是他人的商品；在商品上伪造或者冒用认证标志、名优标志等质量标志，伪造产地，对商品质量作引人误解的虚假表示[③]等4种行为。

也有学者将仿冒行为定义为一种欺骗性交易行为，主要是冒用他人商标、商品

[①] 参见我国《反不正当竞争法》（1993年）第2条。
[②] 参见《德国反不正当竞争法》第3条。
[③] 参见我国《反不正当竞争法》（1993年）第5条。

名称、包装以及企业名称等进行欺骗性的市场交易。①

（一）国际展会涉及的域名仿冒

大多数展会品牌既没有注册为商标，也不能受到著作权法的保护，展会品牌人的利益维护就要借助于反不正当竞争法的保护。

展会本身及参展者的域名也有出现不正当竞争纠纷的可能。我国2001年7月施行的《最高人民法院关于审理涉及计算机网络域名民事纠纷案件适用法律若干问题的解释》（以下简称《网络域名司法解释》）是我国仅有的一部用来调整域名纠纷的司法解释，一共规定了8条内容。即使是在国务院颁布的《世界博览会标志保护条例》也未有关于世博会域名的保护规定。② 而在《北京市奥林匹克知识产权保护规定》第8条第4款中倒是存在相关规定，第4款指出未经授权，在网站、域名等名称中使用相同或者近似的商标、特殊标志、专利、作品和其他创作成果是侵犯奥林匹克知识产权的行为。我国现行的知识产权法律体系中，并无制定专门的法律来调整域名纠纷，往往需要通过比照《反不正当竞争法》《商标法》或《民法总则》等来处理。《反不正当竞争法》第6条第（3）项的规定将"擅自使用他人有一定影响的域名主体部分、网站名称、网页等"的行为认为混淆行为，为权利人阻止他人恶意仿冒其域名的行为提供了明确的法律依据。

美国在1995年的《美国联邦商标反淡化法》并无法使域名侵权得到有效规制，但在美国国会1999年讨论通过的《美国反域名抢注消费者保护法案》中加入了与域名纠纷相对应的处理措施，如赋予法官权利将系争域名撤销、没收或转移至起诉人。而英国在司法实践中更多的是以"假冒行为"作为域名侵权案件判决的主要依据。③

在国际展会中，展会主办方或是参展商在考虑展会过程中的知识产权保护问题时，往往会把主要精力集中在对于自身商标、专利、商业秘密的保护上，却无视了自身域名也有可能成为其他竞争对手争相模仿的对象。我国《网络域名司法解释》在第4条中明确规定，人民法院在审理域名纠纷案件时，如同时满足以下4项条件的，则应当认定被告注册、使用域名等行为构成侵权或者不正当竞争。4项条件包括：

---

① 郑志涛："展会的知识产权保护探析"，载《知识产权》2013年第5期。
② 王骞："世博会域名与知识产权保护"，载《上海大学学报（社会科学版）》2007年第5期。
③ 浦荣城：《国际法视野下我国网络域名保护研究》，南京财经大学2013年硕士学位论文。

原告请求保护的民事权益合法有效；被告域名或其主要部分构成对原告驰名商标的复制、模仿、翻译或音译，或者与原告的注册商标、域名等相同或近似，足以造成相关公众的误认；被告对该域名或其主要部分不享有权益，也无注册、使用该域名的正当理由；被告对该域名的注册、使用具有恶意。[1]

《网络域名司法解释》又在第5条中对"恶意"进行了解释，其明确具有下列情形之一的，人民法院应当认定行为人具有恶意。情形包括：为商业目的将他人驰名商标注册为域名的；为商业目的注册、使用与原告的注册商标、域名等相同或近似的域名，故意造成与原告提供的产品、服务或者原告网站的混淆，误导网络用户访问其网站或其他在线站点的；曾要约高价出售、出租或者以其他方式转让该域名获取不正当利益的；注册域名后自己并不使用也未准备使用，而有意阻止权利人注册该域名的，以及其他具有恶意的情形。

如在济南市中级人民法院审理的WeldMoldCompany与济南慧邦汉默实业有限公司等不正当竞争一案中，因济南慧邦汉默实业有限公司注册的"weldmold-china"域名与WeldMoldCompany注册的互联网域名"weldmold"以及"weldmoldchina"相似，最终济南市中级人民法院判定济南慧邦汉默实业有限公司注册使用"weldmold-china"域名的行为构成不正当竞争。

如在浙江省高级人民法院审理的宁波威猛汽车部件有限公司、宁波卢卡斯进出口有限公司、浙江普尔曼汽车部件有限公司、宁波卢卡斯机械有限公司、华迪敏与卢卡斯工业有限公司不正当竞争纠纷案中，卢卡斯工业有限公司就曾以"Lucas&"为其知名字号主张宁波卢卡斯机械有限公司注册了域名"www.cnLucas.com"并将该域名许可给宁波威猛汽车部件有限公司使用的行为对卢卡斯工业有限公司构成不正当竞争。

（二）国际展会涉及的商品仿冒

国际展会最容易出现的，发生最频繁的不正当竞争纠纷主要在参展商与参展商之间，而其中最为突出的当属仿冒。[2] 我国《反不正当竞争法》（1993年）第5条一共列举了4种仿冒行为，笔者认为，在国际展会中较容易发生的为第5条第（2）

---

[1] 参见《最高人民法院关于审理涉及计算机网络域名民事纠纷案件适用法律若干问题的解释》第4条。

[2] 郑志涛："展会的知识产权保护探析"，载《知识产权》2013年第5期。

项规定的擅自使用知名商品特有的名称、包装、装潢，或者使用与知名商品近似的名称、包装、装潢，造成和他人的知名商品相混淆，使购买者误认为是该知名商品的行为，即侵犯知名商品标识的行为。

就如笔者在前文中提到的，如参展商发现其他相对方在国际展会中展示了其享有商标权的商品，其可以依据商标法要求对方承担商标侵权的责任，同时可以将对方行为构成不正当竞争加入诉讼请求中。但是，当参展商无法从商标法中寻求保护，就需要通过反不正当竞争法解决。

知名商品标识本质上是未注册商标，[1]未注册的驰名商标通过商标法进行规制，而未注册的知名商标需要通过反不正当竞争法规制。司法界将认定仿冒知名商品标识构成不正当竞争行为具体细分为4个要件，其一在于判断涉案商品是否属于知名商品。《最高人民法院关于审理不正当竞争民事案件应用法律若干问题的解释》（以下简称《反不正当竞争法司法解释》）在定义知名商品时规定，应当结合该商品的销售时间、销售区域、销售额和销售对象，进行任何宣传的持续时间、程度和地域范围，作为知名商品受保护的情况等因素，进行综合判断[2]，即保留好参加国际展会的参展合同、费用支付凭证、展台照片等有益于证明系争商品属于知名商品。其二在于判断商品标识是否属于知名商品特有的名称、包装、装潢。《反不正当竞争法司法解释》通过否定列举的方式否定了4类特有名称、包装、装潢，[3]但未对其作出明确定义。国家工商行政管理局1995年发布的《关于禁止仿冒知名商品特有的名称、包装、装潢的不正当竞争行为的若干规定》第3条分别对特有、知名商品特有的名称、包装以及装潢进行了定义，[4]而《关于禁止仿冒知名商品特有的名称、包装、装潢的不正当竞争行为的若干规定》第5条给出了对于近似的名称、包装、装潢的判断方法，即对使用与知名商品近似的名称、包装、装潢，可以根据主要部分和整体印象相近，一般购买者施以普通注意力会发生误认等综合分析认定。[5]其三在于判断是否存在擅自使用的情形，即涉及是否在获得许可的情况下使用或者是否在许可的范围内使用等。最后需要判断使用行为是否造成了市场消费者的混淆。

---

[1] 参见孔祥俊：《反不正当竞争法新论》，人民法院出版社2001年版，第295页。
[2] 参见《最高人民法院关于审理不正当竞争民事案件应用法律若干问题的解释》第1条。
[3] 参见《最高人民法院关于审理不正当竞争民事案件应用法律若干问题的解释》第2条。
[4] 参见《关于禁止仿冒知名商品特有的名称、包装、装潢的不正当竞争行为的若干规定》第3条。
[5] 参见《关于禁止仿冒知名商品特有的名称、包装、装潢的不正当竞争行为的若干规定》第5条。

《反不正当竞争法司法解释》在第 4 条中明确规定，足以使相关公众对商品的来源产生误认，包括误认为与知名商品的经营者具有许可使用、关联企业关系等特定联系的，应当视为造成和他人知名商品相混淆。而这里的"使用"应理解为出于商业目的的使用，而在相同商品上使用相同或者视觉上基本无差别的商品名称、包装、装潢，应当视为足以造成和他人知名商品相混淆。①

值得注意的是，浙江金陵机械有限公司（以下简称金陵公司）与苏州双马机电有限公司（以下简称双马公司）在广交会上的"JINLING GENERATOR"与"JINLING"发电机之争演变而成的金陵公司与双马公司特有名称、包装、装潢不正当竞争纠纷案。法院认为具有区别商品来源特征的"JINLING GENERATOR"名称为金陵公司的知名商品特有名称，装潢为特有装潢。虽然双马公司拥有"金灵 JINLING"的注册商标，但双马公司对商标的使用不能侵犯原告知名商品名称、包装、装潢。双马公司某雇员在金陵公司任职期间参与金陵公司涉案美术作品图案即"JINLING GENERATOR"标签装潢图纸设计工作，故双马公司应知悉金陵公司"JINLING"发电机油箱标贴的独特包装装潢，故双马公司在其生产的发电机油箱标贴上仿冒原告"JINLING"发电机油箱标贴的独特包装装潢，构成了仿冒知名商品名称、包装、装潢的不正当竞争行为。由此可见，即使使用人合法拥有注册商标，但在商标的使用过程中仍需要注意不能侵犯他人的知名商品名称、包装、装潢。

关于擅自使用他人的企业名称或者姓名，引人误认为是他人商品的行为，国际展会中也时有发生。如中山华帝燃具股份有限公司（以下简称华帝公司）在中山市黄圃镇国际食品会展中心的小家电展览会上发现中山市坂田电器有限公司、佛山市顺德区坂田电器实业有限公司展示"华帝"商标，将华帝公司的广告词"幸福生活原来是真"偷换成"健康生活原来是真"进行宣传，设立大幅户外广告牌，以"华帝豆浆机""华帝豆浆机事务部"宣传自己，使用"华帝"字样及相关标识在行业展会及巨幅户外广告上进行大规模宣传，突出"华帝"字样。

《反不正当竞争法司法解释》第 6 条规定，企业登记主管机关依法登记注册的企业名称，以及在中国境内进行商业使用的外国（地区）企业名称，具有一定的市场知名度、为相关公众所知悉的企业名称中的字号均应当被认定为《反不正当竞争法》（1993年）第 5 条第（3）项规定的"企业名称"。如"GUCCI"是企业名称"GUCCIOGUCCIS.

---

① 参见《关于禁止仿冒知名商品特有的名称、包装、装潢的不正当竞争行为的若干规定》第 7 条。

P.A."中的字号,在中国境内"GUCCI"字号被进行了大量的广告宣传和商业使用,因此,"GUCCI"已成为具有极高市场知名度、为相关公众所知悉的企业名称中的字号,应当依法受到我国《反不正当竞争法》的保护。在商品经营中使用的自然人的姓名,应当被认定为《反不正当竞争法》(1993年)第5条第(3)项规定的"姓名"。具有一定的市场知名度、为相关公众所知悉的自然人的笔名、艺名等,可以被认定为《反不正当竞争法》(1993年)第5条第(3)项规定的"姓名"。[①]

二、国际展会虚假宣传侵权行为

《德国反不正当竞争法》在规定虚假宣传行为时使用了误导性商业行为的概念,其认为如果商业行为包含虚假陈述或者其他足以引人误解的陈述,则构成误导性。其也认为与商品或服务销售方式(包括比较广告)相联系的商业行为,若会引起同竞争者的商品或服务、商标或其他识别标志之混淆危险,亦是误导性商业行为。[②]

而这些误导性商业行为包括对商品或服务的主要特征的误导,如可用性、类型、规格、优点、风险、成分、配件、生产的流程或生产时间、商品的交付或服务的提供、适用目的、使用、数量、特性、客户服务及投诉程序、地理或企业来源、使用该商品或服务可以预期的结果、商品或服务检测的主要组成部分及其结果;对销售行为动机的误导,如有特别的价格优势、价格或计算价格的类型和方式、交货或提供服务的前提条件;对企业主的个人、特征或权利的误导,如企业主的身份、包括知识产权在内的财产、承担的义务范围及资格、经济地位、许可、成员资格或关系、奖励荣誉或表彰、经营行为的动机、销售的方式;对赞助方的误导;对企业主的许可或商品或服务的许可的误导;对服务、替换或维修的误导;在出现故障的情况下保证维修或更换等消费者权利的误导等。[③]

我国《反不正当竞争法》(1993年)以及相关法律法规在规定禁止虚假宣传行为时较为简单,其明确规定经营者不得利用广告或者其他方法,对商品的质量、制作成分、性能、用途、生产者、有效期限、产地等作引人误解的虚假宣传。[④]《反

---

① 参见《最高人民法院关于审理不正当竞争民事案件应用法律若干问题的解释》第6条。
② 参见《德国反不正当竞争法》第5条。
③ 同上。
④ 参见我国《反不正当竞争法》(1993年)第9条。

不正当竞争法司法解释》列举了如对商品作片面的宣传或者对比的；将科学上未定论的观点、现象等当作定论的事实用于商品宣传的；以歧义性语言或者其他引人误解的方式进行商品宣传的可以被认定为引人误解的虚假宣传行为。并将日常生活经验、相关公众一般注意力、发生误解的事实和被宣传对象的实际情况等因素作为引人误解的虚假宣传行为的判断标准。①

我国《广告法》也规定了广告中对商品的性能、功能、产地、用途、质量、成分、价格、生产者、有效期限、允诺等或者对服务的内容、提供者、形式、质量、价格、允诺等有表示的，应当准确、清楚、明白。否则由工商行政管理部门责令停止发布广告、消除影响并处以罚款。

在国际展会中，与展会主办方、参展商、参观者有关的虚假宣传问题尤为突出。有些展会主办方采用虚假宣传的形式，故意使自己展会品牌与某些知名品牌相混淆。②有学者在调查与上海国际会展行业密切相关的知识产权问题时发现，通过虚假宣传，组办欺骗性展会或冒牌展会现象在上海十分严重且打击不力，影响了上海的会展环境，其社会关注度达到43.6%，仅次于展台设计搭建商的设计方案常被参展商剽窃而投诉无门的问题以及本地品牌会展项目常被外地仿冒或克隆而上海受害方维权困难的问题。③另一方面，国际展会参展商如在展出商品上贴有价格标签，而其中价格有涉及原价多少、现价多少的，如参展商虚标原价的，也属于虚假宣传行为，需要受到反不正当竞争法的规制。

（一）国际展会涉及的对于名称的虚假宣传行为

国际展会名称不同于企业的商号，商号（或称字号）是企业名称中具有识别性的部分，是商号权人用来在经营活动中表明其经营者身份的标记。因此一个企业只能有一个商号。而国际展会名称则系国际展会组织者所举办之具体展会的称谓，一个企业可以举办多个不同名称的国际展会。④对于国际展会的组织者，形成的国际品牌展会和已经成型的国际展会都应当作为拥有创意的知识产权而受到保护。但是

---

① 参见《最高人民法院关于审理不正当竞争民事案件应用法律若干问题的解释》第8条。
② 郑志涛："展会的知识产权保护探析"，载《知识产权》2013年第5期。
③ 徐嬿："展会知识产权保护问题研究"，载《政府法制研究》2011年第5期。
④ 毛海波：《国际展会知识产权保护研究》，华东政法大学2012年博士学位论文。

在发生对展会本身侵权的情况时,现在仅能进行会标的注册,不能对展会名称进行保护,展会名称既不能注册成为商标,也不能通过工商注册受到工商行政管理部门的保护。冒用较有名气的国际展会组织者招展的现象时有发生,而且引起纠纷,产生的社会影响极坏。[1] 这些借用、冒用甚至盗用知名国际展会名称办展的普遍状况不仅损害了知名国际展会主办方的形象,也使其经济利益严重受损,还让众多不明真相的参展者受到愚弄和损害。这种"傍名牌"的行为几乎成为业界公害。[2]

以"上海国际汽车展"为例,该国际展会名称一共由7个汉字组成,"上海"代表该展会的举办地点为上海,"国际"表示该展会的规模为国际性质,"汽车"是该次展会的主题产品,划定了参展展品的范围,"展"表明该展会性质属于展览,是同一类活动均会使用的通用名称。这些词均只能表明一类项目,属于通用性质的词语,无法使"上海国际汽车展"具有显著性从而将其注册为商标。

又以国际广告新媒体、新技术、新设备、新材料展示交易会(以下简称广告四新展)为例,广告四新展由中国对外贸易经济合作企业协会和中国电子国际展览广告有限责任公司主办,自1994年创办至今,一直备受关注,发展成为行业内不可或缺的国际性展会。但是广告四新展在2001年时在全国各省自治区范围内已经有接近40个类似标识的展会,侵权行为可谓"泛滥"二字形容。[3]

目前对于国际展会名称的侵权一般表现为利用国际展会名称缺乏显著性无法受到商标法保护的特点,故意地通过明示或暗示的方式向参展者宣传与该知名国际展会存在联系或具有某些特定关系,从而引起参展者的误解。抑或是虽与知名国际展会存在一些特定关联,但在未经主办方授权的情况下,擅自通过各种方式加以宣传这种关联关系,从而使参展者产生混淆。一般情况下,知名国际展会的主办方需要通过反不正当竞争法中关于禁止虚假宣传的规定加以保护。

如在中国国际贸易促进委员会建筑材料行业分会(以下简称建材分会)诉北京中仕达展览有限公司(以下简称中仕达公司)不正当竞争纠纷案件[4]中,"中国国际建筑建材贸易博览会"为建材分会自1990年起就已经开始每年举办国际性展会,

---

[1] 梁泠曦:"保护展会知识产权,积极应对侵权纠纷",载《中国安防》2010年第11期。
[2] 徐嬿:"会展知识产权保护问题研究",载《政府法制研究》2011年第5期。
[3] 唐剑锋:"会展标识知识产权保护问题探析",载《安徽农业科学》2013年第4期。
[4] 案件案号:(2003)海民初字第18765号。

其英文名称及宣传标志均为 CHINABUILDING。中仕达公司承办了第六届及第七届"中国国际建筑建材贸易博览会",但从第八届开始即与建材分会分道扬镳,不再承办该展会。后中仕达公司获得北京市对外经济贸易委员会批准承办"第九届北京国际建筑建材贸易博览会",但其在对外宣传时将"北京国际建筑建材贸易博览会"的名称变更为"中国国际建筑建材贸易博览会",并以 ChinaBuilding2004 第九届中国国际建筑建材贸易博览会名义对外招展,在招展资料、广告、网站及函件中将举办的展会名称改为"中国国际建筑建材贸易博览会""国际建筑建材贸易博览会",使用与建材分会所办展会相同的英文名称,相同的宣传标志 ChinaBuilding,向客户致函声称"中国国际建筑建材贸易博览会"展会一直由中仕达公司策划、组织,将建材分会第七届展会的资料及照片放入中仕达公司网站,作为往届展会资料回顾,称 ChinaBuilding 是中仕达公司承办的 2004 年另一建材展等。建材分会以中仕达公司的行为构成不正当竞争,向北京市海淀区人民法院提起了诉讼,要求中仕达公司停止一切损害建材分会商业信誉、展会声誉的行为,向建材分会公开道歉,并赔偿经济损失 30 万元及合理费用。

最终法院认为,中仕达公司在明知其经批准的展会名称为"第九届北京国际建筑建材贸易博览会"的情况下,在对外宣传中将此展会的名称变更为"第九届国际建筑建材贸易博览会",并在使用 CHINABUILDING2003、2003 国际建筑建材贸易博览会(第八届)会刊材料的同时未加以区别说明,内容虚假,构成了不正当竞争。

通常认为,一个形成品牌效应的会展,其名称中凝聚着管理者的全部智力成果,是其核心竞争力的体现,恰如知名企业的名称所包含的价值一样。因此对知名品牌会展及会展名称的保护亟须在法律层面上予以明确。专家指出,在上位法没有修订之前,可以借鉴已有的登记备案制度,由市会展行业协会对会展名称(不局限于知名会展)实行自愿登记备案管理。凡经过登记备案的会展名称可以作为享有名称权的初步证据,并具有公示效力。[①]

(二)国际展会涉及的反向假冒他人商品用于展览的行为

我国《商标法》规定未经商标注册人同意,更换其注册商标并将该更换商标的商品又投入市场的行为属于侵犯商标专用权的行为,即构成我们通常认为的反向假

[①] 徐嬿:"会展知识产权保护问题研究",载《政府法制研究》2011 年第 5 期。

冒行为，但在侵权人将商标注册人的注册商标更换后仅用于在国际展会中展览而并不用于向他人进行销售的问题值得探讨，为了向读者更生动地体现这一问题，我们选取了一个在国际展会中反向假冒他人商品用于展览的案例作为参考。

1. 案件情况介绍

徐州工程机械集团有限公司（原告一）、徐工集团工程机械股份有限公司（原告二）、徐州徐工筑路机械有限公司（原告三），以下统称徐工集团，其与青州装载机厂有限公司（以下简称青州公司）均参加了2012年11月27日至30日在上海市新国际博览中心举办的第六届中国国际工程机械、建筑机械、工程车辆及设备博览会（以下简称2012上海宝马展）。但在参展过程中徐工集团发现青州公司将徐工集团生产的GR215平地机去除A、B、C[①]以及"徐工集团"标识后，更换成青州公司自身所有的"LUQING"标识，将GR215平地机生产商铭牌更换为青州公司铭牌，将GR215平地机外观颜色喷涂为不同颜色后，置于2012上海宝马展自身展台进行展出，但是在驾驶室以及钥匙上仍留有徐工集团标识。

徐工集团在参展过程中发现了青州公司的上述行为，即向上海市工商行政管理局浦东新区分局花木工商所对青州公司进行了举报，并向上海市浦东新区人民法院提起诉讼。徐工集团认为青州公司的行为违反了我国《商标法》规定的构成反向假冒的商标侵权行为，同时违反了我国《反不正当竞争法》（1993年）的规定，构成不正当竞争行为。要求青州公司在特定杂志上刊登申明消除影响，并要求青州公司赔偿徐工集团经济损失人民币100万元以及合理费用10万元。

2. 由以上案件引发的不同观点

第一种观点认为反向假冒的商标侵权需要同时满足2项条件，其一在于更换其他参展商商品的标识贴上自己的标识，其二在于将贴上自己标识的商品重新投入市场。本案中青州公司将徐工集团优质的施工机械贴上自己的标识后置于展台展示，旨在接受现场订单从而达到赢利的目的，青州公司构成反向假冒的商标侵权，又因青州公司的这一行为引起了消费者对于产品来源的误认，所以同时构成虚假宣传的不正当竞争行为。

第二种观点认为反向假冒的商标侵权中规定的"投入市场"应当理解为以销售

---

① 因案件判决书中隐去了该三个标识未写明，故笔者使用A、B、C加以代替。

为目的市场投放行为，但本案中青州公司只是将施工机械更换标识后用于向参观者进行展览并没有进行销售，属于宣传行为，不构成商标侵权。青州公司与徐工集团系工程机械行业的同业竞争者，在徐工集团注册商标及企业字号具有较高知名度的情况下，应当知道徐工集团平地机商品具有较高的品质，却在自己没有生产能力的情况下，不是通过自行研发或购买技术等方式合法获得高品质的商品，而是将徐工集团商品伪造为自己的商品作为样品进行宣传，导致消费者误认为青州公司具有生产平地机商品的能力、青州公司平地机商品具有较高的品质，其行为已构成虚假宣传的不正当竞争行为。[①]

本案主审法官在针对该案的评析中认为，基于我国《商标法释义》中关于反向假冒的解释，商标法关于反向假冒的规定是以保护商标权人使用注册商标为目的，如果不进行产品销售，那么商标即无法发挥其本质功能，那么也就没有侵犯商标权的问题，我国《商标法》第57条第4款中的"投入市场"应被理解为伴有销售行为的投入市场。但笔者认为，本案中的另一个关键点仍在于青州公司没有生产涉案施工机械的能力，实际情况的限制决定了其购买徐工集团施工机械只能用于展示不能用于再销售，因此，不论是在规模上还是在行为性质上其均不能被纳入投入市场的定义。

3. 节选民事判决书部分内容如下

上海市浦东新区人民法院认为：

涉案平地机商品由原告一生产，经原告二授权使用涉案商标，由原告三进行销售。本案所涉事实系被告购买涉案平地机后将该机器上的A、B、C及"徐工集团"四个标识更换为LUQING图文标识，并将更换了标识的该商品在展会上进行展出。结合原、被告的诉辩意见，本案争议焦点在于：（1）被告是否构成反向假冒的商标侵权与不正当竞争；（2）如果被告构成商标侵权或不正当竞争，如何承担民事责任。

（1）被告是否构成反向假冒的商标侵权。

根据我国《商标法》第52条第（4）项的规定，未经商标注册人同意，更换其注册商标并将该更换商标的商品又投入市场的，构成反向假冒，属侵犯注册商标专

[①] 郭杰："商品更换商标后作为样品展览不构成反向假冒商标侵权"，载《人民司法》2014年24期。

用权的行为。商标是商品和消费者之间的联系纽带,是消费者辨认和选择商品的标记。反向假冒行为令商标与商品分离,导致商标权人无法通过商品的销售展示商标,无法将商品的良好声誉累积在商标上以提高商标的知名度,实现和发挥商标激发和维持消费者购买自己商品的功能。但是,只有在市场的商品流通中,通过商品的销售,消费者才能知晓商品的高质量,商标与商品才能建立联系,商标才能作为商业信誉的载体发挥功能,故如果更换商标的商品未投入市场进行销售,则未发生割裂商标与商品之间联系的结果,难以认定构成反向假冒的商标侵权行为。

本案中,一方面,被告展出的平地机仅在商品外观上遮盖了原告的标识,在平地机驾驶室内还有拓印的原告标识等,如果被告将展出的平地机作为自己的商品销售给他人,则他人必然会在使用中发现原告的标识,故被告更换涉案平地机标识的目的是将更换后的产品作为自己产品的样品进行宣传,而非用于销售;另一方面,原告的平地机商品质量优良,价格也高达50万元,且该平地机上使用的商标和商号也具有较高的知名度,具有较强的市场竞争力,而被告没有平地机的生产能力,平地机上使用的LUQING图文标识也不具有知名度,被告若通过购买原告的商品、更换标识后作为自己的商品进行销售,成本必然高于原告,无法获取经济利益,不符合经济理性人的通常做法。因此,被告将涉案平地机的标识进行更换,并将更换后的商品进行展出的行为,系用原告优良的商品作为自己的商品样品进行广告宣传,以使消费者误认为其能生产该高品质的产品,而非将更换后的商品投入市场销售,故被告不构成"将更换后的商品投入市场"的行为,不构成反向假冒的商标侵权。

(2)被告是否构成不正当竞争。

依据我国《反不正当竞争法》(1993年)的规定,经营者在市场交易中,应当遵循自愿、平等、公平、诚实信用的原则,遵守公认的商业道德。经营者不得利用广告或者其他办法,对商品的质量、生产者、产地等作引人误解的虚假宣传,损害其他经营者的合法权益,扰乱社会经济秩序。本院认为,被告的行为构成虚假宣传的不正当竞争,主要理由如下。

首先,原告一、原告二享有合法的民事权益。原告一早于2001年在筑路机上注册了第1641821号A商标,后转让给原告二,原告二早于2005年在平地机上注册了B商标,原告二享有该两注册商标专用权,原告一经过原告二许可,在涉案平地机商品上使用该两注册商标。

原告一的前身于1989年成立集团公司,于1997年经批准改建为原告一,"徐工集团"系其企业名称"徐州工程机械集团有限公司"的简称,原告一在广告宣传以及商品上大量使用"徐工集团"字样的简称,相关媒体也将原告一称为"徐工集团",故"徐工集团"与原告一建立了特定联系,具有区别市场主体的识别作用,已经成为原告一的特定简称。原告二由原告一发起组建,且由原告一实际控股,2009年经核准变更为现企业名称"徐工集团工程机械股份有限公司","徐工集团"系原告二的字号,是区别于其他企业主体的主要标志。在主观上,原告一、原告二认为"徐工集团"字号由原告一作为企业简称最早进行使用,后再被原告二作为字号进行登记使用,原告一、原告二系关联公司,两者共同享有"徐工集团"的字号权;在客观的经营活动中,原告一、原告二或其子公司、控股公司生产销售的商品也统一以"徐工集团"的主体名义进行宣传或在商品上进行使用,在涉案展会的参展中,也由原告一、原告二及其关联公司的商品共同参展,故本院认为原告一、原告二共同享有"徐工集团"的字号权。

原告一在2011年、2012年中国企业500强中排名分别位于第123位、第122位,营业收入分别高达660亿多元、871亿多元;原告二系上市企业,其2010年、2011年及2012年每年的营业总收入均高达二三百亿多元,每年利润总额高达二三十亿元之多。同时,通过大量有影响力的报纸、期刊和电视广告宣传,以及在产品上的长期使用,"徐工集团"字号以及A、B注册商标具有了较高的知名度与美誉度,两者承载了原告一、原告二高质量、高新技术商品的声誉以及商品提供者较高的商业信誉,成为消费者选择原告一、原告二商品的识别性标记,为两原告获得较大的竞争优势。

其次,被告与原告一、原告二同为工程机械行业的经营者,也购买了原告产品,应当知道原告商标、字号的较高知名度,知道原告的平地机产品具有较高的品质,但在没有生产能力的情况下,不通过自行研发或购买技术等方式合法获得高品质的平地机产品,而将竞争对手原告的高品质的产品通过更换标识的方式变更为自己的产品作为样品进行宣传,导致相关公众对产品的来源、被告的生产能力等信息产生误解,为被告不正当的获取了竞争机会或竞争优势。被告的上述行为违背了诚实守信、公平竞争的原则,侵害了原告一、原告二的合法权益,扰乱了公平竞争秩序,构成不正当竞争。

(3)被告如何承担民事责任。

依据我国法律规定,侵害民事权益的,应当依法承担消除影响、赔偿损失等民事责任。原告一系涉案平地机的生产商,原告二系涉案平地机上标注的 A、B 注册商标权利人,原告一、原告二系涉案平地机上标注的"徐工集团"的字号权利人,而原告三仅系涉案平地机商品的销售商,对该商品所承载的商业信誉等无直接的权利义务关系,与被告的不正当竞争行为没有直接关联,故就原告三的诉讼请求,本院不予支持。被告对原告一、原告二构成不正当竞争,应当依法承担相应的民事责任。鉴于该两原告不区分要求被告承担的民事责任,且被告侵害原告一、原告二不同民事权益的行为体现在同一个不正当竞争行为中,具有同一的行为后果,故本院不对被告承担的民事责任在原告一、原告二之间进行区分判决。

关于原告要求被告在《工程机械》杂志公开登报消除影响的诉讼请求。本院认为,原告一、原告二享有的 A、B 注册商标以及"徐工集团"字号在全国具有较高的知名度与美誉度,被告的行为导致相关公众产生了误解,给两原告的商业信誉造成了一定的影响,故本院对原告的该诉讼请求予以支持。

关于原告要求被告赔偿经济损失 100 万元的诉讼请求。本院认为,因原告未举证其因被告不正当竞争行为所遭受的损失以及被告所获得的利益,故本院综合考虑原告 A、B 注册商标及"徐工集团"字号具有较高的知名度与美誉度,涉案展会在工程机械行业具有较高的知名度,参展者范围较广、人数众多,原、被告双方均为该展会支付了较高的参展费用,涉案平地机产品的价格价格较高,以及被告侵权行为的性质、情节、影响及主观过错等因素予以酌定。关于原告认为涉案平地机的销售价格在 50 万元左右的意见,本院认为,虽然原告举证的一张发票该产品的含税价格为 297 840 元,但该发票明确写明了该价格为折扣后的价格,该产品的原销售价格为含税价 497 840 元,且原告提交的同时期该产品的销售发票载明的含税价为 508 000 元,与上述发票上的原销售价格一致,故在被告有能力提供但未提供证据证明其购买涉案平地机的价格的情况下,可以按原告意见认定涉案平地机的销售价格。关于被告举证的"展商手册""付款通知"及付款发票,原告认为该些材料系复印件不予认可,本院认为,该些材料复印件能相互印证,且与被告实际参展的事实相符合,可以按照上述材料载明的参展金额认定被告的参展费。

关于原告要求被告赔偿 10 万元律师费的诉讼请求。本院认为,该费用确系为制止被告侵权行为所支出,但数额偏高,本院结合原告代理律师参加诉讼的工作量、本案案情难易程度、律师收费标准等因素依法酌定。

综上所述,为依法保护经营者的合法权益,维护市场竞争秩序,依照我国《侵权责任法》第 2 条，第 15 条第 1 款第（6）项、第（8）项，第 15 条第 2 款；《反不正当竞争法》（1993 年）第 2 条，第 9 条第 1 款，第 20 条；《最高人民法院关于审理不正当竞争民事案件应用法律若干问题的解释》第 17 条第 1 款；《民事诉讼法》第 144 条之规定，判决如下：

被告青州装载机厂有限公司于本判决生效之日起 30 日内在《工程机械》（刊号 CN12-1328／TH）刊登声明，消除影响（内容需经本院审核）；

被告青州装载机厂有限公司于本判决生效之日起 10 日内赔偿原告徐州工程机械集团有限公司、徐工集团工程机械股份有限公司经济损失人民币 15 万元；

被告青州装载机厂有限公司于本判决生效之日起 10 日内赔偿原告徐州工程机械集团有限公司、徐工集团工程机械股份有限公司合理费用人民币 2 万元。

驳回原告徐州工程机械集团有限公司、徐州工程机械集团有限公司的其余诉讼请求；

驳回原告徐州徐工筑路机械有限公司的全部诉讼请求。

负有金钱给付义务的当事人，如果未按本判决指定的期间履行给付义务，应当依照我国《民事诉讼法》第 253 条的规定，加倍支付迟延履行期间的债务利息。

案件受理费人民币 14 700 元，由原告徐州工程机械集团有限公司、徐州工程机械集团有限公司、徐州徐工筑路机械有限公司负担 6214 元，由被告青州装载机厂有限公司负担 8486 元。

如不服本判决，可在判决书送达之日起 15 日内，向本院递交上诉状，并按对方当事人的人数提出副本，上诉于上海市第一中级人民法院。

三、国际展会侵犯商业秘密侵权行为

根据调查，上海的会展企业中，近 3 年发生过知识产权纠纷的占其中的 33%，其中涉及版权问题的占 79%，涉及商业秘密的占 9%，涉及商标侵权纠纷的占 6%。[①] 由此可见，会展行业中商业秘密纠纷问题的发生率甚至高于商标侵权纠纷的发生率，值得我们在国际展会知识产权纠纷问题的探讨中加以关注。

---

① 徐嫘："会展知识产权保护问题研究"，载《政府法制研究》2011 年第 5 期。

（一）我国关于侵犯商业秘密的规定

我国《反不正当竞争法》（1993年）在定义什么是商业秘密时明确规定，所称的"商业秘密"是指不为公众所知悉、能为权利人带来经济利益、具有实用性并经权利人采取保密措施的技术信息和经营信息。[1] 明确了商业秘密的构成要件，即秘密性、价值性、保密性，同时也明确了商业秘密的范围，包含技术信息和经营信息，具体而言，包括设计、计算机程序、产品配方、制作工艺和方法、管理决策、客户名单、产销策略、货源情报、财产担保及涉讼纠纷、财务状况、投融资计划、招投标的标的和标书的内容等信息。[2]

根据《最高人民法院关于审理不正当竞争民事案件应用法律若干问题的解释》的规定，"不为公众所知悉"是指有关信息不为其所属领域的相关人员普遍知悉和容易获得。但有下列情形的，构成为公众所知悉：该信息为其所属技术或者经济领域的人的一般常识或者行业惯例；该信息仅涉及产品的尺寸、结构、材料、部件的简单组合等内容，进入市场后相关公众通过观察产品即可直接获得；该信息已经在公开出版物或者其他媒体上公开披露；该信息已通过公开的报告会、展览等方式公开；该信息从其他公开渠道可以获得；该信息无须付出一定的代价而容易获得。[3]

"能为权利人带来经济利益、具有实用性"是指有关信息具有现实的或者潜在的商业价值，能为权利人带来竞争优势。[4]

"保密措施"是指权利人为防止信息泄漏所采取的与其商业价值等具体情况相适应的合理保护措施。人民法院审理涉及商业秘密的案件应当根据所涉信息载体的特性、权利人保密的意愿、保密措施的可识别程度、他人通过正当方式获得的难易程度等因素，认定权利人是否采取了保密措施。具有下列情形之一的，在正常情况下足以防止涉密信息泄露的，应当认定权利人采取了保密措施：限定涉密信息的知悉范围，只对必须知悉的相关人员告知其内容；对于涉密信息载体采取加锁等防范措施；在涉密信息的载体上标有保密标志；对于涉密信息采用密码或者代码等；签

---

[1] 参见我国《反不正当竞争法》（1993年）第10条。
[2] 刘介明、杨祝顺："我国商业秘密保护的法律现状及完善建议"，载《知识产权》2012年第12期。
[3] 参见《最高人民法院关于审理不正当竞争民事案件应用法律若干问题的解释》第9条。
[4] 参见《最高人民法院关于审理不正当竞争民事案件应用法律若干问题的解释》第10条。

订保密协议；对于涉密的机器、厂房、车间等场所限制来访者或者提出保密要求；确保信息秘密的其他合理措施。①

在定义了什么是商业秘密之后，我国《反不正当竞争法》（1993年）又规定通过盗窃、利诱、胁迫或者其他不正当手段获取权利人的商业秘密；通过披露、使用或者允许他人使用以前项手段获取的权利人的商业秘密；违反约定或者违反权利人有关保守商业秘密的要求，披露、使用或者允许他人使用其所掌握的商业秘密均属于侵犯商业秘密的行为。②

我国除了在《反不正当竞争法》中对商业秘密进行保护之外，在刑法、行政法、民法总则、合同法、民事诉讼法、劳动法中也有部分对商业秘密进行保护的规定，如在刑法中规定有侵犯商业秘密罪，在劳动法中赋予了企业与员工约定竞业禁止条款的权利等。而诉讼类别可以分为因被行政管理部门处罚的行政诉讼，因侵权产生的民事诉讼和因侵权、假冒而产生的刑事诉讼等。③

（二）国际上关于商业秘密的规定

国际上对于商业秘密的保护最早可以追溯到《巴黎公约》，其后国际商会制定了《有关保护Know-how的标准条款》，联合国制定了《联合国国际技术转让行动守则草案》，直至《TRIPs协定》将商业秘密保护纳入知识产权保护协议中，确立了商业秘密的知识产权性，开立了商业秘密国际保护的先河。其规定具有商业价值的信息只要经合法控制人采取相关措施，保持其一定程度的秘密性，该信息都可以作为商业秘密加以保护。④

对于商业秘密保护起步相对较早的美国，其先后制定了《美国侵权行为法第一次重述》《美国统一商业秘密法》《美国经济间谍法》来构建其商业秘密的法律保护制度⑤，而大陆法系国家起步则相对较晚，最终以反不正当竞争法作为核心构建起了商业秘密保护的法律制度体系。

---

① 参见《最高人民法院关于审理不正当竞争民事案件应用法律若干问题的解释》第11条。
② 参见我国《反不正当竞争法》（1993年）第10条。
③ 刘华俊：《知识产权诉讼制度研究》，法律出版社2012年版，第36页。
④ 刘介明、杨祝顺："我国商业秘密保护的法律现状及完善建议"，载《知识产权》2012年第12期。
⑤ 同上。

（三）国际展会侵犯商业秘密纠纷实例

商业秘密通常包括两种：一是技术信息；二是经营信息。技术信息根据行业特点不同，涉及的技术特征不同，但必然具有专业技术性特点。经营信息，如企业的发展规划、战略投资、经营成本和商业联系信息。[1]基于笔者对于国际展会的了解，我们认为国际展会中可能涉及的商业秘密信息集中在以下几个方面。

其一为主办方在举办国际展会过程中形成的有关文案。知名国际展会主办方在成功主办数百次国际展会后，已经通过经验积累总结出了一套能够确保国际展会顺利、高效运作的规范性文件，其中包括与举办展会有关的管理规范类文件、策划申办类文件、商务契约类文件、信息宣传类文件、礼仪事务类文件、会展成果类文件等。而这些文件均是保持主办方市场竞争力的必要砝码，是主办方内部各机构能够有效运作的指导性纲领，可以纳入技术类商业秘密的范畴。这些文件在流转过程中也极易外泄，主办方需采取合理的保密措施，防止信息外泄至竞争对手手中。

其二为展会主办方以及参展商付出大量时间、人力、物力和财力的代价长期积累的客户名单，其不仅仅是客户姓名、联系方式的简单列举，而是主办方、参展商不断收集、筛选、记录而形成的智慧的结晶。能够作为商业秘密予以保护的客户名单往往详细记录了每个客户的交易习惯、价格承受能力、需求类型以及客户的性格特点，能够为企业大幅减少开发客户所需使用的时间以及经费，从而提升签约率，保持客户稳定性，使企业获得更多的盈利空间。我国《反不正当竞争法》（1993年）将商业秘密中的客户名单定义为客户的名称、地址、联系方式以及交易的习惯、意向、内容等构成的区别于相关公知信息的特殊客户信息，包括汇集众多客户的客户名册，以及保持长期稳定交易关系的特定客户。[2]通常来说，企业与员工在签署竞业禁止协议时对这类客户名单会加以明确。但需要注意的是，仅是在劳动合同的保密条款或是竞业禁止协议中约定员工需要对企业的保密信息承担保密义务是不够的，企业仍需要制定相关保密制度对需要保密的信息加以明确，需要规定能够知悉保密信息的人员范围以及采取如密码锁之类的加密措施以

---

[1] 刘华俊：《知识产权诉讼制度研究》，法律出版社2012年版，第9页。
[2] 参见《最高人民法院关于审理不正当竞争民事案件应用法律若干问题的解释》第12条。

确保信息的秘密。

如在济南市中级人民法院审理的济南灯具厂有限公司与张晓红一案二审[①]中,法院认为济南灯具厂有限公司作为济南传统的灯具加工和出口贸易企业,多年来通过组团参加广交会和其他展会的形式,初步汇集、搜集了有关国外客户和贸易公司的相关信息,并投入资金对市场进行深度挖掘,进一步了解客户的具体需求信息和供应信息,形成了自己长期稳定的国外客户群和国内配套商品采购商,为企业实现了经济效益。该公司进出口业务部的业绩成为牵动和影响公司整体效益的重要砝码。广交会等商品交易会固然提供了商家贸易联系的桥梁,但是否参加以及参加后能否与某一特定客户建立起贸易联系和业务往来,其中具有多种不确定因素,并非一朝一夕能够实现,如建立起长期稳定的出口和国内购销关系,更需要付出巨大的资金和长期努力,更兼客户之间彼此的信任和交易习惯的维护。济南灯具厂有限公司对于已经建立业务往来的部分客户,在电脑上建立了客户名册文件(公证保全了63户),记载了客户的相关联系地址、联系人、电话或合同单号等信息,并对电脑进行专人管理和设密保护;对于其他有关进出口业务的资料,也采取柜橱加锁等方式进行了合理的保密防范。该公司还制定了"重要岗位保密制度"来加强企业对其商业秘密的保护,另在劳动合同中约定了员工的保密义务。上述措施和手段,既确立了客户信息的有效存在载体,也增加了相关信息的保密性和知悉范围,足以防止涉密信息泄露和竞争优势的破坏。因此,济南灯具厂有限公司的相关客户信息构成其商业秘密,依法受到保护。任何单位和个人,未经权利人的许可,不得非法获取、披露和使用其商业秘密。

可见,法院在认定国际展会主办方或参展商拥有的某一特定资料是否属于商业秘密时,仍是基于我国《反不正当竞争法》(1993年)从以下几个方面加以考虑:主办方或参展商对于秘密信息的形成是否付出了相当的成本和努力,并能够从中获得利益;秘密信息是否属于不同于公知信息的特殊信息;主办方或参展商是否采取了合理的保密措施。

值得我们注意的是,在国际展会中如遇到涉及商业秘密的纠纷,我们不但需要考虑案件的主要争议焦点,还需要考虑在适当时候向法院申请不公开审理,将自己的商业秘密限定在最小泄露范围。且实践中发生过借诉讼之名刺探商业秘密的情况,

---

① 案件案号:(2008)济民三终字第8号。

故为了避免这种情况,建议提交的证据中对涉及公司商业秘密而又与案件无关的内容做遮盖等处理,避免商业秘密的泄露。

第三节 国际展会不正当竞争纠纷救济之分析

在本书第一章中笔者提到,私力救济、社会救济、公力救济为我国学者一般认同的纠纷解决的三种方式[①],同样的,国际展会中涉及的反不正当竞争问题亦适用以上救济手段。又因展会中产生不正当竞争纠纷的各方较难通过协商达到解决纠纷的效果,较多的问题仍需要通过如行政机关处罚或法院裁决、判决、调解的方式加以处理。

一、国际展会不正当竞争之司法救济

我国《反不正当竞争法》(1993年)第20条规定,经营者违反本法规定,给被侵害的经营者造成损害的,应当承担损害赔偿责任。同时在计算赔偿额时,第20条规定,人民法院应首先参考被侵害的经营者的损失,损失无法计算的可以参考侵权人在侵权期间因侵权所获得的利润,如前两者都不能提供的则由法院酌定赔偿额。此外,被侵害的经营者因调查该经营者侵害其合法权益的不正当竞争行为所支付的合理费也是可以由侵权人承担的,如涉及的公证费、律师费、保全费等。

我国《反不正当竞争法司法解释》第17条也规定,确定侵犯商业秘密行为的损害赔偿额,可以参照确定侵犯专利权的损害赔偿额的方法进行,确定仿冒、虚假宣传、损害商誉的不正当竞争行为的损害赔偿额,可以参照确定侵犯注册商标专用权的损害赔偿额的方法进行。[②]而《专利法》《商标法》对于赔偿额的确定同样是基于被侵权人损失、侵权人获利以及法院酌定这3种方式,只是在酌定专利侵权或

[①] 范愉、李浩:《纠纷解决——理论、制度与技能》,清华大学出版社2010年5月版,第21页。
[②] 参见《最高人民法院关于审理不正当竞争民事案件应用法律若干问题的解释》第17条。

是商标侵权的赔偿数额时时，被侵权专利或商标的许可使用费也是法官的参考依据之一。

根据笔者对于知识产权侵权有关司法赔偿数额的研究，在一般知识产权案件中，涉及的被侵权人往往提交诸多证据尚无法直接证明己方因对方行为所受到的损失。国际展会举办周期短，又是临时性举办，如需要权利人去举证其他参展商所获利润则更是难上加难。笔者在之前的研究中筛选了我国近年来近百起案例后发现，涉及知识产权赔偿的案件，90%由法院最终酌定赔偿额，比例十分之高。但需要注意的是，即使大多数案件的赔偿额由法院"拍脑袋"决定，但法院仍会将权利人提供的证据作为参考依据，综合分析之后才会作出判断，所以当我们在国际展会中遇到其他方不正当竞争行为侵权的，权利人应尽可能向法院提供如参展费用、展台搭建费用、工作人员费用、差旅费用等凭证主张自己的损失，即使是将己方往年参加同样展会的签单率与参加本次展会的签单率作对比形成的证据文件，也能给法院提供一定的借鉴。

二、国际展会不正当竞争之行政救济

不正当竞争行为损害了公平竞争的市场环境，在未达到犯罪前，行政机关会给予一定的行政处罚，以纠正企业的不良竞争行为，保持公平竞争的市场环境。这些行政处罚主要是根据《反不正当竞争法》作出的，同时，在一些省市也有作出一些具体的量刑意见。我国《反不正当竞争法》针对不同的不正当竞争行为，设置了不同的行政处罚，并且规定由县级以上人民政府工商行政管理部门对不正当竞争行为进行监督检查。展会知识产权权利人如发现其他经营者在展会中实施了不正当竞争行为，除了及时联系展会主办方在现场设置的知识产权维权机构，尽快寻找当地公证机构对侵权证据进行固定外，也可以通过向行政机关进行举报的方式来维护自身的合法权益。

（一）仿冒行为涉及的处罚

根据我国《反不正当竞争法》（1993年）第21条规定，经营者假冒他人的注册商标，擅自使用他人的企业名称或者姓名，伪造或者冒用认证标志、名优标志等质量标志，伪造产地，对商品质量作引人误解的虚假表示的，依照我国《商标法》《产品质量法》

的规定处罚。

经营者擅自使用知名商品特有的名称、包装、装潢，或者使用与知名商品近似的名称、包装、装潢，造成和他人的知名商品相混淆，使购买者误认为是该知名商品的，监督检查部门应当责令停止违法行为，没收违法所得，可以根据情节处以违法所得1倍以上3倍以下的罚款；情节严重的，可以吊销营业执照；销售伪劣商品，构成犯罪的，依法追究刑事责任。

（二）虚假宣传行为涉及的处罚

根据我国《反不正当竞争法》（1993年）第24条规定，经营者利用广告或者其他方法，对商品作引人误解的虚假宣传的，监督检查部门应当责令停止违法行为，消除影响，可以根据情节处以1万元以上20万元以下的罚款。

而《德国反不正当竞争法》第16条明确规定，以制造给人以特别优惠供应之假象为意图，在公开的告示中或在针对较大范围之多数人的通告中，通过不真实的陈述，作引人误解的广告的，处2年以下监禁或罚金。

在商业交易中，以承诺方式促使消费者购买商品、服务或权利，承诺如果他们促使其他人从事同类的交易，他们将从组织者本身或者第三人处获得特殊的利益，并且，依此种广告的性质，其他人如果可以进一步招来下一层次的购买人，则也可获取同样的利益的，处2年以下监禁或罚金。

（三）侵犯商业秘密行为涉及的处罚

根据我国《反不正当竞争法》（1993年）第25条规定，违反本法第10条规定侵犯商业秘密的，监督检查部门应当责令停止违法行为，可以根据情节处以1万元以上20万元以下的罚款。

而《德国反不正当竞争法》第17条规定，作为企业中的受雇人员，以竞争为目的，或出于私利，或为第三人谋利，或出于损害本企业所有人之意图，在雇用关系存续期间，擅自将因雇用关系掌握或获取的商业秘密或经营秘密泄露给他人的，处3年以下监禁或罚金。以竞争为目的，或出于私利，或为第三人谋利，或出于损害本企业所有人之意图，为下列行为之一的，处与前款相同的刑罚，如通过使用技术手段或制作该秘密载体的复本或盗取载有该秘密的物品从而擅自获取或保全商业秘密或经营秘密的，又如将获取的或以其他方式擅自取得或保全的商业秘密或经营秘密，擅自加以利用或告知他人的。第 17 条又规定，如行为人以侵犯商业秘密为业的或行为人在泄露时知道该秘密将在国外被利用的属于情节特别严重的，处 5 年以下监禁或罚金。

由上述规定可以看出，我国知识产权行政管理部门在处罚不正当竞争行为时普遍采取的措施有诸如责令停止违法行为、没收违法所得、消除影响，或是处以罚款，情节严重的可处吊销营业执照，构成犯罪的则可追究刑事责任。而罚款的数额设定在 1 万元至 20 万元之间。笔者认为，相较于国际展会中动辄几百万元的参展费用或是知识产权侵权方冒险签订一笔订单所获的利润而言，即使是处以 20 万元最高额罚款，对于国际展会中实施不正当竞争行为的侵权方来说面临的违法成本仍然相对较低，不能起到警示作用。

第四节　国际展会不正当竞争纠纷问题探讨

一、国际展会消费者被明确规定为反不正当竞争法保护对象之可能

我国《反不正当竞争法》（1993 年）第 2 条第 2 款规定：本法所称的不正当竞争，是指经营者违反本法规定，损害其他经营者的合法权益，扰乱社会经济秩序的行为。虽然在我国司法实践中，已经有将"损害其他经营者的合法权益"中的"经营者"作扩大解释，解释为包含一般消费者的先例，但一直未被明确规定于纸面中，而现在我国立法者有将"损害其他经营者或者消费者的合法权益"确定为不正当竞争概念构成要素的趋势。

将保护权利人的利益作为法律规则最首要的目标，能够起到促进人类智慧发展的作用，而展会主办方、参展商以及一般消费者构成了展会中最主要的 3 类主体，一般消费者的利益应该与主办方、参展商得到同样的保护。将消费者规定为反不正当竞争法保护的对象意味着消费者如在国际展会中发现参展商或主办方有侵犯自己权益的不正当竞争行为，同样可以提起反不正当竞争之诉或寻求行政主管部门的救

济。例如参展商展出的商品构成了对消费者所有的知名商业标识的混淆，又如参展商或主办方在办展过程中具有虚假宣传行为导致消费者产生误认等。

二、国际展会虚假宣传行为的内涵变化

我国《反不正当竞争法》（1993年）第9条第1款规定，经营者不得利用广告或者其他方法，对商品的质量、制作成分、性能、用途、生产者、有效期限、产地等作引人误解的虚假宣传。在新修订的《反不正当竞争法》公布之前，学术界对于该条规定的"引人误解"与"虚假宣传"之间的关系颇有争议，但主流观点还是认为二者在逻辑上是"或"的关系，实践中也是如此操作。修法后，《反不正当竞争法》第8条规定，经营者不得对其商品的性能、功能、质量、销售状况、用户评价、曾获荣誉等作虚假或者引人误解的商业宣传，欺骗、误导消费者。从而在立法层面澄清了这一疑议。

此外，新修订《反不正当竞争法》中删除了未修订前的"生产者""产地"等字眼，是否意味着对生产者的虚假宣传不再适用该条呢？笔者认为，由于新修订法已经将引人误以为是他人商品或者与他人存在特定联系的不正当竞争行为，规制为《反不正当竞争法》第6条的"混淆行为"，故如果对生产者的虚假宣传行为同时又符合使人误以为是他人商品的条件，应适用该法第6条的规定予以规制；如果对生产者的宣传行为存在虚假，但不会使人误以为是他人商品的，仍应适用该法第8条的规定予以规制。

三、国际展会不正当竞争行为的处罚额度将逐步加大

目前，总的立法趋势倾向于提高对各类不正当竞争行为的处罚额度，我国《反不正当竞争法》（1993年）将仿冒行为的处罚设定为处以违法所得1~3倍罚款，将虚假宣传行为的相关处罚设定为可以根据情节处以1万元以上20万元以下罚款。新修订的《反不正当竞争法》增加了人民法院酌定赔偿数额为"三百万以下"，直接对赔偿额予以明确；此外，针对虚假宣传的违法处罚数额由原来的"根据情节处以一万元以上二十万元以下的罚款"变为"处二十万元以上一百万元以下的罚款；情节严重的处一百万元以上二百万元以下罚款，可以吊销营业执照"；同时，还加

大了侵犯商业秘密、有奖销售的罚款数额；并增加了经营者损害商誉、妨碍他人提供网络服务或产品正常运行的处罚条款。

　　对于国际展会中涉及的权利人来说，不正当竞争行为的处罚额度若是能够提高无疑是一个好消息，这意味着侵权人实施不正当竞争行为所要面临的风险更大，所要付出的侵权成本更高。考虑到可能面临的巨额罚款，大多数有实施不正当竞争行为想法的企业或个人必将望而却步。另一方面，相较于只能要求侵权人撤展并加以轻微处罚，处罚额度的提高势必能够带动展会权利人维权积极性，促进展会的良性发展。

第六章

我国国际展会知识产权保护制度之建议

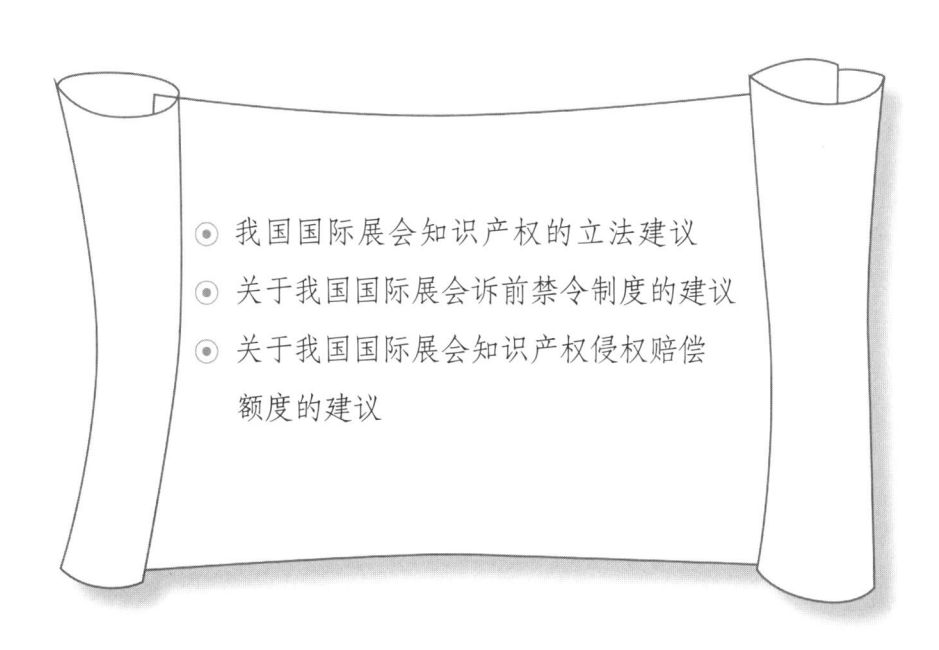

- 我国国际展会知识产权的立法建议
- 关于我国国际展会诉前禁令制度的建议
- 关于我国国际展会知识产权侵权赔偿额度的建议

第一节 我国国际展会知识产权的立法建议

一、我国国际展会知识产权立法的现状

(一)国家层面的法律规定

目前我国没有专门规范展会知识产权的法律;在部门规章部分,1995年9月1日,原外经贸部颁布了《关于在各类对外经济贸易展览会期间加强商标管理工作的通知》;1997年7月31日,国务院办公厅颁布实施了《关于对在我国境内举办对外经济技术展览会加强管理的通知》;2004年2月19日,海关总署与商务部颁布了《关于在我国境内举办对外经济技术展览会有关管理事宜的通知》;2005年12月6日,国家知识产权局颁布了《国家知识产权局展会管理办法》[①]; 2006年商务部、国家工商行政管理总局、国家版权局、国家知识产权局共同发布了《展会知识产权保护办法》;2009年2月,国家知识产权局、外交部、工业和信息化部等9部门联合印发了《关于加强企业境外参展知识产权工作的通知》。

《展会知识产权保护办法》在总则部分,将展会管理部门对展会期间知识产权保护的责任、展会主办方关于展会知识产权保护的义务、参展商应当遵守的展会知识产权规则进行了概括。《展会知识产权保护办法》在第二章"投诉处理"部分,规定了设立展会知识产权投诉机构的条件及展会举办地知识产权行政管理部门的义务;展会知识产权投诉机构的人员构成;权利人向投诉机构投诉的,应当提交的材料;处理侵犯知识产权的投诉程序;被投诉人的答辩权利;并对展会结束后的知识产权处理结果通报及总结等进行了概括性的规定。《展会知识产权保护办法》第三章至第五章分别就展会期间专利保护、展会期间商标保护、展会期间著作权保护进行了规定。《展会知识产权保护办法》第六章对法律责任进行了规定。

[①] 毛海波:《国际展会知识产权保护研究》,上海人民出版社2013年版,第169页。

2011年商务部发布的《展会知识产权保护办法（征求意见稿）》[①]对《展会知识产权保护办法》作出了部分修改，但目前还未正式实施，笔者归纳为：（1）新增了"行业协会组织参展的，行业协会应当协助展会主办方、展会投诉机构、知识产权行政管理部门开展知识产权保护工作"的规定，加大了行业协会的义务。（2）新增了关于若有投诉人或者请求人已经向人民法院提起著作权侵权诉讼的；若著作权存在权属纠纷，正处于人民法院的审理程序、仲裁机构的仲裁程序或者著作权行政管理部门的调解程序之中的；若相关著作权的保护期已经终止的，地方著作权行政管理部门对侵犯著作权的投诉或者处理请求不予受理的规定。（3）删除了"对涉嫌侵犯外观设计专利权的处理请求，被请求人在展会上销售其展品，地方知识产权局认定侵权成立的，应当依据《专利法》第11条第2款关于禁止销售行为的规定以及第57条关于责令侵权人立即停止侵权行为的规定作出处理决定，责令被请求人从展会上撤出侵权展品"的规定。但整体上未有重大修改。

《展会知识产权保护办法》仅规定了展会知识产权保护的原则性内容，且多为程序性及非强制性规定，对于展会知识产权的保护力度并未突破《专利法》《商标法》《著作权法》等的规定，对展会知识产权保护的指导作用有限。

（二）地方层面的法律规定

对于展会知识产权保护问题，目前北京、广州、上海均出台了地方政府规章进行规制，如《北京市展会知识产权保护办法》《广州市展会知识产权保护办法》《上海市展览业管理办法》。

与《展会知识产权保护办法》相比较，《北京市展会知识产权保护办法》对下述内容进行了细化。

（1）参展商应当携带相关的权利证明参展；对参展项目标注知识产权标记、标识的，应当按照有关规定标注。

（2）主办方与参展商应当在参展合同中约定双方知识产权保护的权利、义务和相关内容。知识产权保护的内容应当包括：参展商对参展项目不侵犯他人知识产权的承诺；知识产权投诉处理程序和解决方式；参展项目涉嫌侵权的，应当采取遮盖、撤展等处理措施。北京市知识产权局应当会同市工商、市版权等行政管理部门制定

---

① 《展会知识产权保护办法（征求意见稿）》尚未正式实施。

展会知识产权保护的合同示范文本，并向社会公布。

（3）规定了知识产权行政管理部门应当进驻的情形，即举办时间在3天以上，且具有下列情形之一的展会，知识产权行政管理部门应当进驻：政府部门主办的展会；展出面积2万平方米以上的展会；在国际或者国内具有重大影响的展会。主办方应当为知识产权行政管理部门进驻展会开展工作提供必要的便利条件。根据该规定可知，在北京举办的国际展会必须有知识产权行政管理部门进驻。

（4）规定了主办方在展会举办期间应当履行下列义务：①接受知识产权侵权投诉，协调解决侵权纠纷；②提供知识产权保护法律和相关专业技术方面的宣传咨询服务；③在显著位置公示知识产权行政管理部门的受案范围和联系方式，并公布主办方或者投诉机构的服务事项、投诉地点和联系方式；④应知识产权权利人或者利害关系人的合理要求，出具相关事实证明；⑤主办方应当履行的其他职责。其中出具事实证明的义务将对权利人维权起到十分重要的作用。且根据《北京市展会知识产权保护办法》的规定，主办方违反上述①~③规定的，由知识产权行政管理部门依照各自的管理职责责令改正；拒不改正的，可处1000元以上3万元以下罚款。

《广州市展会知识产权保护办法》在《展会知识产权保护办法》的基础上对下述内容进行了规定。

（1）举办时间在3日以上，且具有下列情形之一的展会，负责知识产权行政管理的部门应当设立现场办公室或者指定联络员，接受知识产权权利人或者利害关系人提出的行政处理请求，对符合立案标准的予以处理：政府以及政府部门主办的展会；在国际或者国内具有重大影响的展会；可能发生知识产权侵权纠纷较多的展会。

（2）展会主办单位应当在与参展商签订的参展合同中约定知识产权保护条款，内容包括：参展商应当承诺其所有的参展项目不侵犯他人在先拥有的知识产权；参展项目如经展会主办单位认为涉嫌侵权，且参展商不能作出不侵权的有效举证的，参展商应当立即采取遮盖、撤展等处理措施；参展项目已由人民法院作出侵权判决或者由负责知识产权行政管理的部门作出侵权处理决定，并已发生法律效力的，参展商拒绝采取遮盖、撤展等处理措施时，展会主办单位可以收回参展人员参展证件或者取消参展商当届参展资格；与展会知识产权保护有关的其他内容。

（3）展会主办单位应当建立知识产权备案和公示制度，将本届展会参展商备案的知识产权按类别编印成知识产权保护目录,在展会开始15日前向参展商公布。

(4) 展会主办单位应当履行下列义务:在展馆显著位置或者参展商手册上,公布负责知识产权行政管理的部门接受投诉或者处理请求的联系方式和立案标准;为参展商提供知识产权方面的宣传咨询服务;接受知识产权权利人或者利害关系人的投诉,依约处理展会中发生的知识产权侵权纠纷;应知识产权权利人或者利害关系人的要求,出具相关事实证明,或者为知识产权权利人、利害关系人及其委托代理人进入展会取证提供必要的便利条件;妥善保存展会的知识产权保护信息与资料,在展会结束后统计展会期间自行受理的知识产权投诉纠纷并进行分类整理、分析,分别报送专利、商标和版权行政管理部门;配合负责知识产权行政管理部门的工作。展会主办单位应当设立知识产权工作机构,指派专人负责,并可以聘请相关领域的专业技术人员和法律专业人员参加。

(5) 被投诉人被告知参展项目涉嫌侵权的,应当及时出示相关证据,作出不侵权举证。被投诉人不能作出有效举证的,展会主办单位应当要求被投诉人按照合同约定立即采取遮盖、撤展等处理措施。被投诉人拒不按照上述规定采取措施的,展会主办单位应当对涉嫌侵权的参展项目拍照取证,交予投诉人,或者配合公证机关进行取证。

(6) 被投诉的参展项目已由人民法院作出侵权判决或者由负责知识产权行政管理的部门作出侵权处理决定,并已发生法律效力的,展会主办单位应当要求被投诉人立即采取遮盖、撤展等处理措施。被投诉人拒不按照上述规定采取遮盖、撤展等处理措施的,展会主办单位还可以按照合同约定收回参展人员参展证件或者取消参展商当届参展资格。

(7) 展会主办单位应当从下一届展会起连续三届拒绝具有以下情形之一的参展商参加同一展会:拒不按照本办法第11条第3款的规定[①]采取遮盖、撤展等处理措施的;拒不对展会主办单位认为涉嫌侵权的参展项目采取遮盖、撤展等处理措施,投诉人证明其后该参展项目被人民法院或者负责知识产权行政管理的部门认定侵权的;参展项目在往届展会中因人民法院或者负责知识产权行政管理的部门认定侵权

[①]《广州市展会知识产权保护办法》第11条第3款规定,被投诉的参展项目已由人民法院作出侵权判决或者由负责知识产权行政管理的部门作出侵权处理决定,并已发生法律效力的,展会主办单位应当要求被投诉人立即采取遮盖、撤展等处理措施。

而采取遮盖、撤展等处理措施，所涉及的知识产权仍处于有效保护期内，本届展会中又继续展出同一参展项目的；参展项目在往届展会中因展会主办单位认为涉嫌侵权而采取遮盖、撤展等处理措施，投诉人证明其后该参展项目被人民法院或者负责知识产权行政管理的部门认定侵权，所涉及的知识产权仍处于有效保护期内，本届展会中又继续展出同一参展项目的；有其他不配合展会知识产权保护工作的行为，情节严重的。

（8）专利行政管理部门设立的现场办公室可以适用简易程序处理符合条件的专利侵权纠纷。按照简易程序处理的案件，专利行政管理部门应当在收到处理请求材料的 24 小时内立案并送达被投诉人。被投诉人应当在收到材料后的 24 小时内进行答辩，逾期未提交答辩材料的，不影响专利行政管理部门处理工作的进行。按照简易程序处理的案件，专利行政管理部门可以先行调解；调解不成，事实清楚，证据确凿的，专利行政管理部门应当在被投诉人答辩期满后 24 小时内作出处理决定。处理决定应当送交纠纷双方当事人及展会主办单位，被认定侵权的参展项目应当立即采取遮盖、撤展等处理措施。专利权人或者利害关系人提出处理请求的时间距离展会结束不足 48 小时的，不适用简易程序。按照简易程序立案的案件，通过现场对比无法判断是否落入专利权保护范围的，不适用简易程序，按照有关法律、法规、规章的相关规定进行处理。

（9）展会主办单位违反本办法规定，有下列行为之一的，由负责知识产权行政管理的部门责令改正：未在展馆显著位置或者参展商手册上公布负责知识产权行政管理的部门接受处理请求的联系方式和立案标准的；未向参展商提供知识产权方面的宣传咨询服务的；未报送展会知识产权保护信息与资料的。

（10）展会主办单位违反本办法规定，有下列行为之一的，由负责知识产权行政管理的部门责令改正；拒不改正的，可以处以 2000 元以上 1 万元以下的罚款；造成严重后果的，可以处以 1 万元以上 3 万元以下的罚款：拒绝受理知识产权权利人或者利害关系人投诉，未按照规定或者合同约定对涉嫌侵权的参展项目采取处理措施的；经知识产权权利人或者利害关系人要求，拒绝出具相关事实证明，或者拒绝对涉嫌侵权的参展项目拍照取证，或者拒绝配合公证机关进行取证的；违反本办法第 13 条的规定①，允许参展商继续参加同一展会的。

（11）投诉人提交虚假材料的，由处理投诉的行政管理部门予以警告；存在伪造主要证据等严重情节的，并处以 1 万元以上 3 万元以下罚款。

二、我国国际展会知识产权立法需要考量的因素

相较于德国、美国、意大利等国家，我国的会展行业起步较晚，仍存在着诸如经营不规范，运营模式落后的问题。由于上位立法的缺失，相关主体无法可依，只能借助国家各部委或地方政府规章等调整各方之间的利益关系。

然而会展业在我国的发展又极为迅速，外国主体来我国办展、参展越来越多，我国企业走出国门办展、参展也趋于频繁。按照我国的立法程序，立法最快需要 3 次上会审议，现有记录中最快的立法周期是 2 年，通常都需要 3~5 年才能获得通过。如《公司法》从起草到通过用了 15 年，《商业银行法》用了 10 年。我们必须承认，相对于经济社会的发展变化速度，我国立法效率确实还不够高，行政机关主导立法的模式在新的经济社会条件下，出现了法律滞后的现象。而每一种法律都有适用限度，从纵向来看，法律也有其时间适用范围，过了某个时期则需要重新立法或者修订法律。在传统社会中，法律的修改、修订频率相对缓慢，其适用性持续时间较长，但在新时期迅速变化的各领域之中，新修的法律条文很可能在短短数年就不再适用实际情况。因此，必须加强立法论证，特别是鼓励学者参与立法，增强法律的预见性、前瞻性。②

笔者认为，我国需要对会展业进行立法，且需要结合目前行业的发展趋势以及

---

① 《广州市展会知识产权保护办法》第 13 条规定：展会主办单位应当从下一届展会起连续三届拒绝具有以下情形之一的参展商参加同一展会：（一）拒不对已由人民法院或者负责知识产权行政管理的部门认定侵权的参展项目采取遮盖、撤展等处理措施的；（二）拒不对展会主办单位认为涉嫌侵权的参展项目采取遮盖、撤展等处理措施，投诉人证明其后该参展项目被人民法院或者负责知识产权行政管理的部门认定侵权的；（三）参展项目在上一届展会中因人民法院或者负责知识产权行政管理的部门认定侵权而采取遮盖、撤展等处理措施，本届展会中又继续展出同一参展项目的；（四）参展项目在上一届展会中因展会主办单位认为涉嫌侵权而采取遮盖、撤展等处理措施，投诉人证明其后该参展项目被人民法院或者负责知识产权行政管理的部门认定侵权，本届展会中又继续展出同一参展项目的；（五）有其他不配合展会知识产权保护工作的行为，情节严重的。

② 吴志攀："'互联网+'的兴起与法律的滞后性"，载《国家行政学院学报》2015 年 3 月。

其他国家带有一定的前瞻性的经验，故建议相关部门在立法过程中考量以下因素。

（一）国际会展行业的发展

1. 会展城市向大城市集中

参考德国会展行业的发展过程，虽然在德国各种规模的城市中均建设有展馆，但由于中小城市人口较少，展馆面积较小，交通、住宿等配套设施不能满足大型国际展会的需要，国际展会正在向大城市集中。① 对于我国来说，与德国面临的情况是同样的，国际展会集中在如广州、上海、北京等大型城市举办，很少会选择在二三线城市，因此，笔者认为我国在对会展业的立法中需要考虑各地区之间的差异性，给予各地区立法部门根据地区特色对上位法进行细化的空间。

2. 展会举办方逐渐向规模大的会展公司集中

由于展会涉及众多环节，展会规模越大，涉及的范围越广，中小会展公司很难将各个环节有效协调起来，大型展会尤其是国际展会的成功举办，越来越需要相关方面的专业人才或专家，聘用或拥有这些人员也是中小会展公司很难负担的。在德国，排名前5位的会展大公司的营业额占整个行业全部营销收入的3/4左右。德国的汉诺威信息技术展（CEBIT）、杜塞尔多夫国际服装展（CPD）、法兰克福国际书展（BF）和法兰克福国际汽车展（IAA）、科隆国际游戏展（GC）、科隆国际家用电器展（Domotechnica）、柏林消费电子产品展（IFA）等，已经成为世界知名的国际品牌展会。②

在我国，截至2013年年底，北上广三大城市的UIF③中国会员仅有84个，经UFI认证的境外展会只有3个（境内66个），④目前，国际性的大型会展公司在中国仍很少，但是考虑到我国会展业的发展势态，是有可能打造出越来越多的具有

---

① 张晓明、张健康："德国会展业四大发展趋势及其对我国的启示"，载《理论探索》2016年第3期。
② 同上。
③ UIF是国际展览联盟（Union of International Fairs）的简称。
④ 张晓明、张健康："德国会展业四大发展趋势及其对我国的启示"，载《理论探索》2016年第3期。

国际竞争力的会展公司的,而积极推进公司以及展会的品牌化建设亦应成为会展业提升水平的共识。那么,在立法时即需要考虑大型会展公司可能形成的垄断地位以及对小公司克隆办展的规制。

3. 瞄准新兴市场国家的展会市场

近年来,由于欧洲展会市场相对饱和,德国会展机构紧紧抓住国际化的机会,大力开拓海外展会市场,尤其是中国、俄罗斯和印度等新兴市场国家的展会市场。①这使得在立法时需要考虑其他国家的立法情况,以寻求平衡并借鉴其经验。

4. 国际展会互联网化、活动化

制定展会法律制度亦需要将会展业的互联网化、活动多样化发展趋势考虑其中,由于展会已经不再是单纯的会议或展览,其内容更加丰富,活动也趋向于多样化。北京奥运会开幕式的文艺演出、2010年博鳌亚洲论坛的高尔夫邀请赛等都体现出了展会中的娱乐性。②而互联网时代的到来也对会展行业产生了影响,在2015年,O2O模式的营销成为主流,差别在于不同的主办者如何选择适应自身业务特点的O2O模式定位,是借助已经成型的行业强势印刷媒体线上产品,还是选择只定位于互联网的新媒体,或者是自己另辟蹊径通过微信+HTML5的组合,或是举办"互联网+"展览③,在不久的将来,大数据将影响展览业,也将影响与展览业有关的法律制度。

(二)国际展会相关各方的利益

按照关保英教授的说法,利益是一种个人满足,它的实质内容是个体化的;利益也是一种个人智力的发展,人们在追求利益的同时才智也将得到提升;利益同样是一种较少约束,意味着较大的生存或生活空间,法律规则的首要目标即是保护人们在社会中的人身以及财产;利益是一种交流空间,它还包含着物质和精神不能替代的东西,这些东西要么是一种全新价值东西,要么是介于物质财富和精神因素

---

① 徐伟:"德国会展业发展经验及借鉴",载《全球化》2014第3期。
② 刘继辉:"中国会展业发展研究",载《三峡大学学报》2012年3月第34卷第2期。
③ 刘松萍、蔡伊乐、湛冬燕:"广州会展业发展的现状与对策研究",载《城市观察》2015年第3期。

之间的东西。[①] 笔者认为，在对会展业进行立法时，对于相关各方利益的保护是首要原则，他们之间的利益平衡则是侧重点，以上两点需要融入整部法律的立法精神中去。

1. 主办方的经济利益

企业的动力来自经济利益，具体地说，来自因从事生产经营活动实际得到的经济收入的增加，企业从生产经营活动中得到实际经济收入越多，其主动性、积极性就越高；得到的实际收入越少，其主动性、积极性就逐渐降低。[②] 国际展会主办方通过出借展区获得收入，除一般需要支出的展馆建设、展会宣传、人力成本等，在展会中设置临时知识产权纠纷处理小组或是临时仲裁组都需要展会主办方承担额外的费用，根据笔者经验，展期在3～5天的展会平均每天的知识产权投诉量在10～20起之间，如每起纠纷都需要在展会中立即处理则需要配备大量的知识产权纠纷处理专业人员，势必导致人力成本增加，如成本过高，则主办方的积极性就少了，对于参展商知识产权保护的主动性也就降低了。如何在需承担费用合理的情况下尽量照顾主办方的经济利益，是展会立法需要考量的因素之一。

2. 参展商及其他权利人的利益

国际展会参展商多为企业，销售产品、增加企业知名度是其参展的首要目的，其对于利益的追求和展会主办方是同样的，如果能够在展会中公正、高效地处理知识产权纠纷是权利人希望看到的，也是权利人积极主动去做的。

三、对于我国国际展会知识产权立法的建议

（一）我国国际展会知识产权立法目前存在的问题

1. 现行立法层级较低

我国虽有众多关于展会知识产权的规则条例，但立法层级都很低。从笔者在上文中列举的相关法律法规来看，《国家知识产权局展会管理办法》《展会知识产权保护办法》与地方政府颁布的《北京市展会知识产权保护办法》《广州市展会知识产权保

[①] 关保英：《行政法的私权利文化与潜能》，山东人民出版社2003年版，第340～348页。
[②] 陈德华、王瑞荪：《社会主义经济利益与经济运行》，中国商业出版社1989年版，第139页。

护办法》《上海市展览业管理办法》都不具备法律或者行政法规的效力，且地方政府规章仅能在所在区域内实施，对其他地区展会知识产权问题的处理影响力也较小。

2. 不适应国际展会需要

现行的知识产权法律制度难以适应国际展会知识产权纠纷解决的需要。例如《著作权行政处罚实施办法》第13条规定，著作权行政管理部门应当在收到所有投诉材料之日起15日内，决定是否受理并通知投诉。但15日的受理期限远远超过了一般展会的展期，著作权行政管理部门尚未决定是否受理，展会已经结束，这导致知识产权人无法及时获得法律的救济。[①] 例如，法院提高部分法律法规的适用标准，将当事人申请临时禁令所需证据的要求从证明"可能侵权"提高到"确实侵权"，这使得知识产权人无法及时提供有关证据，最终导致禁令制度无法在展会场合适用。[②]

英国大法官曾如此说道：在程序上有弊端的法律将引起司法不公。[③] 而法律程序设置的合理，带来的是审理案件用时的减少、程序的快捷、司法效率的提高。[④] 针对我国国际展会立法目前存在的问题，笔者希望抛砖引玉，提出一些解决问题的思路。

（二）针对国际展会知识产权保护制定专门的法律法规

目前我国没有与展会有关的法律或行政法规，也没有专门针对国际展会或国际展会知识产权保护的法律法规，上文介绍的规则条例在内容上更加偏重于政府管理，也多为针对国内展会的规定，鲜少有条文直接涉及国际展会。但相较于一般展会而言，国际展会具有影响力广、涉外因素多、知识产权问题突出等特性，因此，很有必要针对会展业制定高效力的法律、行政法规，针对国际展会知识产权保护制定专门的法律法规。

---

① 王迁、陈绍玲："展会知识产权保护研究"，载《政府法制研究》2011年第5期。
② 同上。
③ Lord Hope of Craighead, In Law, Is Procedure Really That Important?, Juridical Review 149, 2010.
④ A.A.S.Zuckerman, A Reform of Civil Procedure : Rationing Procedure Rather Than Acess to Justice, Journal of Law and society, Vol.22, NO.2, 1995.

(三) 细化有关国际展会知识产权保护的法律规定

首先,作为经常举办大型国际展会的大都市,北京、上海、广州等地关于展会知识产权的立法已经走在了我国前列,如关于明确知识产权行政管理部门应当入驻展会的情形、规定展会主办方的义务及相应罚则等,其对参展商义务及罚则的相关规定不仅细致,也具有操作性,能够在很大程度上维护展会中知识产权权利人的合法权益,改善展会知识产权侵权行为频发的情形,可以解决《展会知识产权保护办法》规定过于原则性、法律强制力弱的问题。因此,笔者建议在立法层面借鉴地方先进制度对《展会知识产权保护办法》等进行细化、修订,增强在全国范围内展会知识产权保护的可操作性及强制性。

其次,笔者建议立法部门在立法时能够明确管理部门在展会期间的具体职责,尽量精简管理部门,落实权责,在明确各职能部门权限的同时,体现职能部门的服务功能。[①] 将进驻展会现场的知识产权行政管理部门与知识产权投诉机构予以明确区分。知识产权投诉机构完全由主办方根据国家的相关法律及实际工作需要而设立,知识产权行政管理部门不派员参与,必要时主办方可以邀请知识产权行政管理部门派人指导,但该指导不等于行政执法。[②]

(四) 增强国际展会知识产权法律法规的可操作性

1. 设立国际展会知识产权纠纷快速处理程序

笔者建议,立法部门可以根据国际展会举办期限短、纠纷难以处理的特点,尝试设立展会临时仲裁组,规定展会主办方可以根据展会需要向主管部门申请在展会中设立临时仲裁机构,仲裁机构成员由主管部门从知识产权领域专家、部门业务骨干中选取人员建立专家库,供在展会中发生纠纷的主体选择。而相应的,展会主办方与参展商签订参展合同时约定发生知识产权纠纷的处理措施,即选择由展会临时仲裁组予以仲裁,并提前从专家库中选择好仲裁员,以获得能够快速解决展会知识产权纠纷的效果。

2. 明确国际展会知识产权投诉机构与行政管理部门的人员

由于知识产权投诉机构与知识产权行政管理部门在处理展会知识产权纠纷时,相互之间功能具有一定的替代性,在人员上也存在一定的交叉,即会出现知识产权

---

① 徐嬿:"会展知识产权保护问题研究",载《政府法制研究》2011年第5期。
② 毛海波:《国际展会知识产权保护研究》,上海人民出版社2013年版,第176页。

行政管理部门人员在处理展会纠纷时是代表主办方还是代表行政管理部门的问题。故建议我国国际展会知识产权立法时对机构设置以及人员安排加以明确区分，可以借鉴广州立法经验，由主办方设立知识产权工作机构，该机构仅行使商业主体的自律性管理权，由主办方聘请相关专家，知识产权管理部门设立现场办公室或联络员行使行政主体的监管权，由行政管理部门指派内部业务人员。[①]

3. 建立国际展会活动登记制度

在我国地方政府针对展会颁布的行政规章中，一般设有事先报备的制度，要求展会主办方或是展会主管部门将展会的有关信息报送给当地知识产权主管部门。但目前，全国性的展会信息备案制度尚未建立，笔者建议在对国际展会知识产权立法时可以考虑将建立全国性展会信息登记备案制度纳入其中，采取统一的会展活动登记机关和流程，可以将会展活动登记业务统一到工商行政管理机关上，并统一承接其变更、续期和会展侵权案件的查处业务。对于专业性、技术性极强的会展由主管机关联合相关业务部门会签的方式，消灭重复登记、重复办展的资源浪费现象。[②]而在建立全国性展会信息登记备案制度的基础上，即可以考虑建立全国展会信息查询系统、全国展会知识产权侵权主体黑名单查询系统等，从而加强有关部门以及社会各方对于展会各知识产权侵权的监督。[③]

第二节 关于我国国际展会诉前禁令制度的建议

一、我国现有诉前禁令制度的相关规定

（一）我国与专利相关诉前禁令的规定

根据我国《专利法》第66条的规定，专利权人或者利害关系人有证据证明他

[①] 徐嫕："会展知识产权保护问题研究"，载《政府法制研究》2011年第5期。
[②] 胡泓媛：《中国会展经济发展及知识产权保护》，知识产权出版社2015年版，第115～117页。
[③] 同上。

人正在实施或者即将实施侵犯专利权的行为,如不及时制止将会使其合法权益受到难以弥补的损害的,可以在起诉前向人民法院申请采取责令停止有关行为的措施。申请人提出申请时,应当提供担保;不提供担保的,驳回申请。人民法院应当自接受申请之时起48小时内作出裁定;有特殊情况需要延长的,可以延长48小时。裁定责令停止有关行为的,应当立即执行。当事人对裁定不服的,可以申请复议一次;复议期间不停止裁定的执行。申请人自人民法院采取责令停止有关行为的措施之日起15日内不起诉的,人民法院应当解除该措施。申请有错误的,申请人应当赔偿被申请人因停止有关行为所遭受的损失。

《最高人民法院关于对诉前停止侵犯专利权行为适用法律问题的若干规定》对下述专利诉前禁令申请相关事项进行了进一步规定和明确。

(1)诉前责令被申请人停止侵犯专利权申请的利害关系人,包括专利实施许可合同的被许可人、专利财产权利的合法继承人等。专利实施许可合同被许可人中,独占实施许可合同的被许可人可以单独向人民法院提出申请;排他实施许可合同的被许可人在专利权人不申请的情况下,可以提出申请。

(2)诉前责令停止侵犯专利权行为的申请,应当向有专利侵权案件管辖权的人民法院提出。

(3)专利权人或者利害关系人向人民法院提出申请,应当递交书面申请状;申请状应当载明当事人及其基本情况、申请的具体内容、范围和理由等事项。申请的理由包括有关行为如不及时制止会使申请人合法权益受到难以弥补的损害的具体说明。

(4)申请人提出申请时,应当提交下列证据:

①专利权人应当提交证明其专利权真实有效的文件,包括专利证书、权利要求书、说明书、专利年费缴纳凭证。提出的申请涉及实用新型专利的,申请人应当提交国务院专利行政部门出具的检索报告;

②利害关系人应当提供有关专利实施许可合同及其在国务院专利行政部门备案的证明材料,未经备案的应当提交专利权人的证明,或者证明其享有权利的其他证据。排他实施许可合同的被许可人单独提出申请的,应当提交专利权人放弃申请的证明材料。专利财产权利的继承人应当提交已经继承或者正在继承的证据材料;

③提交证明被申请人正在实施或者即将实施侵犯其专利权的行为的证据,包括被控侵权产品以及专利技术与被控侵权产品技术特征对比材料等。

(5)在执行停止有关行为裁定过程中,被申请人可能因采取该项措施造成更大损失的，人民法院可以责令申请人追加相应的担保。申请人不追加担保的，解除有关停止措施。

（6）人民法院作出诉前责令被申请人停止有关行为的裁定，应当及时通知被申请人，至迟不得超过5日。

（二）我国与商标相关诉前禁令的规定

我国《商标法》第65条规定，商标注册人或者利害关系人有证据证明他人正在实施或者即将实施侵犯其注册商标专用权的行为，如不及时制止将会使其合法权益受到难以弥补的损害的，可以依法在起诉前向人民法院申请采取责令停止有关行为的措施。

《最高人民法院关于诉前停止侵犯注册商标专用权行为和保全证据适用法律问题的解释》对商标诉前禁令申请相关事项进行了进一步规定和明确。

（1）可以向人民法院提出诉前责令停止侵犯注册商标专用权行为申请的利害关系人，包括商标使用许可合同的被许可人、注册商标财产权利的合法继承人。注册商标使用许可合同被许可人中，独占使用许可合同的被许可人可以单独向人民法院提出申请；排他使用许可合同的被许可人在商标注册人不申请的情况下，可以提出申请。

（2）诉前责令停止侵犯注册商标专用权行为的申请，应当向侵权行为地或者被申请人住所地对商标案件有管辖权的人民法院提出。

（3）商标注册人或者利害关系人向人民法院提出诉前停止侵犯注册商标专用权行为的申请，应当递交书面申请状。申请状应当载明：①当事人及其基本情况；②申请的具体内容、范围；③申请的理由，包括有关行为如不及时制止，将会使商标注册人或者利害关系人的合法权益受到难以弥补的损害的具体说明。

（4）申请人提出诉前停止侵犯注册商标专用权行为的申请时，应当提交下列据：

①商标注册人应当提交商标注册证，利害关系人应当提交商标使用许可合同、在商标局备案的材料及商标注册证复印件；排他使用许可合同的被许可人单独提出申请的，应当提交商标注册人放弃申请的证据材料；注册商标财产权利的继承人应当提交已经继承或者正在继承的证据材料；

②证明被申请人正在实施或者即将实施侵犯注册商标专用权的行为的证据，包括被控侵权商品。

（5）在执行停止有关行为裁定过程中，被申请人可能因采取该项措施造成更大损失的，人民法院可以责令申请人追加相应的担保。申请人不追加担保的，可以解除有关停止措施。

（6）人民法院作出诉前责令停止有关行为的裁定，应当及时通知被申请人，至迟不得超过5日。

（三）我国与著作权相关诉前禁令的规定

我国《著作权法》第50条规定，著作权人或者与著作权有关的权利人有证据证明他人正在实施或者即将实施侵犯其权利的行为，如不及时制止将会使其合法权益受到难以弥补的损害的，可以在起诉前向人民法院申请采取责令停止有关行为的措施。

二、我国国际展会知识产权保护中缺乏诉前禁令运用的原因分析

我国国际展会知识产权保护中诉前禁令运用极少，究其原因，不外乎我国诉前禁令法定要求标准较高。总结我国知识产权领域诉前禁令制度的相关规定，要获得诉前禁令的裁定，需要满足以下要素：（1）由权利人或利害关系人发起申请；（2）有证据证明他人正在实施或即将实施侵害权利人知识产权的行为；（3）如不及时制止，将会使申请人的合法权益受到难以弥补的损害；（4）提供相应担保。

司法实践中，要同时满足以上要求存在较大难度，因此，成功获得知识产权诉前禁令裁定的案件屈指可数，多数案件以驳回申请人的申请告终。笔者以申请诉前停止侵害专利权纠纷实例为例分析国际展会中知识产权禁令申请的难点。

（一）难以证明权利有效性

在（2014）苏中知禁字第00001号案中，戴森公司称，其系名称为"真空吸尘器"的第ZL 201130021538.8号外观设计专利权人，苏州捷尚电子科技有限公司等三被申请人在网络上销售、许诺销售"ZB1351"与"TEKAK-47"无线手持吸尘器的行为侵害了申请人的外观设计专利，因此要求被申请人立即停止生产、销售和许诺销售被控侵权产品。法院经审查认为，申请人戴森公司未提交专利评价报告以证明

该外观设计专利的稳定有效性。故戴森公司的申请不符合法律规定的条件，法院不予支持，裁定驳回申请人戴森公司诉前停止侵犯专利权行为的申请。

在（2014）苏中知禁字第00002号案中，申请人戴森公司称，其系名称为"支撑组件"的第ZL 200780032461.5号发明专利权人，苏州捷尚电子科技有限公司等三被申请人在网络上销售、许诺销售"ZB1351"与"TEKAK-47"无线手持吸尘器的行为侵害了申请人的发明专利，因此要求被申请人立即停止生产、销售和许诺销售被控侵权产品。申请人戴森公司主张被控侵权产品对应技术特征与诉争专利独立权利要求1的各技术特征一一对应，完全落入诉争专利权利要求1的保护范围，但法院经审查认为，根据申请人与三被申请人提交的证据，申请人戴森公司未能充分证明其诉争专利权利要求1的稳定有效性，故戴森公司的申请不符合法律规定的条件，法院不予支持，裁定驳回申请人戴森公司诉前停止侵犯专利权行为的申请。

（二）难以证明确实构成侵权

在（2014）苏中知禁字第00001号案中，戴森公司称，其系名称为"真空吸尘器"的第ZL 201130021538.8号外观设计专利权人，苏州捷尚电子科技有限公司等三被申请人在网络上销售、许诺销售"ZB1351"与"TEKAK-47"无线手持吸尘器的行为侵害了申请人的外观设计专利，因此要求被申请人立即停止生产、销售和许诺销售被控侵权产品。法院经审查认为，根据申请人提交的专利视图图片，被控侵权产品设计与其专利设计相近似的主张亦依据不足。故戴森公司的申请不符合法律规定的条件，法院不予支持，裁定驳回申请人戴森公司诉前停止侵犯专利权行为的申请。

在（2014）苏中知禁字第00003号案中，申请人戴森公司称，其系名称为"手持式清洁设备"的第ZL 200780027328.0号发明专利权人，苏州捷尚电子科技有限公司等三被申请人在网络上销售、许诺销售"ZB1351"与"TEKAK-47"无线手持吸尘器的行为侵害了申请人的发明专利，因此要求被申请人立即停止生产、销售和许诺销售被控侵权产品。申请人戴森公司主张被控侵权产品对应技术特征与诉争专利独立权利要求各技术特征一一对应，完全落入诉争专利权利要求的保护范围。但法院经审查认为，根据戴森公司提交的现有证据并经技术比对，该主张并不充分。故戴森公司的申请不符合法律规定的条件，法院不予支持，裁定驳回申请人戴森公司诉前停止侵犯专利权行为的申请。

（三）难以证明有关行为如不及时制止会使其合法权益受到难以弥补的损害

在上述（2014）苏中知禁字第00001号、（2014）苏中知禁字第00002号、（2014）苏中知禁字第00003号三案中，法官均认定申请人申请理由中有关行为如不及时制止会使其合法权益受到难以弥补的损害的说明亦并不充分，并驳回了申请人的申请。

在(2011)深中法民三禁字第1号案中存在同样的问题，该案裁定书裁定认为："依据我国相关法律规定，专利权人或者利害关系人有证据证明他人正在实施或者即将实施侵犯其专利权的行为，如不及时制止将会使其合法权益受到难以弥补的损害的，可以在起诉前或在诉讼中向人民法院申请采取责令停止有关行为的措施。即，申请人向本院申请对被申请人采取临时禁令，应该举证证明被申请人的涉案行为如不及时制止，将会使申请人的合法权益受到难以弥补的损害，此系采取临时禁令的前提条件之一。但是，在本案中，申请人没有提交任何证据证明现实存在上述危急情形，申请人申请本院作出禁令的主张难以成立。"

在笔者查询到的成功获得申请诉前停止侵害专利权裁定的两案中，法院也对此进行了专门论述。

在（2013）三中民保字第01933号雅培贸易（上海）有限公司（以下简称雅培贸易公司）申请台州市黄岩亿隆塑业有限公司（以下简称亿隆公司）等申请诉前停止侵害专利权案中，申请人雅培贸易公司称其是ZL 200730158176.0号名称为"容器"的外观设计专利权的被许可人，并获得权利人的授权以自己的名义对侵犯涉案专利权的侵权人提起诉讼。亿隆公司、溢炀杰公司未经许可生产、销售、许诺销售了侵害涉案专利权的"YL-650A""YL-750A""YL-1000A"等型号的可密封塑料容器（以下简称被控侵权产品）。二被申请人的侵权行为如不立即停止，将会导致雅培贸易公司难以弥补的损害。因此请求法院责令被申请人立即停止侵权行为。法院经审理认为："本案中，被控侵权产品系奶粉罐，可以预计的是，亿隆公司和溢炀杰公司主要向奶粉生产企业批发销售被控侵权产品，被控侵权产品将与奶粉一并销售给最终用户，每一个销售环节都很有可能构成对涉案专利权的侵权。而每增加一个销售环节，都会造成损失扩大，侵权行为人增多，雅培贸易公司维权成本增加，维权难度加大。如果不责令亿隆公司和溢炀杰公司立即停止被控侵权行为，即便通过诉讼最终法院支持雅培贸易公司的请求，也很难制止奶粉生产企业、奶粉销售商对于被控侵权产品的销售，由此造成的损失难以计算。同时，涉案专利权系容器的外观设计专利，有效期仅10年，容器的外观设计更新换代快，如不责令亿隆公司和溢炀杰公司立即停止被控侵权行为，将会极大地影响到雅培贸易公司对涉案专利权的行使。因此，如不责令亿隆公司和溢炀杰公司立即停止被控侵权行为，将会对雅培贸易公司合法权益造成难以弥补的损失。"

在（2014）沪一中民保字第1号诺华（中国）生物医学研究有限公司诉FENG HE 其他申请保全案件一案中，被申请人原系申请人化学部门负责人和高级研究员，对申请人负有保密义务。被申请人在辞职期间曾大量访问申请人的保密文件。经申请人委托鉴定机构恢复数据，发现被申请人在正式离职前擅自将申请人抗癌药品研发项目(EED和LSD1)的879个保密文件复制到其移动存储设备中带走。申请人认为，被申请人的行为已经将申请人的商业秘密置于危险境地，尤其令人不安的是，被申请人已经前往申请人的同行处工作。一旦被申请人泄露、使用或者允许他人使用上述秘密，申请人势必遭受难以弥补的重大损失。据此，申请人请求法院责令被申请人不得披露、使用或者允许他人使用申请人的商业秘密文件及其中包含的所有信息。法院经审理认为："本案中，是否会造成难以弥补的损害的问题的答案是显而易见的。申请人主张，其将研发资料作为商业秘密保护，这就意味着申请人选择用保密的方式来保护其有关药物研发可能形成的智力财产。如果他人未经申请人许可，将其运用于相同领域，无疑会给申请人造成损害，而且这种损害难以用金钱来衡量。如果他人未经申请人许可，进一步向特定主体披露这些研发资料甚至将其公之于众，则更将对申请人通过前期投入大量时间和金钱所建立的竞争优势带来难以挽回的损害。本院认为，冻结被申请人的行为以维持现状并阻止损害发生符合本案的实际情况。""基于申请人的前述主张，本院有理由相信被申请人未经申请人许可，获取了申请人的秘密文件。由于这些文件已经脱离了申请人的控制范围，被申请人随时有可能披露、使用或允许他人使用，因此，禁止该等行为的实施就显得刻不容缓。"

三、降低国际展会中知识产权诉前禁令制度适用之标准

（一）降低国际展会知识产权诉前禁令的申请、认定条件

如前所述，根据我国法律规定，申请知识产权诉前禁令需要满足的条件较多，根据司法实践显示，该等条件在非国际展会的一般情况下都较难满足，在国际展会

举办的短时期内更难达到。因此，可以考虑就国际展会中的诉前禁令制度设置专门的规定，放宽申请及认定条件。

1. 降低申请文件格式条件

知识产权的权利人是自然人的，通常是企业的法定代表人、股东或设计师等在企业内职务较高的人，而在国际展会中多数参展人员为企业的基层销售人员，极可能存在自然人作为知识产权权利人却不在展会现场的情形。而知识产权权利人是公司的，则可能由于国际展会在异地举行而使用公章困难，因此在国际展会进行过程中极可能因无法满足申请文件的要求而无法申请禁令。所以，建议降低国际展会的诉前禁令申请文件格式条件，如允许申请人提交的权利人或利害关系人主体资格文件、授权委托书等文件采用复印件，并要求申请人在限定时间内（如5日内）提供原件予以核对，若无法提供原件，则可以对申请人进行罚款或其他处罚，若已作出裁定的，可以撤销裁定并裁定要求申请人承担因此给被申请人造成的损失。

2. 降低侵权举证要求及侵权认定标准

通常情况下申请诉前禁令需要申请人提交能够证明被申请人正在实施或者即将实施侵犯其知识产权的行为的证据，且需要依据相关证据能够判断构成侵权。但是在国际展会的特殊背景下，不仅取证存在难度，在短时间内认定构成侵权也存在难度。建议针对国际展会申请诉前禁令降低举证要求和侵权认定标准，如在对照片、复印件、录音证据等的采信方面，考虑取证难度，适当降低予以采纳的标准。对于侵权认定存在争议时，适当考虑方法专利或复杂专利的侵权认定难度，对申请人进行适当倾斜。

3. 降低对"有关行为如不及时制止会使其合法权益受到难以弥补的损害"的证明要求和认定标准

由于国际展会的巨大影响力，通常一场国际展会的参展结果好坏会在很大程度上影响一个公司当年乃至后续几年的销售量、市场占有率。因此，若在国际展会上存在侵权行为，则本身就会对权利人造成难以弥补的损害，且基于国际展会举办时间较短，更需要对侵权行为进行及时制止。因此，笔者认为，若权利人主张他人在国际展会上存在侵权行为，需要申请诉前禁令保护自身权益的，应当降低对"有关行为如不及时制止会使其合法权益受到难以弥补的损害"的证明要求和认定标准。

（二）缩短国际展会知识产权诉前禁令裁定、送达时间

根据我国相关法律法规的规定，对于诉前禁令的裁定应当自接受申请之时起48小时内作出；有特殊情况需要延长的，可以延长48小时。人民法院作出诉前责令停止有关行为的裁定，应当及时通知被申请人，至迟不得超过5日。因此，从诉前禁令申请之时起，可能需要经历4天才能获得裁定，经历9天才通知到被申请人。这样的时间远远无法达到国际展会知识产权维权的需要。

国际展会通常的举办时间都较短，如第一百二十届中国进出口商品交易会（广交会）第一期举办时间为2016年10月15日至2016年10月19日[1]，历时5天；第5届中国（上海）国际技术进出口交易会（上交会）的举办时间为2017年4月20日至2017年4月22日[2]，为期3天。因此若按照现有法律规定，极可能存在诉前禁令裁定作出之日展会已经结束的窘况，更遑论送达所需时间。建议借鉴德国等先进经验，针对国际展会知识产权诉前禁令制定专门的法律法规，以减少裁定及送达时间。

第三节　关于我国国际展会知识产权侵权赔偿额度的建议

一、我国国际展会知识产权侵权赔偿有关问题

对于国际展会知识产权侵权案件的赔偿金额，我国法律没有明确规定，但在司法实践中，存在着侵权行为类似，但国际展会上发现的侵权行为比在一般情况下发现的侵权行为判决赔偿额度还要低的情况。

在（2012）沪一中民五（知）初字第197号、（2013）沪一中民五（知）初字第145号两案中，外观设计专利的专利权人泰克纳显示器有限公司（以下简称泰克纳公司）分别对上海一胜百展示器材有限公司（以下简称一胜百公司）、苏州市易德展览展示器材有限公司（以下简称易德公司）提起了诉讼，其中一胜百公司的侵

---

[1] http://www.cantonfair.org.cn/cn/（广交会官网），最后访问时间：2016年9月28日。
[2] 同上。

权行为是在网站上被发现，易德公司的侵权行为是在第二十一届上海国际广告技术设备展览会现场被发现，侵权产品均落入了专利权人名称为"连接器（标志牌载体用）"（专利号 ZL 200730006801.×）的外观设计专利的保护范围，而这两起案件一审均在上海市第一中级人民法院审理。

最终（2012）沪一中民五（知）初字第 197 号判决认定："鉴于原告未能举证证明其因被侵权所受到的损失或者被告由此所获得的利益，且无专利实施许可费可以参照，本院综合考虑本案专利类型系外观设计专利、两被告对外宣传在 2009 年起被控侵权产品即在市场上销售，以及两被告实施侵权行为的性质、情节等因素，酌情确定两被告应当承担连带赔偿的数额。此外，原告为本案诉讼还支付了包括购买费、公证费、翻译费、律师费在内的合理费用，共计 30 278 元，其在本案中主张 30 000 元。两被告认为上述费用中两张公证费发票记录的公证书字号有误；涉及原告诉讼主体资格的公证费、翻译费不属于本案合理费用；律师费金额不真实。本院认为，两张公证费发票与公证书所记录的编号相符，可以认定为本案的合理费用；涉及原告诉讼主体资格的公证费、翻译费亦是原告为制止侵权，提起诉讼所支付的合理费用；原告律师参与本次诉讼，其所在事务所派员参与公证证据保全和调查，该律师费不违反相关律师收费标准。故此，本院对原告关于合理费用的诉讼请求予以支持、对被告的相关辩解，不予采信。"

据此，依照我国《民法通则》第 118 条[①]，《专利法》第 11 条第 2 款、第 59 条第 2 款、第 65 条，《最高人民法院关于审理侵犯专利权纠纷案件应用法律若干问题的解释》第 24 条，《最高人民法院关于审理侵犯专利权纠纷案件应用法律若干问题的解释》第 10 条、第 11 条第 1 款、第 3 款的规定，判决如下：

（1）被告上海一胜百展示器材有限公司、温州一胜百展示器材有限公司应于本判决生效之日起立即停止侵犯原告泰克纳显示器有限公司享有的名称为"连接器（标志牌载体用）"的外观设计专利权（专利号 ZL 200730006801.×）；

（2）被告上海一胜百展示器材有限公司、温州一胜百展示器材有限公司应于本判决生效之日起 10 日内连带赔偿原告泰克纳显示器有限公司经济损失人民币 50 000 元及合理费用人民币 30 000 元。

（2013）沪一中民五（知）初字第 145 号案判决认定："鉴于原告未能举证证

---

① 2017 年 10 月 1 日后适用《中华人民共和国民法总则》（2017 年 10 月 1 日施行）第 123 条。

明其因被侵权所受到的损失或者被告由此所获得的利益，且无专利实施许可费可以参照，本院综合考虑本案专利类型系外观设计专利，被告实施侵权行为的性质、情节等因素，酌情确定被告应当承担赔偿的数额。此外，原告为本案诉讼还支付了公证费、律师费共计34 000元。本院认为，两张公证费发票与公证书所记录的编号相符，可以认定为本案的合理费用；但（2013）沪长证字第4789号公证书对应的公证购买的行为中与本案无关的部分应予剔除。原告律师参与本次诉讼，其所在事务所派员参与公证证据保全和调查，故本院对原告主张的律师费用中的合理部分予以支持。"

据此，依照我国《民法通则》第118条[①]，《专利法》第11条第2款、第59条第2款、第65条，《最高人民法院关于审理侵犯专利权纠纷案件应用法律若干问题的解释》第10条、第11条第1款、第3款的规定，判决如下：

（1）被告苏州市易德展览展示器材有限公司于本判决生效之日起立即停止侵犯原告泰克纳显示器有限公司享有的名称为"连接器（标志牌载体用）"的外观设计专利权（专利号ZL 200730006801.×）；

（2）被告苏州市易德展览展示器材有限公司于本判决生效之日起10日内赔偿原告泰克纳显示器有限公司经济损失人民币30 000元及合理费用人民币18 000元。

二、明确规定在国际展会中侵犯权利人知识产权的加大赔偿额度

在司法实践中，知识产权侵权赔偿额的高低通常会结合知识产权本身的价值以及侵权的具体行为进行判决，国际展会的影响力以及在国际展会上实施侵犯他人知识产权行为会给权利人带来损失的严重性都应当被考虑。但如上文所述，在司法实践中，国际展会的影响力等因素实际上很少被法院作为判决赔偿额的参考因素，从而导致在国际展会上发生的知识产权侵权赔偿额与一般情况无异，甚至有低于一般情况下侵权赔偿额的情形，这十分不利于国际展会知识产权保护。因此，笔者建议以司法解释或其他法律法规方式明确规定在国际展会中被认定为侵犯权利人知识产权的，综合考虑展会的影响力，赔偿额度可适当增加。

---

① 2017年10月1日后适用《中华人民共和国民法总则》（2017年10月1日施行）第123条。

附 录

上海市展会知识产权保护办法
（立法建议稿）

第一章 总 则

第一条 为了加强本市展会知识产权保护，优化会展环境，有效促进会展业健康发展，根据《中华人民共和国专利法》《中华人民共和国商标法》《中华人民共和国著作权法》及《中华人民共和国反不正当竞争法》等相关法律法规，制定本办法。

第二条 本办法适用于在本市行政区域内举办的展会中相关知识产权的保护。

第三条 本办法所称展会是指主办单位以招展的方式在固定场所和预定期间举办的以展示、交易物品、技术和服务为目的的展览、展销等活动，包括展览会、展示会、展销会、博览会、交易会等，但下列展会不适用本办法：

（一）经营者为推介生产或经营的产品而举办的展销活动；

（二）政治性、公益性展会等非商业性展会。

第四条 本办法所称的展会主办方（主办单位或者承办单位），是指与参展商签订参展合同或者其他形式的协议（以下简称参展合同），负责制定展会实施方案、计划和展会知识产权保护规则，对展会活动进行统筹、组织和安排，并对展会活动承担责任的单位。

第五条 本办法所称的展会知识产权投诉处理机构，是指由展会主办方向知识产权行政管理部门申请设立的，负责处理展会期间专利侵权纠纷的工作机构。展会知识产权投诉处理机构可包括知识产权专家、知识产权行政管理部门骨干人员及主办单位工作人员等。主办单位应当在与参展商签订的合同中约定由展会知识产权投诉处理机构处理参展商与其他适格主体之间的知识产权纠纷，并认可其处理结果的效力。

第六条 本办法所称知识产权包括专利权、商标权、商号、著作权以及《中华人民共和国反不正当竞争法》等我国法律法规规定的知识产权。

第七条 展会知识产权保护工作应当遵循政府监管、主办方负责、参展方自律、社会公众监督的原则。

第八条 上海市知识产权局负责本市展会知识产权保护工作的统筹协调。区、县人民政府负责本行政区域内展会知识产权保护工作的指导和协调。

知识产权局、工商行政管理局、版权局等知识产权行政管理部门（以下统称知识产权行政管理部门）应当依照各自职责做好对展会知识产权保护工作的指导和监督。

区、县人民政府应组织知识产权行政管理部门建立信息共享和协调机制。

第九条 上海市知识产权局负责会同工商、外经、旅游等有关部门建立展会信息服务平台和信用档案数据库等信息系统，发布展会活动动态信息，为主办单位、参展商等提供咨询服务。

第十条 上海市知识产权局负责会同有关部门根据展会市场综合管理情况，对展会主办单位、承办单位及场馆单位等进行展会信息统计，定期公布违法和失信办展信息，并向社会公开。

第十一条 本市会展业行业协会应当制定行业标准和行业规范，建立行业自律机制，开展展会知识产权保护宣传工作，引导会员规范参展行为，为参展会员提供咨询、调解等服务，保护会员的合法权益。

第二章　管理与保护

第十二条 知识产权行政管理部门对展会知识产权保护负有以下职责：

（一）组织开展展会知识产权保护宣传，并为展会主办方、参展方等提供指导和咨询服务；

（二）检查、督促展会主办方、参展方自觉履行知识产权保护义务；

（三）依法查处展会中发生的各类知识产权违法案件；

（四）建立展会知识产权保护情况的信息披露制度，提供有关知识产权保护的信息查询服务；

（五）法律法规规定的其他职责。

第十三条 举办时间在三日以上（含三日），且具有下列情形之一的展会，展会主办单位应当设立现场办公室，受理知识产权纠纷投诉，对符合立案标准的予以处理：

（一）政府以及政府部门主办的展会；

（二）在国际或者国内具有重大影响的展会；

（三）展出面积二万平方米以上的展会；

（四）知识产权侵权纠纷较多的展会；

（五）知识产权行政管理部门认为有必要设立的其他情形。

未设立现场办公室的展会，投诉人可以直接向负责知识产权行政管理的部门提出行政处理请求。

第十四条 展会主办方应当于展会开始前10个工作日将展会名称、时间、地点、展出面积、参展人数等情况告知上海市知识产权局。对符合第十三条规定的标准的展会，由上海市知识产权局协调知识产权行政管理部门安排知识产权专业人员提供指导。

第十五条 展会主办方对展会知识产权保护应当履行以下义务：

（一）不得侵犯品牌展会相关权利；

（二）建立健全展前审查制度，对参展方主体资格、参展项目（展品、产品及照片、展位设计、展具设计、宣传册、目录册、视听资料以及其他相关宣传资料）知识产权状况进行展前审查；

（三）制定展会知识产权纠纷处理规则，明确展会知识产权纠纷处理程序；并在展会期间公示展会知识产权纠纷处理规则；

（四）进行展会知识产权保护方面的宣传，督促参展方履行展会知识产权保护义务；

（五）在展馆显著位置或者参展方手册上，公布负责知识产权行政管理部门、主办方接受投诉或者知识产权纠纷处理请求的联系方式和受理标准；

（六）建立展会知识产权投诉处理机构，接受适格主体投诉，依约处理展会中发生的知识产权纠纷；

（七）应适格主体要求，出具相关事实证明，或者为适格主体及其委托代理人进入展会取证提供必要的便利条件；

（八）妥善保存展会的知识产权纠纷处理信息与资料，在展会结束后统计展会期间受理的知识产权投诉纠纷并进行分类整理、分析，分别报送相关知识产权行政管理部门；

（九）配合知识产权行政管理部门的工作；

（十）主办方应当履行的其他义务。

第十六条 具有以下情形之一的参展方，展会主办方应当从下一届展会起连续三届拒绝其参加展会：

（一）拒不按照知识产权纠纷处理机构的决定采取遮盖、撤展等处理措施的；

（二）拒不对展会主办方认为涉嫌侵权的参展项目采取遮盖、撤展等处理措施，投诉人证明后，该参展项目被人民法院或者负责知识产权行政管理的部门认定侵权的；

（三）参展项目在往届展会中因人民法院或者负责知识产权行政管理的部门认定侵权而采取遮盖、撤展等处理措施，所涉及的知识产权仍处于有效保护期内，本届展会中又继续展出同一参展项目的；

（四）参展项目在往届展会中因展会主办单位认为涉嫌侵权而采取遮盖、撤展等处理措施，投诉人证明后，该参展项目被人民法院或者负责知识产权行政管理的部门认定侵权，所涉及的知识产权仍处于有效保护期内，本届展会中又继续展出同一参展项目的；

（五）存在其他不配合展会知识产权保护工作的行为，情节严重的。

第十七条 参展方应当履行下列义务：

（一）自觉审查参展项目知识产权状况，参展项目不得侵犯他人知识产权；

（二）参展项目涉及知识产权的，应携带相关权利证明材料原件参展，并且在展会开始前30日向展会主办方备案；

（三）参展项目涉及知识产权标记、标识的，应当按照有关规定规范标注；

（四）配合并接受主办方、知识产权行政管理部门知识产权审查、处理、处罚；

（五）参展方应当履行与主办方签订的与知识产权有关的合同义务；

（六）参展方应当履行的其他义务。

第十八条 主办方与参展方应书面约定展会知识产权保护相关内容，包括：

（一）参展方承诺参展项目未侵犯他人知识产权；

（二）一旦参展方被认定涉嫌侵权，参展方应立刻履行主办方、知识产权行政管理部门的处理、处罚决定，包括遮盖、撤展等；

（三）拒不履行处理、处罚决定的后果，包括收回参展人员参展证件、取消参展商当届以及后续三届展会的参展资格；

（四）与展会知识产权保护相关的其他内容。

上海市知识产权局应组织相关知识产权行政管理部门制定展会知识产权保护合同示范文本，并向社会公布。

第十九条 在上海市行政区域内原则上不得举办与品牌展会名称（含外文名称及缩写）相同或者相类似的展会。但品牌展会名称连续三年不使用的，不再保护。

品牌展会由上海市知识产权局会同有关部门及行业协会进行评选和认定，评选过程和结果应当向社会公开。

第二十条 主办方应当妥善保存展会期间的知识产权保护信息与资料，并在展会结束后报送市知识产权局。

第三章 纠纷处理

第二十一条 展会知识产权纠纷处理途径包括：

（一）自行协商解决；

（二）请求行业协会等调解组织、展会主办方组织调解；

（三）向展会知识产权纠纷处理机构或知识产权行政管理部门投诉；

（四）知识产权行政管理部门依法查处；

（五）依法通过司法程序等途径寻求救济；

（六）其他合法途径。

第二十二条 向展会主办方、知识产权行政管理部门投诉的适格主体为知识产权权利人及利害关系人（普通许可被许可人除外）。

第二十三条 展会主办方、知识产权行政管理部门不受理具有下列情形之一的展会知识产权侵权纠纷：

（一）知识产权权利人或者利害关系人已经向人民法院提起知识产权侵权诉讼的；

（二）知识产权法律状态存在瑕疵，如专利权正处于无效宣告请求程序之中的、注册商标被撤销或者确认无效后处于复审或者人民法院审理程序之中的；

（三）知识产权存在权属纠纷，正处于人民法院的审理程序或者专利行政管理部门的调解程序之中的；

（四）就相同知识产权纠纷投诉两次以上，但均未进入司法或行政程序处理的。

第二十四条 适格主体向展会主办方、知识产权行政管理部门投诉时，应提交以下材料及副本：

（一）知识产权权利证明资料，包括知识产权权属证明、知识产权内容证明和知识产权法律状况证明，如为利害关系人还应提交独占实施许可合同或者排他实施许可合同等证明材料；

（二）适格主体身份证明，如为委托投诉，还应提交授权委托书及受托人身份证明；

（三）被投诉人的基本信息，包括名称、展位号等；

（四）涉嫌侵权参展项目的名称、涉嫌侵权的理由及证据；

（五）展会主办方、知识产权行政管理部门要求提供的其他合理材料。

第二十五条 展会主办方、知识产权行政管理部门对提交材料进行形式审查后，确认符合受理条件的，应当立即受理。不符合受理条件的，应当及时通知投诉人补充有关材料，未予补充的，不予受理。

适格主体仅要求被投诉人停止在本届展会中侵权行为的，展会主办方、知识产权行政管理部门受理后，应及时将材料副本送达被投诉人，并给予被投诉人24小时的答辩期，被投诉人应当在答辩期内提交书面答辩材料并提供相关证据材料。

知识产权权利人或者利害关系人提出前款规定之外的请求事项，知识产权行政管理部门依照有关法律、法规规定进行处理。

第二十六条 当事人提交的材料，应当真实、合法，不得提交虚假材料。

提交的材料是在中华人民共和国境外形成的，应当符合有关法律、法规对公证认证的规定，并应当附带相应的中文译本。

第二十七条 展会主办方、知识产权行政管理部门在处理投诉时，可以对被投诉人展位进行现场检查，查阅、复制与案件有关的文件，询问当事人，采取拍照、摄像、抽样等方式调查取证，被调查人应当予以配合。

第二十八条 展会主办方、知识产权行政管理部门工作人员在处理知识产权纠纷时，应当表明身份。

第二十九条 展会主办方、知识产权行政管理部门在知识产权纠纷处理过程中，对涉及大型机械设备、精密仪器内部结构、产品制造方法以及其他难以进行侵权判定的知识产权纠纷，可以终止调解，并书面告知投诉人。侵权事实清楚、证据充分或者被投诉人不能有效举证的，展会主办方、知识产权行政管理部门应在被投诉人答辩期满后24小时内责令被投诉人立即停止侵权行为，从展会上撤出侵权参展项目；不能撤出参展项目的，应当责令被投诉人采取遮盖等方式处理。

需进一步调查取证的，展会主办方、知识产权行政管理部门应当依照有关法律、法规规定予以处理，并告知双方当事人。

第三十条 知识产权行政管理部门对在展会举办过程中发现的知识产权违法行为，应当依法查处，并依照有关法律、法规的规定采取相应的行政强制措施和行政处罚；构成犯罪的，依法追究刑事责任。

第三十一条 因投诉人恶意投诉而给被投诉人造成损失的，投诉人应当依法承担相应的赔偿责任。

第四章 法律责任

第三十二条 展会主办方违反本办法第十五条第（二）项、第（三）项、第（四）项、第（六）项、第（七）项或第（九）项规定的，由知识产权行政管理部门依照各自的管理职责责令改正；拒不改正的，可处1000元以上1万元以下罚款。

第三十三条 展会主办方违反本办法第十五条第（一）项、第（五）项、第（八）项或第十条规定的，由知识产权行政管理部门依照各自的管理职责责令改正；拒不改正的，可处5000元以上3万元以下罚款。

第三十四条 参展方对侵权展品拒不采取撤展、遮盖等措施的，展会主办方有权视具体情况收回参展人员参展证件、取消参展商当届参展资格；知识产权行政管理部门有权按照有关法律法规的规定处罚。

第三十五条 投诉人、被投诉人提交虚假材料的，由处理投诉的行政管理部门予以警告；存在伪造主要证据等严重情节的，并处以1000元以上3万元以下罚款。

第三十六条 主办方、参展方违反本办法规定，不履行展会知识产权保护职责，其他法律、法规已规定法律责任的，依照其规定执行。

第三十七条 知识产权行政管理部门及其工作人员玩忽职守、滥用职权、徇私舞弊的，由有关部门依法给予行政处分；涉嫌犯罪的，依法追究刑事责任。

第五章 附 则

第三十八条 本办法自××××年××月××日起施行。

后 记

21世纪以来,中国经济一直朝着国际化、多元化的方向发展,在经济全球化的潮流中,国际展会逐渐发展为经济交流的重要手段之一,而中国的身影也越发频繁地出现在其中。企业试图通过参加国际展会来树立企业形象、宣传企业产品、扩大品牌知名度,以便挖掘潜在客户、增加建立贸易合作关系的可能性从而增加贸易量、提高经济效益。黑格尔说过,"存在即合理"。展会的出现必然是源自人们的需求和社会潮流。然而,对任何事物的评价都不能以偏概全,国际展会也具有两面性,展会在为经济全球化作出贡献的同时,也带来了一系列问题,诸如产品抄袭、商标假冒等。笔者近年来一直从事知识产权相关法律工作,在处理关于国际展会知识产权侵权纠纷案件中发现,我国关于国际展会中的知识产权保护存在诸多空白点,有必要对其进行深入研究。

本书主要从保护知识产权权利人的角度出发,在保护既有权利的同时,对潜在权利的存在边界和保护路径进行思考。我国现行的《展会知识产权保护方法》共有35条适用规则,其中大多数是通过行政监管、投诉等方式来规制侵权行为,虽然对展会知识产权侵权行为起到相当显著的抑制效果,但由于国际展会的特殊性、相关措施在贯彻执行上存在的问题以及该规则本身规制范围的局限性,仍存在相当多的权利未能得到有效救济。因此,在本书中,笔者针对不同情况提出了一些切实可行的知识产权纠纷救济途径及措施,并针对国际展会知识产权提出立法建议稿,以期在预防环节上加大对展会知识产权的保护力度。

穷源朔流,欲从根本上遏制展会知识产权的侵权行为,首先要精确认定侵权行为。笔者从国际展会中所涉及的专利权、商标权以及著作权特征着手,试图构建一套认定侵权行为的框架标准。其次是解决问题,基于展会短暂性、集中性、国际性的特点,设立专门的展会知识产权纠纷解决机构尤为必要,此举不仅能够为纠纷解决提供便捷通道,还能成为吸引展商、扩大影响的亮点。

在知识产权蓬勃发展的21世纪,任何行业和领域的发展都无法独立于知识产权存在，创新是生存与发展的必要前提。国际展会发展至今，形式更加新颖丰富，功能更为全面，但其侵权的形式也愈发多样化，在知识产权保护中细分出专门针对国际展会的领域是大势所趋。笔者根据以往积累的国际展会知识产权侵权纠纷的实务经验，并结合对知识产权理论的分析与思考，提出一些建设性的意见。"伸手摘星，即使徒劳无功，亦不致一手污泥"，在国际展会知识产权保护的研究中，本书仍存在诸多不足，欢迎读者积极与笔者分享不同的观点和想法。笔者持着谦虚谨慎的态度完成本书的写作，以期为国际展会的知识产权保护贡献自己的绵薄之力。

刘华俊

2017 年 5 月于上海